혼자서도 쉽게 배우는

초보 골프 교실

혼자서도 쉽게 배우는 **초보 골프 교실**

지은이 이용훈
그린이 이용훈
펴낸이 양동현
펴낸곳 골프아카데미
      출판등록 제307-2012-7호
      주소 136-034, 서울 성북구 동소문로13가길 27번지
      전화 02) 927-2345 팩스 02) 927-3199

초판 1쇄 발행 2011년 8월 10일
개정판 1쇄 발행 2013년 5월 15일
개정판 5쇄 발행 2024년 6월 15일

ISBN 978-89-98209-03-2 / 13690

이 책은 신저작권법에 의해 보호받는 저작물이므로
무단으로 전재하거나 복제할 수 없습니다.

www.iacademybook.com

이 도서의 국립중앙도서관 출판시도서목록(CIP)은
e-CIP홈페이지(http://www.nl.go.kr/ecip)와 국가자료공동목록시스템(http://www.nl.go.kr/kolisnet)에서
이용하실 수 있습니다. CIP제어번호: CIP2013005663

혼자서도 쉽게 배우는

초보 골프 교실

이용훈 글·그림

골프아카데미

머리말

이제 막 골프를 시작한 초보 골퍼들의
멋진 샷을 위하여!!

골프가 대중화되면서 누구나 마음만 먹으면 골프를 시작할 수 있고, 또한 골프는 노년에도 즐길 수 있는 평생 스포츠로 인식되고 있습니다. 골프를 한 번 시작해 볼까 하는 초보 골퍼들을 주위에서 흔히 볼 수 있습니다. 하지만 어디서 어떻게 시작해야 할지 몰라 막막하기만 한 분들 역시 여전히 많습니다.

그렇습니다. 이왕 할 거라면 제대로, 빨리 배워서 마음껏 즐기는 것이 좋습니다. 설렘 반 망설임 반의 기로에 선 분들을 위해 나온 책이 바로 《혼자서도 쉽게 배우는 초보 골프 교실》입니다. 지금 보고 계신 이 책은 초보 골퍼들을 위해 스윙의 기초부터 퍼팅까지 알기 쉽게 정리했습니다.

모든 일이 첫단추를 잘 끼워야 결과가 좋습니다. 골프도 마찬가지입니다. 좋은 티칭 프로에게서 교육을 받아야만 좋은 습관이 배게 됩니다. 그런데 레슨이라는 것이 막상 연습장에서 할 때는 다 아는 것 같다가도 집이나 직장에 돌아오면 머릿속이 하얗게 되면서 전혀 기억이 나질 않습니다.

어렵게 익힌 골프 지식과 스윙 기술이 이처럼 빨리 잊혀진다는 것은 참으로 안타까운 일입니다. 이렇게 금방 잊혀지는 레슨의 단점을 보완하고 스스로 기술을 습득할 수 있도록 스윙의 기본에서부터 퍼팅까지 알기 쉽게 설명해 주는 레슨서가 바로 이 책《혼자서도 쉽게 배우는 초보 골프 교실》입니다.

부디 초보 골퍼들이 이 책을 통해서 자신에게 맞는 스윙 방법을 터득해 경쾌한 샷을 맘껏 날리길 바랍니다. 그리하여 드라이버 샷부터 퍼팅까지 능숙하게 하는 싱글로 발전하시길 바랍니다.

끝으로 이 책이 나오기까지 많은 자료와 정보를 제공해 준 아카데미북 골프연구회 회원분들, 그리고 책의 출판을 허락해 준 아카데미북의 양동현 사장님과 편집진 그리고 늘 곁에서 힘이 되어 준 사랑하는 아내 최재순과 독자 여러분에게 감사를 드립니다.

2011년 여름
지은이 이용훈

차 례

제1부   6단계 스윙 비법과 골프 상식

Part 1   초보 골퍼를 위한 골프 상식

1. 골프의 기원과 성격 14
2. 골프장의 구성 16
3. 타수 부르는 명칭 24
4. 클럽의 종류 25
5. 클럽의 구조와 명칭 31
6. 클럽의 로프트 · 라이 · 비거리 33
7. 클럽 선택 34
8. 골프공 38
9. 골프화 · 장갑 · 캐디백 · 기타 42
10. 골프 웨어 47
11. 여성 골퍼를 위한 조언 50

Part 2   스윙 전에 꼭 해야 하는 기본 자세

1. 체중 이동과 균형 54
2. 그립 57
3. 어드레스의 기본 64
4. 클럽별 어드레스 72
5. 볼의 구질 81
6. 스탠스의 종류와 볼의 방향 83

Part 3 스윙의 전체 과정과 테크닉

1 스윙 과정과 2개의 스윙축 86
2 백스윙 92
3 쿼터(1/4) 백스윙 96
4 톱스윙 102
4 다운스윙 106
5 백스윙·다운스윙에서의 체중 이동 108
6 백스윙·다운스윙에서의 리듬 111
7 임팩트 113
8 폴로스루 117
9 인-인의 스윙 120

Part 4 가자! 연습장으로

1 연습장, 어디가 좋을까? 126
2 연습장 갈 때 필요한 물건 128
3 연습장 시스템 130
4 효과적인 연습 방법 133
5 볼과 발의 위치 140
6 연습장에서의 에티켓 142
7 연습을 마치고 나서 144

Part 5 6단계 스윙 비법

1 [1단계 : 1일] 몸 풀기 146
2 [2단계 : 2일] Y자 스윙 154
3 [3단계 : 3일] 왜글 157
4 [4단계 : 4일] 1/4 스윙 160
5 [5단계 : 5일] 하프 스윙 163
6 [6단계 : 6일] 풀스윙 166

제2부 　 드라이버에서 퍼팅까지 마스터하기

Part 1 　 드라이버

1. 정확한 어드레스의 순서 지키기　174
2. 드라이버는 어퍼 블로 스윙을 한다　181
3. 드라이버 샷의 전략　185
4. 장타 비결　194

Part 2 　 페어웨이 우드

1. 페어웨이 우드 샷의 전략　204
2. 페어웨이 우드의 볼 위치　206
3. 페어웨이 우드의 스윙 궤도　208

Part 3 　 미들 아이언

1. 미들 아이언 샷의 전략　212
2. 미들 아이언의 어드레스　216
3. 아이언은 다운 블로 스윙을 한다　222
4. 슬라이스와 훅　225
5. 펀치 샷　231

Part 4 **숏 아이언**

1 숏 아이언 샷의 전략 236
2 숏 아이언의 어드레스 239
3 간결한 백스윙과 피니시 240
4 숏 아이언 샷도 다운 블로 스윙을 한다 243

Part 5 **숏게임**

1 경사면 샷과 트러블 샷 246
2 어프로치 샷 259
3 벙커 샷 268
4 퍼팅 277

부록 : 골프 용어 287

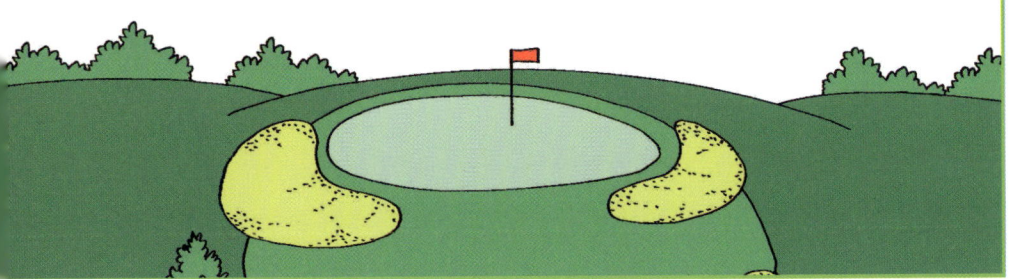

제1부
6단계 스윙 비법과 골프 상식

Part 01 초보 골퍼를 위한 골프 상식
Part 02 스윙 전에 꼭 해야 하는 기본 자세
Part 03 스윙의 전체 과정과 테크닉
Part 04 가자! 연습장으로
Part 05 6단계 스윙 비법

Part 01
초보 골퍼를 위한 골프 상식

1 골프의 기원과 성격

골프의 기원

골프의 기원에 대해 일반적으로 알려져 있는 것은 영국 스코틀랜드 지역의 목동들이 끝이 구부러진 막대로 돌멩이를 힘껏 쳐서 멀리 날려 개(목축견)가 가야 할 목적지를 알려 좇게 한 것이라는 설이다. 이 목동들의 행위가 놀이로 발전, 15세기 무렵에 스코틀랜드에서 골프가 본격적으로 유행하기 시작했는데, 당시 스코틀랜드에서는 국민들의 무술 훈련에 방해가 된다는 이유로 골프 금지령이 내려지기도 했다. 그 뒤 영국에서 발전한 골프는 영국적인 룰(규칙)이 가미되면서 18세기 중엽에 성문화된 룰이 선보이게 되었다.

스코틀랜드에서 시작한 골프는 영국에 정착했고, 이후 미국에서 꽃을 피웠다. 1888년에 미국에 골프가 도입된 이후 골프는 눈부신 발전을 이루었다. 바야흐로 골프계의 주도권은 미국으로 옮겨지게 되었고, 세계에 견줄 만한 상대가 없을 정도로 미국은 골프 왕국이 되었다.

우리나라 최초의 골프장은 영국인들이 1897년 함경남도 원산 세관에 설립한 6홀 코스다. 우리나라 골프 역사에서 빼놓을 수 없는 것은 1924년 조선철도국이 서울 효창공원에 9홀의 코스를 만든 것이다. 이때 우리나라 골프 역사상 최초의 클럽인 '경성골프구락부'가 탄생했다.

골프는 볼을 쳐서 홀에 넣는 스포츠

골프 규칙 제3장 제1조에, "골프 게임은 규칙에 따라 1개의 볼을 티 그라운드에서 홀에 넣을 때까지 1타수 또는 연속적인 타수로 플레이하는 것으로 이루어진다."고 되어 있다. 즉 골프의 가장 기본적인 규칙은 볼을 쳐서 홀에 넣는 것이다. 따라서 남녀노소 누구나 참가할 수 있고, 모든 사람이 즐길 수 있는 게임이다.

또한 초보자라도 프로와 함께 즐길 수 있도록 핸디캡(handicap)이라는 것을 설정하여 게임을 재미있게 즐길 수 있도록 하고 있다. 그리고 이 핸디캡을 줄이는 것을 목표로 분발하는 즐거움이 있다. 골프의 큰 특징은 이 두 가지, 즉 볼을 쳐서 홀에 넣는 것과 핸디캡 제도라고 볼 수 있다.

자신에게 엄격한 스포츠, 심판이 없다

골프는 심판이 따로 없다. 자기 스스로 스코어를 기록하고, 규칙을 적용할 때 자기 스스로 판단한다. 즉 자신이 심판인 게임이다. 따라서 스코어를 속이는 것도 가능하지만, 그런 사람은 플레이어로서의 자격이 없게 되며, 골프 실력이 늘 제자리거나 오히려 퇴보하게 된다.

골퍼는 명예에 모든 것을 건다. 눈속임으로 최상의 스코어를 내 봤자 자신과 동료 플레이어를 속였다는 마음 때문에 즐거운 게임을 할 수가 없다. 동료들과 항상 즐거운 게임을 하는 것이야말로 골프의 진정한 기쁨이다. 골프 경기는 심판이 없기 때문에 모든 것을 플레이어 스스로가 판단하고 기록해야 하므로 자신에게 엄격해야 한다. 그래야만 실력도 향상된다.

2 골프장의 구성

골프 코스 18홀

골프 코스는 일반적으로 1번 홀부터 18번 홀까지의 18개 홀로 이루어져 있다. 코스를 구성하는 18개 홀 중에서 1~9번 홀까지를 아웃(out : 전반) 코스라고 하고, 10~18번 홀까지를 인(in : 후반) 코스라고 한다. 클럽 하우스에서 나와[going out] 스타트하기 때문에 전반 9홀을 아웃이라 하고, 절반을 남기고 클럽 하우스로 돌아가므로[coming in] 후반 9홀을 인이라 한다. 18개 홀은 티잉 그라운드(teeing ground)에서 그린까지의 거리에 따라 파3, 파4, 파5의 3종류로 나뉘어져 있다. 일반적으로 18홀의 구성은 파5 4개, 파4 10개, 파3 4개로 구성되어 있다.

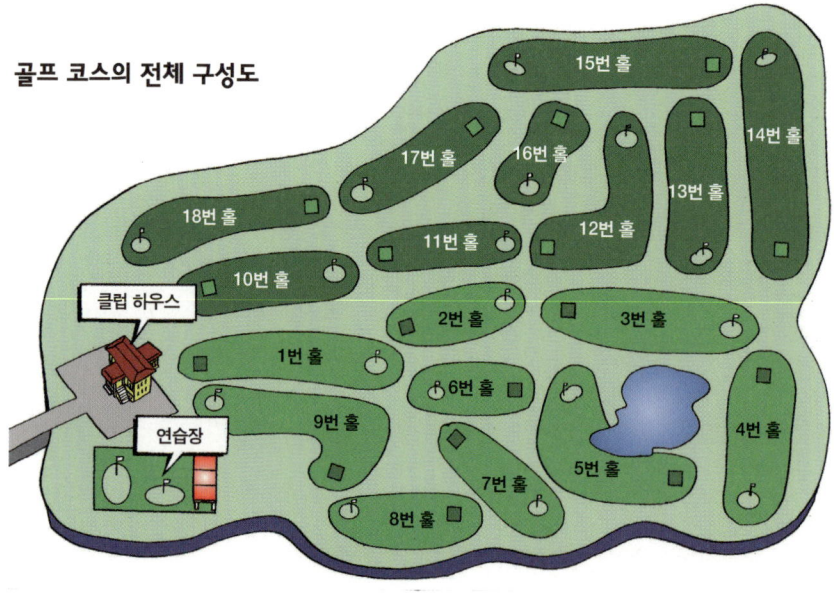

골프 코스의 전체 구성도

홀의 구성

18홀 거리의 합계는 평균적으로 6,000~7,000야드(1야드=0.9144미터) 이다. 각 홀의 거리는 티잉 그라운드에서 페어웨이의 중앙을 거쳐 그린의 중심까지를 수평 거리로 잰다. 티 마크나 홀(컵)의 위치가 변해도 각 홀의 거리 표시는 변하지 않는다. 다만 그날의 핀 위치 등에 따라 각 홀의 거리는 다소 달라질 수 있으나 게임에는 큰 영향을 미치지 않을 정도의 차이다.

파3홀

파3홀의 구성

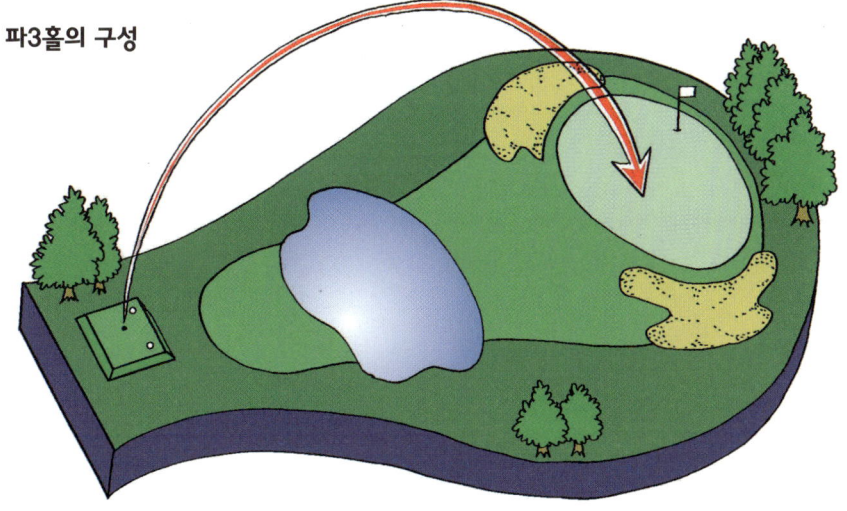

파3홀이란 티잉 그라운드에서 그린까지의 거리가 250야드 이하(여성의 경우에는 210야드 이하)의 홀을 말하며, 파(par : 기준 타수)는 3이 된다. 파3홀에서는 티잉 그라운드에서 한 번 스윙(티샷, 1타)으로 볼을 그린에 올리고, 그린에서 2퍼트(2타)로 홀 아웃(hall out : 한 홀의 플레이를 마치는 것) 하게 된다.

파4홀

파4홀이란 티잉 그라운드에서 그린까지의 거리가 251~470야드 이하 (여성의 경우에는 211~400야드 이하)의 홀을 말하며, 파는 4가 된다. 파4홀에서는 티잉 그라운드로부터 2타에 볼을 그린에 올리고, 그린에서 2퍼트(2타)로 홀 아웃하게 된다.

파4홀의 구성

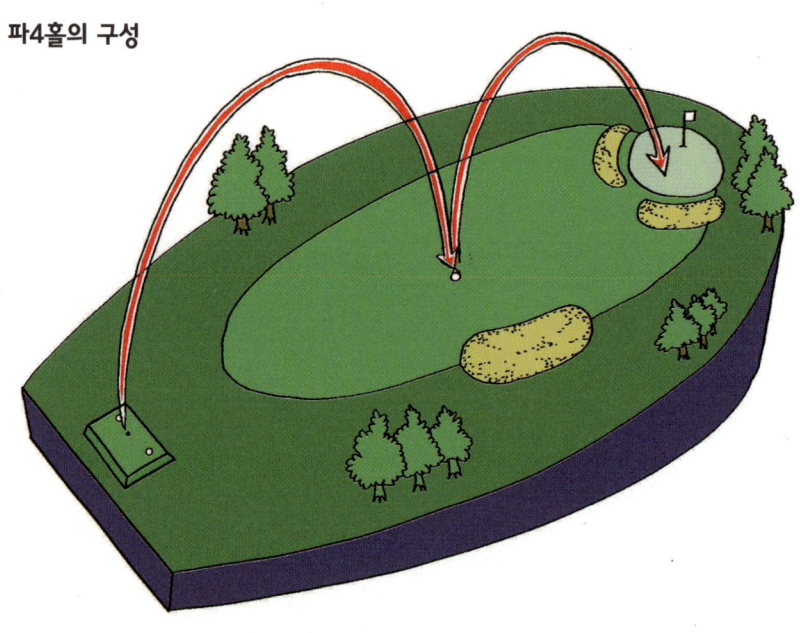

미터(m)와 야드(Y)의 관계 : 1m = 1.0936Y ➪ 1m = 1.1Y

미터(M)	10	20	30	40	50	60	70	80	90	100	150	200
야드(Y)	11	22	33	44	55	66	77	88	99	110	165	220

※ 1m는 1.09360야드이다. 따라서 10M는 10.9360야드이고 100m는 109.360야드이지만, 거리 계산을 편하게 하기 위해 위 표에서는 1m를 1.1야드로 계산했음을 밝힌다.

파5홀

파5홀이란 티잉 그라운드에서 그린까지의 거리가 471야드 이상(여성의 경우에는 401~575야드)의 홀을 말하며, 파는 5가 된다. 파5홀에서는 티잉 그라운드로부터 3타에 볼을 그린에 올리고, 그린에서 2퍼트(2타)로 홀 아웃하게 된다.

파5홀의 구성

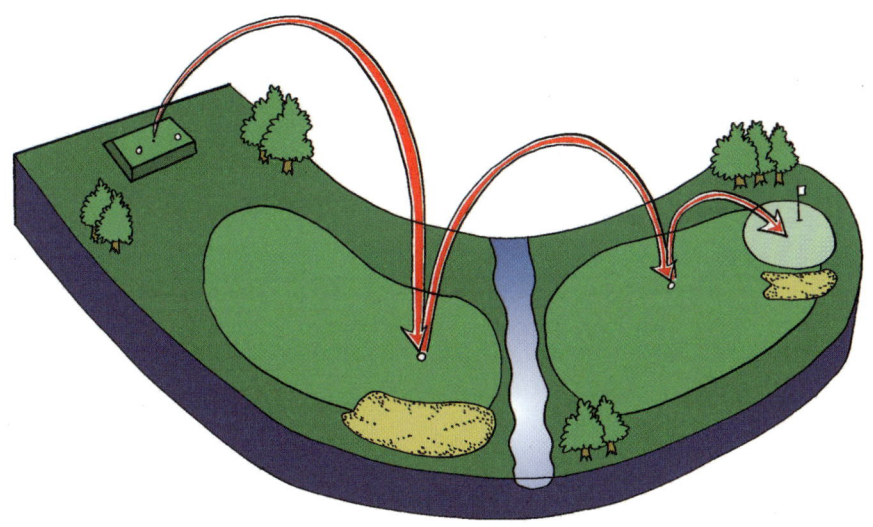

홀의 구조

홀은 아래 그림과 같이 티잉 그라운드(Teeing Ground), OB지역(OB Area), 스루 더 그린(Through the Green), 해저드(Hazard)와 그린(Green) 등으로 구성되어 있다.

홀의 구조

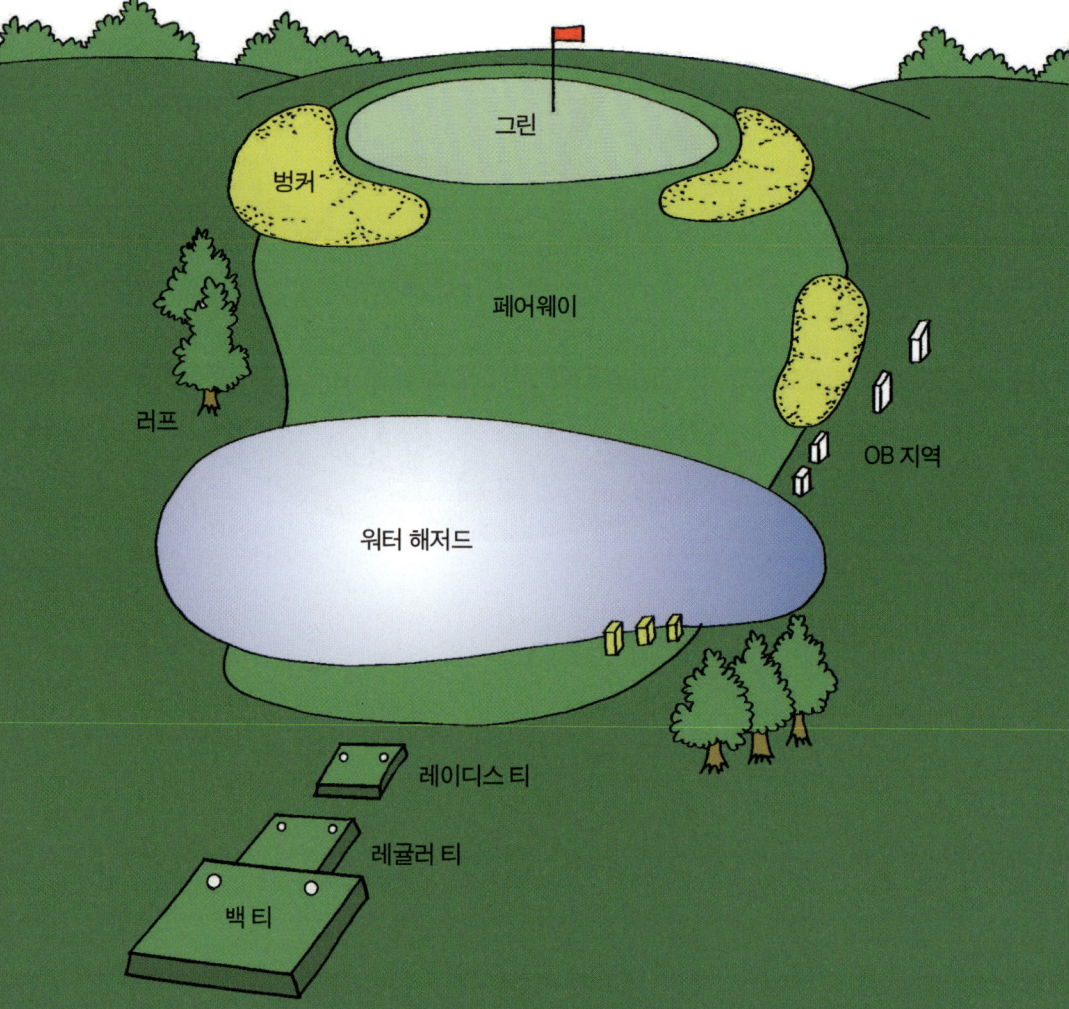

티잉 그라운드 Teeing Ground

티잉 그라운드란 홀에서 제1타를 치는 장소(출발점)를 말한다. 여기에는 티샷을 하는 사람만 들어간다. 통상 티잉 그라운드는 페어웨이보다 높게 솟아 있다. 티잉 그라운드에서 티샷을 하는 범위는 티 마크(Tee Mark : 흰색의 둥근 모양으로 2개가 있음)를 연결하는 가상의 선을 기준으로 뒤로 2클럽 길이 이내의 직사각형 구역이며, 이 구역에서 티샷을 해야 한다.

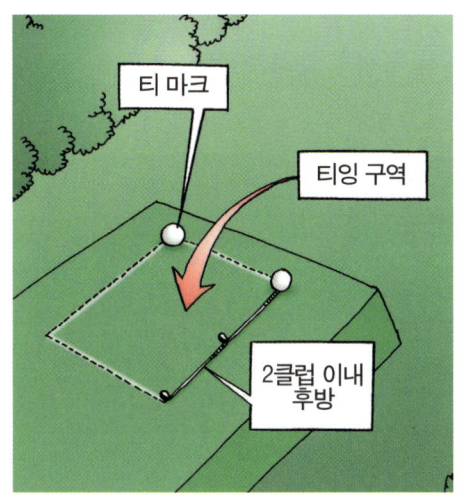

티샷 범위 티 마크를 연결하는 가상의 선을 기준으로 뒤로 2클럽 길이 이내의 직사각형 구역에서 티샷을 하면 된다.

 티잉 그라운드는 거리별로 백티·레귤러 티·레이디스 티, 이렇게 3가지다. 백티는 클럽 경기나 프로 골퍼의 토너먼트 등에 사용되고, 레귤러 티는 통상의 라운드에서 남성이 사용하며, 레이디스 티는 여성들이 사용하는 티잉 그라운드이다.

티잉 그라운드

레이디스 티
여성들이 일반적으로 사용하는 티잉 그라운드

레귤러 티
남성들이 일반적으로 사용하는 티잉 그라운드

백 티
클럽 경기나 프로 골퍼들의 토너먼트 등에 사용되는 티잉 그라운드

OB 지역

OB란 아웃 오브 바운즈(Out Of Bounds)의 약칭으로, 플레이가 금지되는 구역을 말한다. 통상적으로 이 지역은 페어웨이 양쪽 바깥쪽에 흰색 말뚝으로 표시되어 있다. 볼이 이곳에 들어간 경우 그 볼은 플레이할 수 없으며 바로 직전에 친 위치에서 1벌타를 부여받고 다시 쳐야 한다.

스루 더 그린 Through the Green

스루 더 그린이란 티잉 그라운드와 그린 사이를 말하며, 코스 내 해저드는 포함되지 않는다. 스루 더 그린은 일반적으로 페어웨이·러프·숲 등을 말한다. 페어웨이란 잔디가 짧게 깎인 부분을 말하며, 페어웨이로 볼을 쳐야 플레이를 잘할 수 있다. 러프란 페어웨이 양쪽 바깥 부분으로, 잔디나 나무가 무성한 부분을 말한다. 러프를 설계한 이유는 미스 샷을 유도함과 동시에 홀과 홀을 구분하기 위해서다.

해저드 Hazard

해저드란 경기 진행을 방해하기 위해 만든 벙커·바다·연못(워터 해저드)·냇물(래터럴 해저드)·수풀 등의 자연 장애물을 말한다.

 벙커는 모래 웅덩이로, 사이드 벙커(페어웨이 벙커 : 페어웨이와 평행하게 페어웨이 좌우에 있는 벙커)·크로스 벙커(페어웨이로 크게 파고드는 벙커)·가드 벙커(그린 사이드 벙커 : 그린 주변의 벙커) 이 3종류가 있다. 연못은 워터 해저드라고 하며, 노란 말뚝으로 표시되어 있다. 냇물은 래터럴 워터 해저드라고 하며, 붉은 말뚝으로 표시되어 있다.

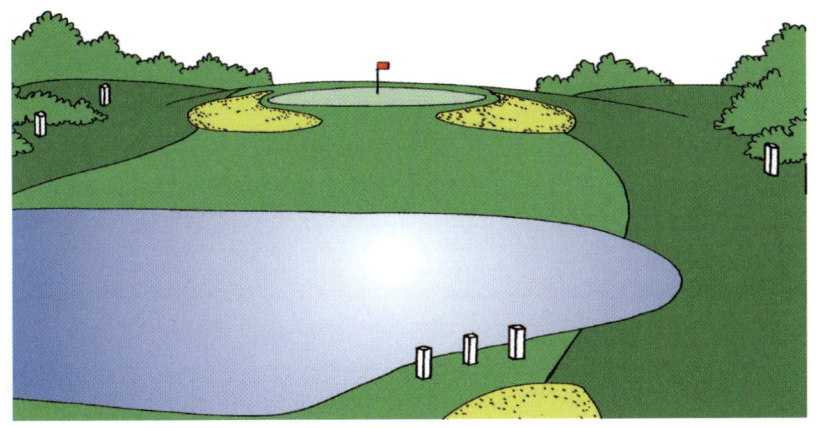

그린 Green

그린이란 깃대와 홀컵이 있는 곳으로, 퍼팅을 위해 잔디가 짧게 정비된 장소다. 그린에는 홀이 있는데, 크기는 직경 4.25인치(약 108mm)에 깊이는 4인치(약 100mm) 이상이다. 홀의 위치는 변동되며, 깃발을 세워 그 위치를 표시한다.

3 타수 부르는 명칭

파3, 파4, 파5 등 각 홀의 기준 타수를 파(Par)라고 부른다. 파보다 적거나 많은 타수로 홀 아웃 했을 때 다음과 같은 명칭으로 타수를 부른다.

명칭	파 Par	해설
알바트로스 Albatross	−3	파4홀 이상에서 파보다 3타 적은 타수로 홀 아웃하는 것. 파5홀에서 2타로 홀 아웃하는 경우를 알바트로스라 하며, 장타 선수만 가능하다.
이글 Eagle	−2	파보다 2타 적은 타수로 홀 아웃하는 것. 파5홀은 3타(예 : 2온 + 1퍼트), 파4홀은 2타로 홀아웃하는 경우를 이글이라 한다. 파3홀은 1타로 넣어야 이글 스코어가 되나 이글이라고 하지 않고 홀인원이라고 한다.
버디 Birdie	−1	파보다 1타 적은 타수로 홀 아웃하는 것. 파5홀은 4타, 파4홀은 3타, 파3홀은 2타로 각각 홀 아웃하면 버디가 된다.
파 Par	0	각 홀의 기준(기본) 타수로 홀 아웃하는 것. 파5홀은 5타, 파4홀은 4타, 파3홀은 3타로 각각 홀 아웃하면 파가 된다.
보기 Bogey	+1	파보다 1타 많은 타수로 홀 아웃한 것. 1오버파라고도 한다.
더블 보기 Double Bogey	+2	파보다 2타 많은 타수로 홀 아웃한 것. 2오버파라고도 한다.
트리플 보기 Triple Bogey	+3	파보다 3타 많은 타수로 홀 아웃한 것. 3오버파라고도 한다.
쿼드러플 보기 Quardruple Bogey	+4	파보다 4타 많은 타수로 홀 아웃한 것. 4오버파라고도 한다.
퀸튜플 보기 Quintuple Bogey	+5	파보다 5타 많은 타수로 홀 아웃한 것. 5오버파라고도 한다.
더블 파 Double Par	×2	파의 2배 타수로 홀 아웃한 것. 일반적으로 주말 골퍼들은 양파라고도 부른다. 공식 용어는 아니다.
홀인원 Hole in One		티잉 그라운드에서 친 볼이 한 번에 홀컵에 들어가는 것. 에이스라고도 한다. 파3홀 이외의 홀에서 홀인원이 나올 확률은 거의 희박하다.
듀스 Deuce		1홀을 2타 만에 끝내는 것. 주로 미국에서 사용되는 용어이다.

4 클럽의 종류

골프를 제대로 즐기기 위해서는 자신에게 맞는 클럽을 준비해야 한다. 클럽은 스윙 목적이나 상황에 맞게 몇 가지를 구분하여 사용한다. 라운드할 때 최고 14개까지 지참할 수 있다. 클럽은 크게 우드(Wood) 클럽과 아이언(Iron) 클럽, 퍼터(Putter)의 3종류로 나뉜다.

우드 Wood 클럽

우드 클럽은 과거에 헤드 부분이 나무로 만들어졌기에 우드라고 부르게 되었다. 요즘에는 티타늄이나 스테인리스 등의 다양한 소재로 만들어진다. 우드의 클럽 헤드는 반원 모양을 하고 있으며, 샤프트가 길고, 비거리를 내는 것이 목적이므로 주로 티샷이나 거리를 많이 보내야 하는 세컨샷에서 많이 이용한다.

우드 클럽은 1번에서 5번까지 있으며, 클럽의 번호가 증가함에 따라 로프트는 커지고 샤프트는 짧아진다. 그 결과 번호가 커질수록 볼의 탄도는 높아지고

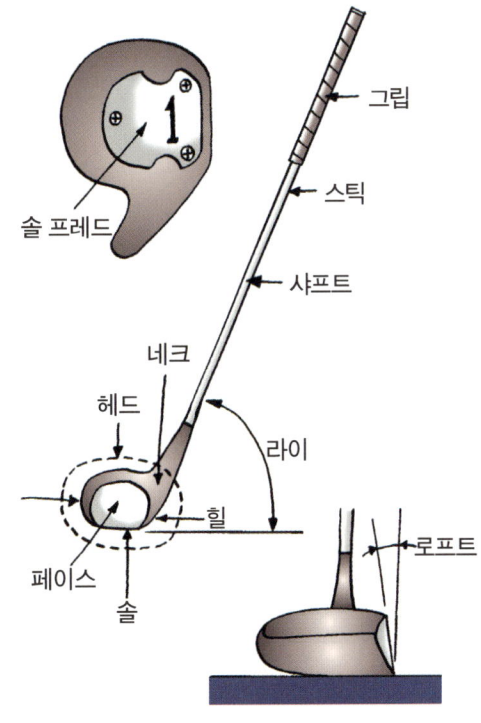

우드 클럽

비거리는 줄어든다. 3번 이후의 클럽은 페어웨이 우드라고 부른다.

우드 1번을 드라이버, 2번을 브러시, 3번을 스푼, 4번을 버피, 5번을 클리크라고 한다.

남성은 주로 1번(드라이버)·3번(스푼)·4번(버피)·5번(클리크)의 4가지를 준비하는 것이 일반적이며,

여성은 주로 1번(드라이버)·3번(스푼)·5번(클리크)·6번의 4가지를 준비한다.

아이언 Iron 클럽

아이언 클럽은 헤드 부분이 우드에 비해 작고 가는 형태를 한 금속 재질(연철이나 특수 스테인레스, 티타늄 복합제 등)의 클럽이다. 이 클럽은 볼을 멀리 보내기보다는 그린 위에 볼을 올리는 경우에 이용된다.

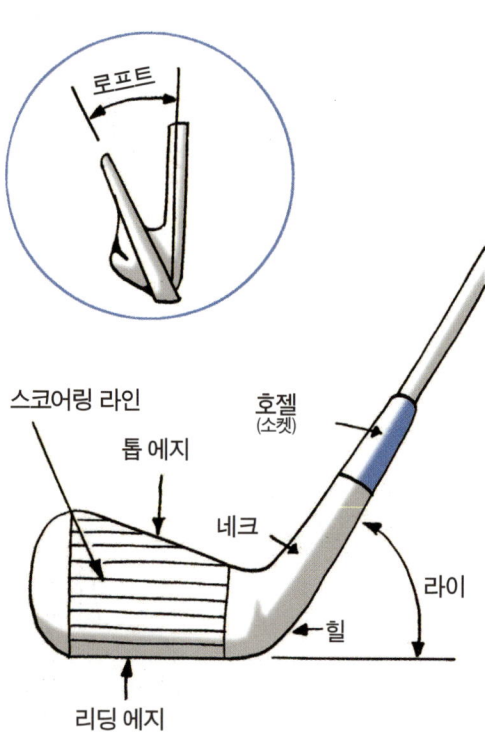

아이언은 우드보다 샤프트 부분이 짧아 사용하기 쉬우므로 초보자는 거의 대부분 일방적으로 아이언으로 연습을 시작하게 된다. 우드와 마찬가지로 번호가 커질수록 높이 날아가며 비거리는 짧아진다.

아이언은 샤프트의 길이에 따라 롱 아이언, 미들 아이언, 숏 아이언 등으로 구분한다. 본 책에서는 1~5번을 롱 아이언, 6~8번을 미들 아이언, 9번과 웨지(어프로치웨지 · 샌드웨지 · 피칭웨지)를 숏 아이언으로 구분한다. 상황에 따라 1~4번을 롱 아이언, 5~6번을 미들 아이언, 7~9번과 웨지를 숏 아이언으로 구분하기도 한다.

남성 아이언 세트는 주로 3~9번까지 7가지를 준비하는 것이 일반적이며, 여성 아이언 세트는 주로 4~8번까지 5가지를 준비하는 것이 일반적이다. 또한 아이언 클럽에는 어프로치 샷을 위한 피칭웨지(PW)와 벙커 샷을 위한 샌드웨지(SW)가 있다.

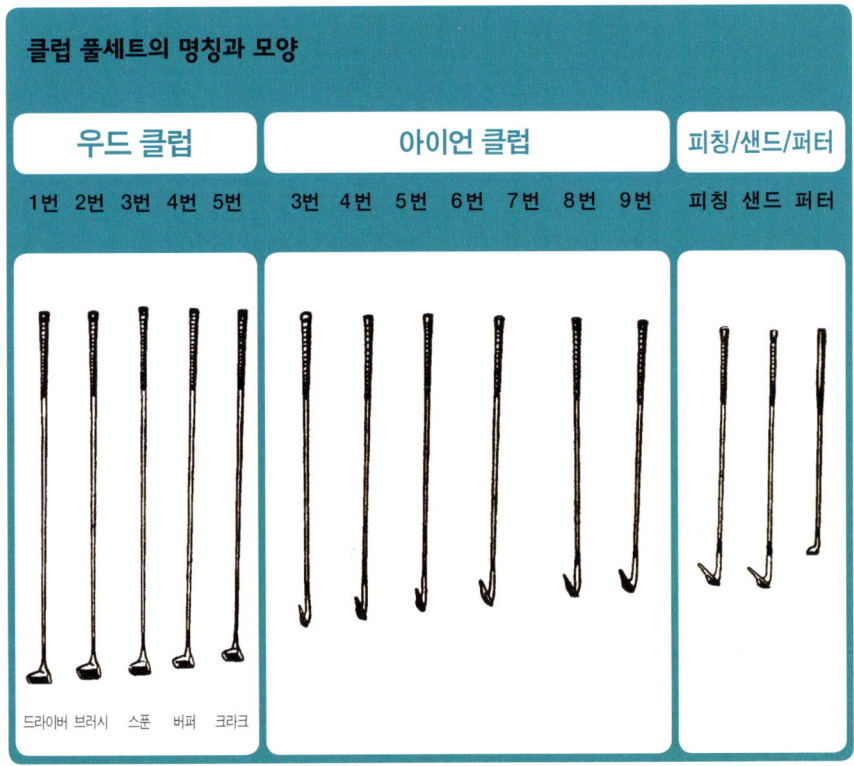

27

클럽의 적정 비거리

클럽에 따라 비거리와 탄도에 차이가 난다. 아래의 표는 클럽에 따른 적정 비거리의 평균치이다. 따라서 개인에 따라 비거리의 편차가 있을 수 있으므로 자신의 거리를 숙지해 두는 것이 필수다.

	종류	남성	여성
우드 클럽	1번 우드(드라이버)	240야드	200야드
	2번 우드(브러시)	230야드	190야드
	3번 우드(스푼)	220야드	180야드
	4번 우드(버피)	210야드	170야드
	5번 우드(클리크)	200야드	160야드
아이언 클럽	1번 아이언	210야드	160야드
	2번 아이언	200야드	150야드
	3번 아이언	190야드	140야드
	4번 아이언	180야드	130야드
	5번 아이언	170야드	120야드
	6번 아이언	160야드	110야드
	7번 아이언	150야드	100야드
	8번 아이언	140야드	90야드
	9번 아이언	130야드	80야드
	피칭웨지(PW)	120야드	70야드
	샌드웨지(SW)	70야드	50야드

> **TIP**
>
> **롱아이언에 익숙하지 않은 사람은 하이브리드(Hybrid) 클럽을!**
>
> 하이브리드(유틸리티)는 페어웨이 우드(3번 이상)와 아이언의 중간 정도에 해당하는 클럽으로, 롱아이언에 익숙하지 않은 사람에게 알맞은 클럽이다. 헤드 크기는 우드보다 작고 아이언보다 커서 초보자도 쉽게 다룰 수 있기에 아이언보다 비거리가 잘 나온다. 러프나 경사면 등에서도 사용할 수 있으므로 활용도가 높으면서도 편리하다.

퍼터 Putter

퍼터는 그린에서 볼을 홀에 넣기 위해 사용하는 클럽이다. 퍼터는 클럽 헤드의 모양과 샤프트의 길이에 따라 다양한 형태가 있다. 클럽 헤드는 일반적으로 핑형(토우 앤드 힐형)·L자형·T자형·D자형(말렛형) 등의 4가지 타입으로 나뉜다.

핑형(토우 앤드 힐형)은 헤드의 토우와 힐의 무게를 분산하여 공을 잘 못 쳤을 때에 생기는 회전 시의 오차를 최소화하는 클럽이다. 즉 볼이 다소 중심을 벗어나도 퍼팅 실수가 크게 나지 않는 구조이므로 가장 대중적으로 사용된다.

L자형은 샤프트가 힐에 붙어 있는 퍼터로, 아이언 샷에 가까운 감각의 퍼팅을 할 수 있다. 타구감이 손에 잘 전해지므로 미묘한 컨트롤을 하기 좋다. 스위트 스팟(클럽 페이스의 중심점)이 좁기에 상급자용이다.

T자형은 샤프트가 헤드의 중앙에 붙어 있는 형태이다. 타구감과 스위트 스팟이 엄격한 것이 L자형과 비슷하다. 팔의 강약으로 퍼팅하는 사람에게 잘 맞는 클럽이다.

핑형(토우 앤드 힐형)

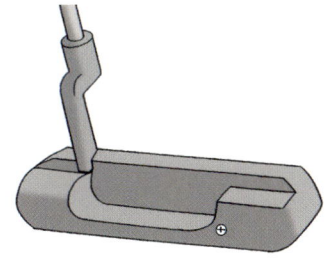

L자형

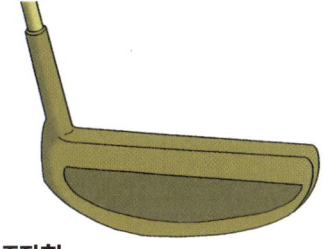

T자형

D자형(말렛형)

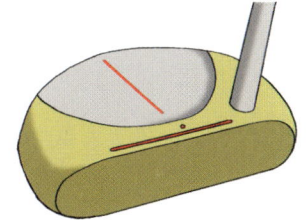

D자형(말렛형)은 프로 골퍼들 사이에서 주로 사용되는 퍼터이다. L자형이 아이언 감각이라면, D자형은 페어웨이 우드의 감각과 유사하다. 즉 두꺼운 솔을 잔디 위에서 미끄러뜨리는 이미지로 퍼팅하면 안정감을 느낄 수 있다.

퍼팅은 감각으로 하는 샷이므로 퍼터 역시 감각적으로 선택해야 한다. 즉 자신의 취향을 고려해서 선택해야 한다는 것이다. 다른 사람에게 잘 맞는다 하더라도 나에게 맞지 않을 수 있기 때문이다.

가장 인기 있는 퍼터는 핑형이라 할지라도 자신이 직접 손으로 퍼팅해 본 뒤에 선택하는 것이 가장 좋다. 가격이 비싸나고 볼이 살 들어가는 것은 아니므로 가격이 싸더라도 자신에게 맞는 퍼터를 고르는 것이 좋다. 다만, 한 번 결정한 퍼터는 가능한 오래 사용하여 익숙해지도록 하는 것이 중요하다. 퍼팅이 제대로 안 된다고 해서 계속해서 퍼터를 바꾸는 경우는 오히려 퍼팅 실력을 감소시키는 결과를 초래한다. 퍼터를 어느 정도 사용하여 익숙해지면 그 퍼터가 지닌 본래의 장점을 느낄 수 있게 되어 실력이 꾸준히 향상된다.

퍼터의 선택도 중요하지만 더욱 중요한 것은 선택한 퍼터로 꾸준히 연습하는 것이다.

5 클럽의 구조와 명칭

클럽은 크게 클럽 헤드·샤프트·그립, 이 3가지로 구분된다. 클럽 헤드는 우드 클럽과 아이언 클럽에 따라 모양이 다르며, 클럽 페이스의 로프트도 클럽마다 차이가 난다. 로프트는 볼을 띄우는 역할을 하며, 로프트가 클수록 클럽 페이스의 각도가 크므로 볼은 높이 뜨나 비거리는 반대로 짧아진다.

샤프트는 클럽 헤드와 그립을 이어 주는 부분을 말한다. 샤프트는 재질에 따라 스틸 샤프트와 그라파이트 샤프트로 구분된다.

스틸 샤프트는 다소 무거우나 비틀림이 적어 방향성과 비거리가 일정하기에 프로 골퍼나 구력이 오래된 남성 골퍼들이 애용한다. 초보 골퍼나 여성 골퍼들은 그라파이트 샤프트를 애용한다. 일반적으로 드라이버(우드 1번 클럽)의 길이는 42.5~45인치이며, 클럽 번호가 커질수록 0.5인치(약 1.27cm)씩 짧아진다.

클럽 솔을 지면에 딱 맞게 댔을 때 지면과 샤프트 사이에 생기는 각도를 라이 각(또는 라이)이라고 한다. 클럽의 번호가 커질수록 라이 각이 커지도록 설계되었으므로 드라이버와 숏 아이언을 비교해 보면 숏 아이언의 샤프트가 더 큰 것을 알 수 있다.

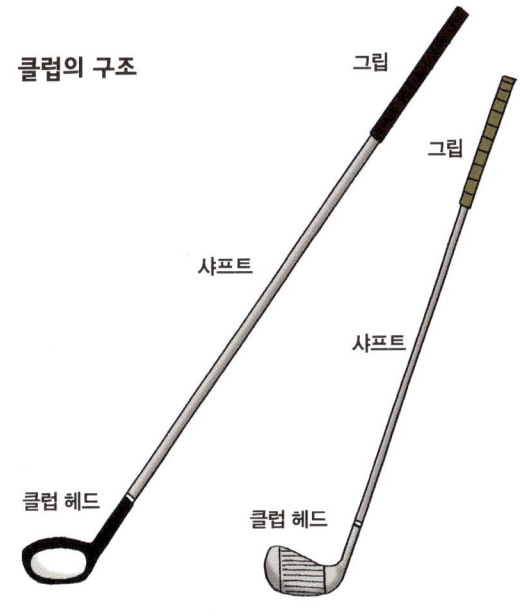

클럽의 구조

그립은 클럽의 손잡이 부분으로, 고무 재질이 일반적이다. 가죽 재질의 그립은 미끄러지기 쉬우므로 오히려 고무 재질이 좋다. 경기 규칙상 퍼터 이외의 클럽은 그립의 횡단면을 원형으로 규정하고 있으므로 그립을 잡기 쉽도록 울퉁불퉁하게 만들면 규칙 위반이 된다.

우드 클럽의 구조와 명칭

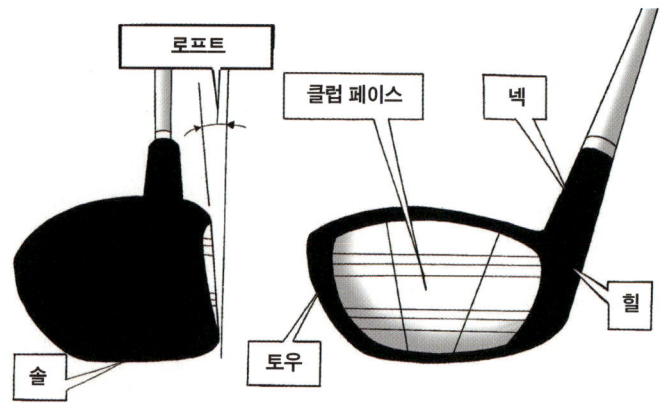

아이언 클럽의 구조와 명칭

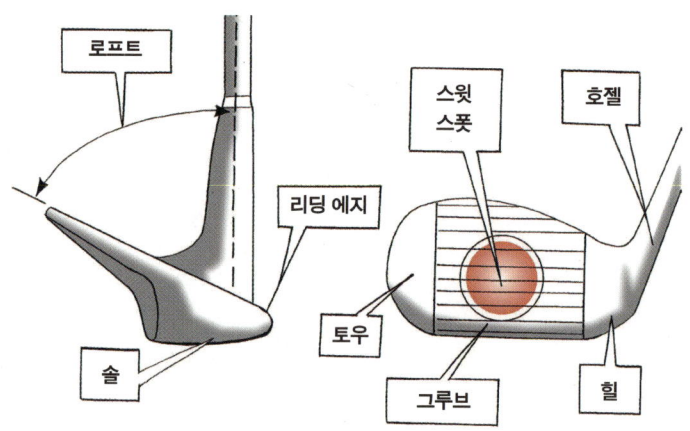

6 클럽의 로프트·라이·비거리

드라이버(우드 1번)의 표준 로프트는 11도이고 표준 라이 각은 53도이며 비거리는 240야드(여성은 200야드)이다. 3번 아이언의 표준 로프트는 24도, 표준 라이 각은 55도이며 비거리는 190야드(여성은 140야드)이다.

클럽의 로프트, 라이 각 및 비거리

종류		로프트(표준)	라이 각(표준)	비거리	
				남성	여성
우드 클럽	1번 우드(드라이버)	11°	53°	240야드	200야드
	2번 우드(브러시)	13°	54°	230야드	190야드
	3번 우드(스푼)	16°	55°	220야드	180야드
	4번 우드(버피)	19°	56°	210야드	170야드
	5번 우드(클리크)	22°	57°	200야드	160야드
아이언 클럽	1번 아이언	18°	53°	210야드	160야드
	2번 아이언	20°	54°	200야드	150야드
	3번 아이언	24°	55°	190야드	140야드
	4번 아이언	28°	56°	180야드	130야드
	5번 아이언	32°	57°	170야드	120야드
	6번 아이언	36°	58°	160야드	110야드
	7번 아이언	40°	59°	150야드	100야드
	8번 아이언	44°	60°	140야드	90야드
	9번 아이언	48°	61°	130야드	80야드
	피칭웨지(PW)	54°	62°	120야드	70야드
	샌드웨지(SW)	58°	63°	70야드	50야드

7 클럽 선택

클럽 선택에 있어서 가장 중요한 것은 자신의 몸에 맞는 클럽을 선택하는 것이다. 초보자가 처음부터 자신의 몸에 맞는 클럽을 선택하기란 쉽지 않다. 클럽은 가격이 비싼 만큼 한 번 구입하면 오랫동안 사용하게 된다. 따라서 4가지 포인트인 ① 클럽의 길이(샤프트 길이), ② 샤프트의 견고함, ③ 밸런스(스윙 웨이트), ④ 라이 각을 점검해야 한다. 가능한 연습 샷이 가능한 매장에서 구입하는 것이 좋다.

클럽 길이

시중에서 판매 중인 메탈헤드로 된 드라이버의 샤프트 길이는 거의 45인치인데, 이것은 키 185cm 이상의 골퍼에게 적당하다. 타이거 우즈를 예로 들면, 그의 드라이버의 길이는 43인치밖에 되지 않는다. 즉 키가 크더라도 팔이 긴 체형은 상대적으로 짧은 클럽이 적당하다.

드라이버를 선택하는 경우 일반적으로 키가 170cm일 때는 43인치, 175cm일 때는 43.5인치, 180cm일 때는 44인치, 185cm일

클럽 길이

(남성 170cm, 여성 165cm 기준, 단위 : 인치)

종류		남성	여성
우드 클럽	1번(드라이버)	43	42
	2번(브러시)	42	41.5
	3번(스푼)	41.5	41
	4번(버피)	41	40.75
	5번(클리크)	40.5	40.5
아이언 클럽	3번	38.5	37
	4번	38	36.75
	5번	37.5	36.5
	6번	37	36
	7번	36.5	35.5
	8번	36	35
	9번	35.5	34.5
	PW / SW	35	34

때는 44.5인치가 알맞다.

드라이버 선택 시 정확성을 원하는 경우에는 한 단계 짧은 것을 선택하고, 비거리(장타)를 원할 때는 한 단계 긴 것을 선택한다. 여성의 경우 드라이버는 41~42인치가 일반적이다.

우드클럽의 헤드는 금속으로 만들어진 메탈헤드가 주류를 이루고 있다. 메탈헤드의 소재는 스테인리스 · 티타늄 · 알루미늄 등의 3가지로서, 이 가운데 초보자가 다루기 쉬우면서도 저렴한 메탈헤드는 스테인리스 재질의 클럽이다. 티타늄이나 알루미늄 합금의 클럽은 고가인데다가 샤프트 길이가 45인치 이상인 '장척 샤프트'가 장착된 제품이 많이 출시되고 있어서 초보 골퍼가 다루기에는 다소 어렵다. 따라서 스테인리스 재질의 우드 클럽으로 어느 정도 실력을 쌓은 뒤에 티타늄 우드클럽을 구입하는 것이 유리하다.

초보 골퍼에게 있어서 권장할 만한 드라이버 스펙은 헤드 용량이 300~460cc 정도 되고, 샤프트 길이가 44인치 이하면서 로프트는 11도 이상인 것이다. 특히 같은 드라이버라도 클럽 페이스의 높이가 큰 것보다는 조금 낮은 것이 중심 위치가 낮아지므로 초보 골퍼가 치기 쉽다.

초보자용 우드 클럽의 헤드

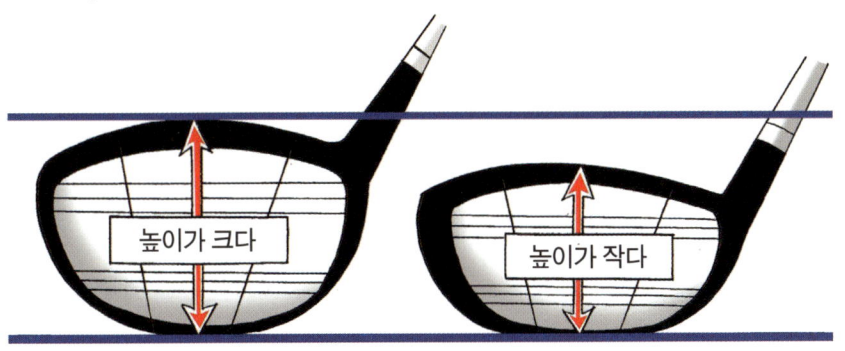

샤프트의 견고함

샤프트는 재질과 강도에 따라 구분된다. 샤프트의 재질은 스틸과 그라파이트의 2가지 타입이 있는데, 초보 골퍼에게는 그라파이트 샤프트가 유리한데, 그 이유는 스틸 샤프트에 비해 가볍고 다루기 쉽기 때문이다. 다만 가격은 그라파이트가 약간 비싸다.

샤프트는 강도에 따라 X·S·R·A·L의 5단계로 분류된다. 일반적인 남성은 R(레귤러)로 시작하며, 여성은 L(레이디스)로 시작한다.

샤프트의 강도와 특징

종류	명칭	특징
X	엑스트라	가장 딱딱함. 주로 프로와 톱 아마추어용
S	스티프	딱딱함. 프로나 상급자용. 힘 있는 플레이어
R	레귤러	표준. 보통의 일반 남성용
A	에버리지	약간 부드러움. 힘이 약한 남성이나 강한 여성용
L	레이디스	부드러움. 일반 여성과 주니어

밸런스 = 스윙 웨이트

스윙 웨이트(Swing Weight)란 스윙을 할 때 느끼는 균형감 또는 무게감을 말한다. 즉 클럽 헤드와 그립 사이의 무게 분배를 의미한다. 클럽 헤드 쪽이 무거우면 스윙 웨이트가 높고, 그립 쪽이 무거우면 스윙 웨이트가 낮다.

밸런스(스윙 웨이트)

밸런스	특징
A0~B9	힘이 부족한 여성과 주니어용
C0~C5	일반 여성과 힘이 부족한 남성용
C6~C9	일반 남성용
D0~D3	약간 힘이 있는 남성용
D4~D7	힘이 있는 남성용
D8~G0	힘이 아주 센 남성용

초보 골퍼에게 있어서 가벼운 클럽이 다루기 쉽지만, 단순히 중량이 가볍다고 해도 스윙 웨이트가 무거우면 별 의미가 없다. 따라서 자신에게 맞는 스윙 웨이트를 찾는 것이 중요하다.

스윙웨이트의 수치는 A0부터 G0까지 있으며, A쪽으로 갈수록 헤드가 가볍고 G쪽으로 갈수록 헤드가 무겁다.

라이 각

라이 각은 클럽 페이스를 똑바로 펴서 자세를 잡았을 경우 지면과 샤프트 사이에 생기는 각도를 말한다. 라이 각은 키나 팔 길이에 따라 다르나, 어드레스를 정확히 하고 클럽을 지면에 내려놓았을 때 솔이 지면에 딱 맞는 각도가 좋다. 일반적으로 키가 큰 사람은 라이 각도가 큰 클럽을 선택하고, 키가 작은 사람은 라이 각도가 작은 클럽을 선택하여 사용한다.

자세를 정확히 잡았는데 토우가 뜨는(업라이트) 클럽은 슬라이스가 나기 쉽고, 반대로 힐이 뜨는(플랫) 클럽은 훅이 나기 쉽다.

올바른 라이 각

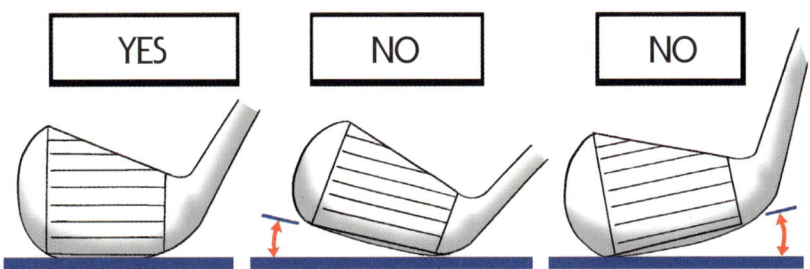

- 토우가 뜨면 업라이트 스윙이 되어 슬라이스가 난다.
- 힐이 뜨면 플랫 스윙이 되어 훅이 난다.

8 골프공

골프공의 크기

볼의 중량은 45.93g으로 통일되어 있지만, 크기에는 2가지 종류가 있다. 직경 41.15mm의 스몰 사이즈와 42.67mm의 라지 사이즈 2종류가 있는데, 1990년부터는 개정된 〈미국골프협회(USGA) 규정〉에 따라 42.67mm 이상의 볼을 사용하게 되었다. 이후 공식 경기에서는 라지 사이즈만 인정되므로 최근에는 스몰 사이즈의 생산은 중단된 상태다.

골프공의 번호

모든 볼에는 번호가 인쇄되어 있다. 이 번호는 골프장에서 플레이를 할 때 자신의 볼과 다른 플레이어의 볼을 구별해 주는 역할을 하므로 매우 중요하다. 또한 OB가 될 가능성이 있어서 잠정구를 치는 경우에 먼저 친 자신의 공과 잠정구를 식별해 주는 역할도 한다.

따라서 플레이어는 자신이 사용하는 볼의 번호를 기억해야 한다. 상급자가 되면 정해진 번호의 볼만 사용해야 하는 경우도 있으며, 자신의 이름이 새겨진 볼만 사용하는 사람도 있다.

골프공의 번호

골프공에는 번호가 매겨져 있으며, 이 번호는 자신의 볼과 다른 플레이어의 볼을 구별해 준다.

컴프레션 Compression

컴프레션이란 골프공에 일정한 힘을 가했을 때 변형되는 정도, 즉 볼의 경도를 말한다. 경도가 높을수록 볼은 딱딱하고 경도가 낮을수록 부드럽다. 경도의 표시는 볼의 표면에 인쇄된 번호의 색에 의해 구분된다. 녹색(70)과 파란색(80)은 경도가 부드러워서 여성에게 적합하고, 빨간색(90)은 보통이므로 일반 남성에게 적합하며, 검정색(100)은 딱딱하므로 프로나 힘이 강한 골퍼들에게 적합하다.

헤드 스피드가 빠른 경우 볼이 단단해야 강력한 임팩트를 통해서 비거리가 커지므로 검정색은 주로 프로들이 사용한다. 힘이 약해서 헤드 스피드가 느린 경우 볼이 부드러워야 임팩트 시 클럽과의 접촉 시간이 길어서 볼이 잘 맞고 방향성도 좋아진다.

컴프레션(볼의 경도)과 특징

번호의 색	컴프레션	경도	특징
검정색	100	딱딱함	프로나 힘 있는 남성용
빨간색	90	보통	일반 남성용
파란색	80	부드러움	힘이 부족한 남성이나 일반 여성용
녹색	70	매우 부드러움	힘이 약한 여성용
여성 전용	70~80	부드러움	여성을 위해 만들어진 볼

딤플 Dimple

딤플이란 볼의 표면에 원형으로 잘게 패인 부분들을 말한다. 딤플은 볼을 더 멀리 날리기 위해 고안되었으며, 표면이 매끈한 경우보다 비거리를 30% 이상 증가시킨다. 딤플의 수는 일반적으로 300~500개 정도이다. 하지만 딤플의 수가 많다고 해서 공이 반드시 멀리 날아가는 것은 아니다. 즉, 딤플의 면적이나 깊이가 비거리에 영향을 미치는 정도는 미미한 편이다.

골프공의 종류

골프공은 구조에 따라 원피스 볼·투피스 볼·스리피스 볼·포피스 볼 등으로 구분된다.

원피스 볼

원피스 볼은 가격이 저렴하므로 초보 골퍼나 연습장 볼로 많이 이용된다.

투피스 볼

투피스 볼은 비거리는 좋으나 정확성이 떨어지며, 아마추어들이 주로 선호한다.

원피스 볼은 볼 전체가 하나의 복합 고탄성체(고무와 합성 수지의 복합체)로 되어 있다. 장점은 가격이 저렴한 것이고, 단점은 타구 감각·감촉·비거리·스핀(볼의 회전)이 떨어진다는 것이다. 초보 골퍼의 경우에는 볼을 잃어버리기 쉬우므로 원피스 볼을 많이 사용하며, 연습장 볼로도 이용된다.

투피스 볼은 합성 고무와 강화 커버 이렇게 두 부분으로 되어 있다. 합성 고무는 대부분 경질 고무를 사용하므로 타구 시 반발이 강하기 때문에 잘 날아간다. 따라서 볼의 런이 많아 장타를 내는 장점을 가지고 있다. 단점은 타구 시 느낌이 딱딱하며, 스핀(볼의 회전)이 잘 걸리지 않으므로 정확성이 다소 떨어진다는 것이다. 아마추어들은 투피스 볼을 선호한다.

스리피스 볼은 하나의 심(코어)을 2개

의 커버로 싼 3중 구조이다. 이때 심(코어)을 고무실로 감은 것을 실감개 볼이라고 한다. 스리피스 볼은 비거리가 떨어지는 단점이 있으나, 터치가 부드럽고 스핀(볼의 회전)이 잘 걸리므로 원하는 곳에 볼을 정확히 보낼 수 있는 장점이 있다. 따라서 프로들과 싱글 골퍼들이 주로 선호한다.

포피스 볼은 스리피스 볼의 변형으로 하나의 심(코어)을 3개의 커버로 싼 4중 구조이다. 포피스 볼은 드라이버의 스핀을 낮추고 어프로치의 스핀(볼의 회전)을 높여주므로 고난도의 컨트롤 샷이 가능하다.

스리피스 볼

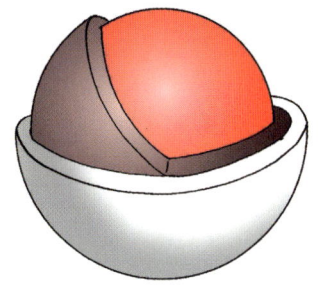

스리피스 볼은 방향성이 좋고 스핀이 잘 걸려 정확성이 높기에 프로들이 선호한다.

> **TIP**
>
> **초보 골퍼를 위한 로스트 볼(재활용 볼) 사용 안내**
>
> 초보 골퍼들이 골프 매장에 가면 볼의 종류가 매우 많은 걸 보고 종종 놀라게 된다. 최근에는 포피스 볼·파이브피스 볼 등도 시판되고 있다. 한 상자에 3개의 볼이 들어 있고, 가격은 볼 1개에 4,000~10,000원 정도이며 그 이상 하는 것도 있다.
> 처음 시작하는 초보 골퍼는 1개에 1,000원 정도 하는 로스트볼을 사용하는 것이 좋다. 로스트 볼이란 누군가가 사용하다가 잃어버린 공을 거두어들여 판매하는 중고 볼을 말한다. 새 공에 비해 가격이 저렴하다는 장점이 있으며, 잘 닦여져 있어서 플레이하는 데에 지장이 없다. 단, 구입할 때 흠이 지나치게 많이 난 볼이 섞여 있는지 점검할 필요가 있다.

9 골프화 · 장갑 · 캐디 백 · 기타

골프화

라운딩을 하면서 18홀을 돌면 최소한 8km 이상을 걷게 된다. 골프는 단순히 장거리를 걷는 운동이 아니다. 기복이 심한 코스를 걸으면서 거친 스윙을 해야 한다. 무리한 스윙으로부터 발을 안전하게 지키기 위해서는 골프화를 신어야 한다. 골프화 바닥에 스파이크가 붙어 있는 이유는 바로 발목과 발끝을 보호하기 위해서다. 따라서 발에 맞는 골프화를 신지 않으면 피로와 통증으로 멋진 플레이를 할 수가 없다. 자신의 발에 맞는 골프화를 구입할 때는 두꺼운 스포츠용 양말을 신고 골프화를 신어 보는 것이 요령이다.

골프화를 처음 구입하는 초보 골퍼의 경우 '골프화 케이스'도 함께 구매하여 라운딩을 대비할 줄 아는 센스도 발휘해 보자.

장갑

클럽을 쥔 손이 미끄러지지 않도록 왼손(왼손잡이는 오른손)에 장갑을 끼면 손에 힘을 빼고도 클럽을 단단히 잡을 수 있다. 장갑은 낄 때 손이 약간 조이는 맛이 있는 것이 좋다.

 장갑 소재는 천연 가죽, 합성 가죽 등 여러 가지가 있다. 천연 가죽은 미끄럽지 않고 손에 잘 맞지만 수분에 약하고 손질이 어렵다. 인조가죽은 손쉽게 세탁할 수 있으므로 경제적이다. 장갑은 한 코스당 2~3개 정도 지참하는 것이 좋다.

> **TIP**
>
> **장갑 손질법**
>
> **천연 가죽인 경우 :** 손에 낀 채로 미지근한 물에 비벼서 빤다. 다 빤 뒤에는 주름을 펴고 형태를 가다듬은 뒤에 그늘에 말리며, 크림을 사용할 필요는 없다.
>
> **인조 가죽인 경우 :** 모직 세탁용 세제로 빨면 된다. 특히 때가 많은 부분은 잘 비벼서 빤다. 브러시나 표백제는 오히려 가죽을 상하게 하므로 사용하지 않는다. 검은 곰팡이는 벤젠을 묻히면 엷어진다.

캐디 백

캐디 백이란 클럽을 넣고 다니는 케이스를 말한다. 캐디 백에는 클럽 외에도 볼, 장갑, 티 페그, 볼 마커, 모자, 우산, 비옷, 타월, 택배용 비닐 커버 등도 들어간다. 캐디 백은 클럽이나 골프화처럼 플레이에 직접적인 영향을 주지는 않지만, 한 번 구입하면 오랫동안 사용하므로 신중하게 선택할 필요가 있다.

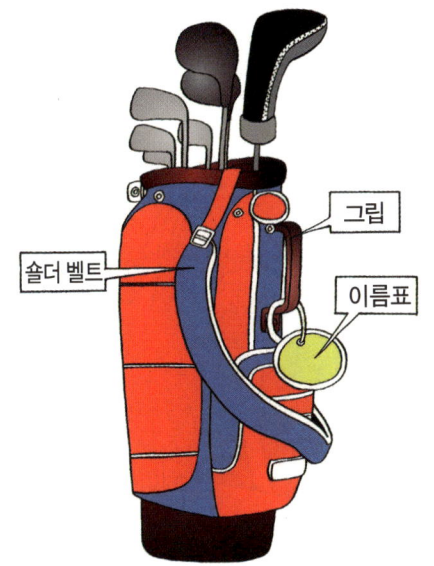

캐디 백의 평균적인 사이즈는 8~8.5인치이며, 소재는 천연 가죽과 인조 가죽 등이 있다. 일반적으로 인조 가죽이 가볍고 내구성이 좋아서 널리 쓰이고 있다. 캐디 백을 구입할 때는 캐디 백이 바닥에 똑바로 서는지 확인해 본다. 또한 캐디 백에 클럽을 넣어 숄더 벨트를 어깨에 메었을 때, 머리가 앞으로 쏠리거나 캐디 백이 한쪽으로 쏠리는 제품은 균형이 좋지 않으므로 가급적 피해야 한다.

캐디 백 구입 뒤에는 반드시 캐디 백에 있는 이름표에 자신의 이름을 써 넣도록 한다. 골프장에서 자신과 캐디 백을 연결해 주는 것은 이름표 뿐이기 때문이다. 그러므로 자신의 이름을 반드시 또박또박 정확히 써넣어야 한다. 사소하지만 실제 라운딩에서는 매우 중요한 역할을 함을 명심하자.

보스턴 백과 골프화 케이스

보스턴 백이란 갈아입을 옷과 자질구레한 물건 등을 넣는 가방을 말한다. 골프화 케이스는 골프화를 넣는 가방을 말한다. 초보 골퍼의 경우에는 캐디 백과 세트로 구입하여 백을 통일시켜 가지고 다니기도 하지만, 이것은 개인의 취향과 관련된 것이므로 각각 따로 구입해도 무방하다.

캐디 백, 보스턴 백, 골프화 케이스 3가지를 모두 갖추었다면 일단 준비만큼은 훌륭한 골퍼로 입문한 것이다.

티 = 티 페그 tee-peg

티(티 페그)란 티샷할 때 볼을 놓는 받침대를 말한다. 티 페그는 우드 클럽용의 긴 것과 아이언 클럽용의 짧은 것이 있다. 티 페그는 나무와 플라스틱을 가지고 만드는데, 환경 보호를 위해서 가급적 나무로 된 것을 사용하는 것이 좋다(나무는 썩고 플라스틱은 썩지 않음). 티 페그는 라운드당 10~20개 정도 준비하면 된다.

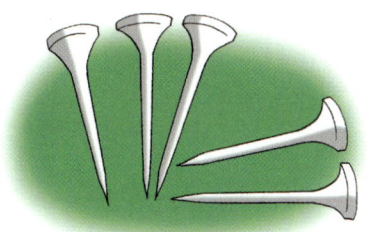

마커 = 볼 마커 ball marker

마커(볼 마커)란 그린에서 볼을 주위 들 때 표시하는 표적을 말한다. 골프장의 캐디 마스터실에도 비치되어 있는 것도 있지만, 자기가 마음에 드는 것을 지참하는 것이 좋다. 500원짜리 동전이나 외국 동전을 마커로 사용하는 사람들도 많다. 마커는 동반자의 허가를 얻어 사용하면 된다.

그린 포크

그린 포크란 볼이 강한 속도로 그린에 떨어질 때 그린에 생기는 홈집을 회복시키기 위해서 사용하는 장비를 말한다. 비가 오는 날처럼 그린이 촉촉한 경우에는 특히 더 필요한 도구이므로 반드시 하나 정도는 지니고 코스에 나가는 것이 좋다.

기타 장비

그 밖의 장비로는 모자·우산·양말 등을 들 수 있다. 모자는 햇볕이 강한 날에는 얼굴 피부 보호와 일사병 대비를 위해서 반드시 필요하다.

비가 오는 경우 골프장에서 우산을 준비해 두지만, 자신의 우산을 지니고 있으면 우산 손잡이의 크기나 무게 등에 구애 받지 않으므로 편리하다.

양말은 두꺼운 스포츠 용품을 사용하는 것이 발을 보호하는 데 좋다.

모자·우산·양말

10 골프 웨어

청바지·반바지·깃 없는 셔츠 등은 NO! 재킷은 반드시 착용!

골프는 신사와 숙녀의 스포츠이므로 반드시 골프 웨어를 입고 코스에 나가야 한다. 영국에서는 정장을 하고 코스에 나가며, 우리나라 클럽도 최소한 깃이 달린 셔츠를 착용할 것을 규정하고 있다.

남성의 경우 골프장 출입이 금기되는 복장으로는, 깃이 없는 셔츠나 트레이닝복, 청바지, 반바지, 조깅 팬츠, 테니스용 짧은 팬츠 등이다. 깃이 없는 셔츠 등은 속옷으로 간주되고, 청바지 등은 작업복으로 간주되기 때문이다.

골프장에 따라서는 클럽 하우스에 들어갈 때 재킷의 착용을 의무화하고 있는 곳도 많다. 골프장은 대부분 멤버십 클럽이므로 방문자 역시 그 클럽의 규정을 따르는 것이 예의이다. 재킷을 무심코 잊어버려 입장을 거절당하는 일이 없도록 평소에 재킷을 챙겨 입는 습관을 들이는 것이 좋다.

라운딩을 할 때 반드시 모자를 착용해야 하는 코스도 있다. 모자는 볼에 맞을 경우 머리를 보호하며, 멀리 있어도 눈에 띄어 위험을 방지한다. 또한 여름철 강한 햇볕으로부터 머리를 보호해 주는 역할을 한다.

반바지와 깃 없는 셔츠는 코스 출입이 안 됩니다.

봄여름 시즌의 복장

봄여름에 플레이를 하다 보면 땀을 많이 흘리게 된다. 따라서 흡수성이 좋은 면 소재의 셔츠가 적당한다. 특히 땀을 심하게 흘리는 골퍼라면 신축성이 좋은 폴로 셔츠가 좋다. 여름에는 자외선 때문에 피부가 상하기 쉬우므로, 폴로 셔츠의 깃를 세우거나 긴소매 셔츠를 입어서 햇볕에 타는 것을 방지할 수 있으며, 특히 모자를 준비해서 일사병에 대비하는 것도 좋다.

여름철에 준비해야 할 용품

땀을 많이 흘리는 한여름에는 남녀 모두 갈아입을 옷을 준비해 가는 것이 좋다. 하프가 끝났을 때 옷을 갈아입고, 산뜻한 기분으로 후반의 라운드를 즐길 수 있기 때문이다.

여름철에 준비해야 할 용품에는 갈아입을 여벌의 셔츠, 차양용 모자, 선크림, 방수 골프화, 우산, 비옷, 반창고, 수건 등이 있다.

비옷은 필수품

골프는 비가 와도 중단하지 않고 진행되는 스포츠다. 특히 산자락에 위치한 골프장의 경우에는 날씨가 변화무쌍하므로 반드시 비옷을 준비해야 한다. 비옷은 상하를 모두 갖추는 것이 좋으며, 여의치 않은 경우 상의만이라도 준비해야 한다. 비옷 구입 시 스윙에 방해가 없는 골프용 비옷을 준비하는 것이 좋다.

가을·겨울 시즌

가을부터 겨울에는 날씨가 점점 추워지므로 폴로 셔츠 위에 조끼를 입거나 스웨터를 입는 것이 좋다. 조끼나 스웨터를 고를 때 주의할 점은 가볍고 움직이는 데 방해가 되지 않는 것을 골라야 스윙을 부드럽게 할 수 있다는 것이다.

또한 내의는 면 소재의 긴소매 내의를 착용하면 땀을 잘 흡수할 수 있다. 날씨가 아주 추울 경우 골프용 방한복이나 점퍼를 입고 라운딩을 하면 된다. 최근에 출시되는 방한복들은 소재가 가볍고 부드러워서 스윙 중에도 소리가 나지 않고 쾌적하다.

겨울철에 준비해야 할 용품에는 바람막이, 털외투, 귀를 감싸는 모자, 털장갑, 주머니 난로, 여성용 간편 화장품 등이 있다.

겨울철에 준비해야 할 용품

11 여성 골퍼를 위한 조언

헤어 스타일

짧은 헤어 스타일

긴 헤어 스타일

짧은 머리카락은 스윙에 큰 지장이 없다. 여성 프로 골퍼들의 헤어 스타일은 대부분 짧은데, 이는 스윙을 방해하지 않고 세팅도 쉽고 손질이 간단하기 때문이다. 짧은 머리의 경우에는 머리띠를 사용하거나 모자를 쓰고 플레이를 하면 무난하다.

긴 머리는 여성스럽지만 스윙에 방해가 되므로 과감히 정리해 줄 필요가 있다. 긴 머리의 경우 땋아서 위로 묶거나 뒤로 내리는 것이 무난하다. 머리를 뒤로 묶은 경우에는 모자를 쓰고 플레이를 할 수 있는 장점이 있다.

긴 머리는 핀을 사용하여 세련되게 정리할 수도 있다. 그만큼 긴 머리는 다양한 시도가 가능하다.

중간 길이의 머리카락은 무스나 헤어 핀을 사용하여 정돈해야 스윙을 하는 데 방해받지 않는다. 이 경우에는 선캡을 쓰는 것이 좋다. 왜냐하면 어중간

한 길이의 머리카락을 깨끗하게 정돈할 수 있는데다가 자외선을 차단할 수도 있기 때문이다.

중간 헤어 스타일

라운딩을 하다 보면 여성의 아름다운 머리카락이 손상을 입을 수 있다. 하루 동안 라운드를 하면, 땀·먼지·자외선 등으로 머리가 많이 손상된다. 이를 방지하기 위해서는 미리 스포츠용 스타일링 무수를 사용하는 것이 좋다. 또한 플레이하기 전날 밤이나 당일 밤에 자외선 차단 효과 및 보습 효과가 높은 샴푸·린스·헤어팩 등을 사용해서 머리에 자주 영양분을 공급해 주는 것도 잊지 않아야 한다.

티업 자세

초보 골퍼들은 티업을 할 때 허리를 숙여 티를 먼저 땅에 꽂고 나서 또 다시 허리를 숙여 볼을 올린다. 그런에 이것은 좀 서투른 행동이다.

잘못된 티업 자세

또한 바닥에 쭈그리고 앉은 자세로 티업을 하는 것도 용변 보는 자세처럼 보일 수 있는 민망한 자세다.

올바른 티업 자세

올바른 티업 요령은 다음과 같다. 먼저 볼과 티를 함께 쥔 뒤, 검지와 중지 사이에 끼운 티를 한번에 잔디에 꽂는다.

  짧은 스커트를 입은 여성은 한쪽 발을 뒤로 빼고 다리를 모은 채 단정하게 쪼그려 앉아 꽂으면 된다. 남성들은 무릎을 약간 구부려 한 발을 내밀고 허리를 굽혀 티업을 하면 된다.

그린에서의 자세

라인을 읽을 때의 티업

티업 할 때와 마찬가지로 여성이 그린을 살필 때의 자세도 중요하다. 이때는 무릎을 비스듬히 구부려 라인을 읽는 것이 세련된 멋을 풍길 수 있다. 티업과 마찬가지로 바닥에 쭈그리고 앉아서 용변 보는 자세로 그린을 살피는 것은 민망한 자세이므로 가급적 피하도록 한다.

Part 02
스윙 전에 꼭 해야 하는 기본 자세

1 체중 이동과 균형

균형을 갖춘 체중 이동의 중요성

골프 스윙에서 체중 이동은 매우 중요하다. 체중 이동을 잘할수록 팔로만 하는 스윙이 아니라 하체를 동반한 스윙이 가능하기 때문이다. 주말 골퍼 중에서는 팔의 힘만으로 스윙을 하는 경우가 많다. 이분들 역시 팔에 힘을 빼야 한다는 것을 알지만 그렇게 못하는 이유는 바로 처음 스윙을 배울 때 체중 이동을 제대로 배우지 못해서 그렇다.

왜 이렇게 됐을까? 그것은 처음부터 클럽을 쥐고 볼을 치기 시작했기 때문이다. 처음부터 볼을 맞추는 데만 급급한 스윙을 해서 그러하다. 이를 방지하기 위해서는 스윙을 하기 전에 체중 이동을 자연스럽게 연습해 주면 된다. 이제부터 자연스럽게 체중을 이동시키는 연습을 시작해 보자.

체중 이동이 잘되면 스윙은 저절로 된다.

체중 이동 연습 방법

먼저 양발을 어깨 넓이로 자연스럽게 벌리고 선 뒤 무릎을 약간 구부린다. 이때 양쪽 발에는 50 : 50의 비율로 힘을 분산해 준다.

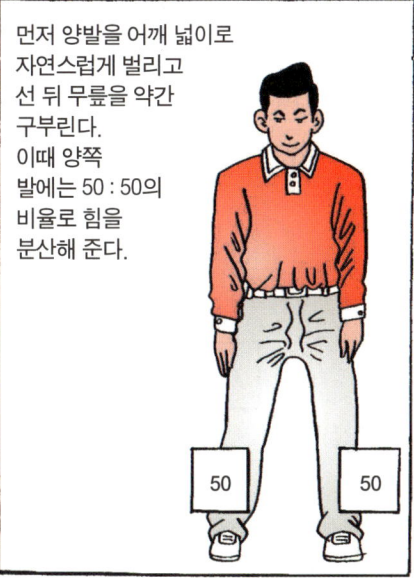

그리고 나서 양팔을 X자로 포개어 자신의 가슴 위에 댄 후 허리를 편 채 몸을 약간 숙여 준다.

이때 시선은 양발 중앙으로부터 60~90cm 정도 되는 한 지점(A지점)에 고정시켜 주면 시선(머리)이 고정된다.

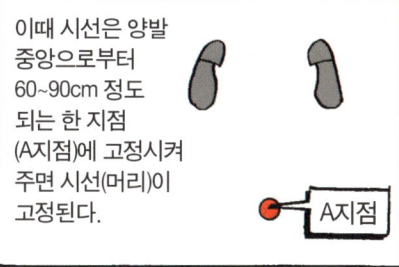

① 양발에 50 : 50으로 골고루 힘을 분산하고 양팔을 X자로 포개어 어드레스 자세를 잡는다.

② 시선(머리)을 A지점에 고정한 채 서서히 상체를 오른쪽으로 돌린다.

상체를 오른쪽으로 돌리다 보면 서서히 오른발에 힘이 들어가게 된다.

(백스윙) 자세가 완료되면 오른발에 70%의 힘이 들어간다. 이때 시선(머리)은 여전히 A지점을 향해야 한다.

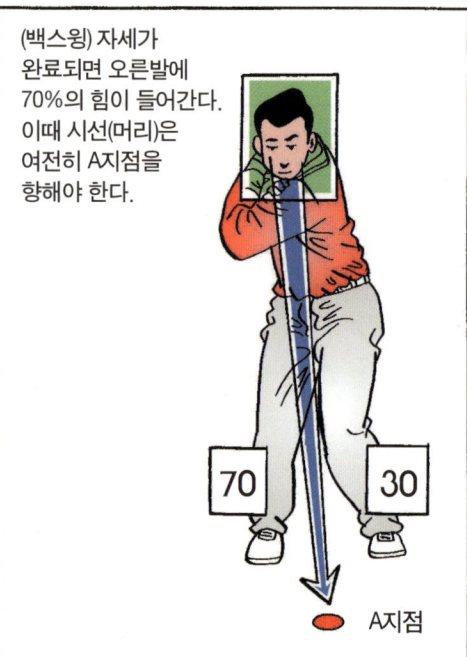

③ 이후 왼발을 축으로 허리를 서서히 왼쪽으로 돌리고 상체를 따라서 돌린다. 이때 시선(머리)은 여전히 A지점을 향해야 한다.

왼쪽으로 몸을 완전히 돌려서 피니시 자세를 잡으면 왼발에 90%의 힘이 들어간다. 이렇게 양팔 X자로 체중 이동 하는 것을 10회 이상 반복한다.

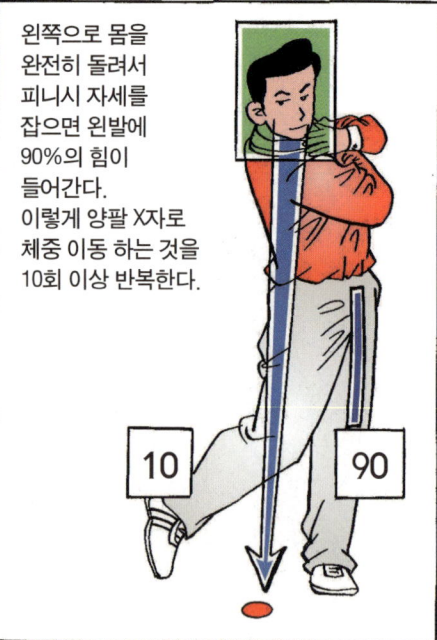

2 그립

그립의 중요성

그립은 클럽을 쥐는 부분을 의미하면서 동시에 클럽을 쥐는 것 자체를 말한다. 그립을 통해서 신체가 클럽과 접촉을 하게 된다. 좋은 그립이란 어드레스 때 취했던 그립 모양이 임팩트 때(볼을 치는 순간)에도 그대로 유지되는 것을 말한다.

많은 주말 골퍼들이 어떻게 하면 스코어를 줄일 수 있을까에 관심을 쏟는다. 그런데도 스코어가 줄지 않는 경우가 대부분이다. 왜 그럴까? 이유는 간단하다. 기본이 제대로 되어 있지 않기 때문이다. 골프의 기본이라 할 수 있는 그립(쥐는 법)·어드레스(서는 법)·스윙(체중 이동) 등만 제대로 익혀도 스코어를 쉽게 줄일 수 있다.

그립은 왼손 그립을 먼저 한 뒤에 오른손 그립을 한다. 그립은 우산을 쥐는 것과 유사하다. 우산을 쥘 때 불필요한 힘을 뺀 채 우산을 쥘 정도의 힘만 넣어 손가락으로 가볍게 쥔다. 다만 우산은 한손으로 쥐지만, 그립은 양손으로 한다는 것이 차이점이다. 따라서 그립의 경우 양손의 쥐는 힘을 같게 하는 것이 중요하다. 양손의 힘이 같아지면 임팩트 순간의 타구감도 좋아지게 된다.

양손으로 하는 그립

양손의 힘을 균등히 한다.

왼손 그립 : 3개의 손가락으로 쥔다

① 왼손 새끼손가락이 시작되는 부분과 집게손가락 둘째 마디 부분에 그립을 올려놓는다.

② 왼손의 중지, 약지, 새끼손가락으로 그립을 감아 쥔다.

③ 왼손 검지를 그립에 가볍게 갖다 대고, 엄지는 그대로 편 채로 그립에 갖다 댄다.

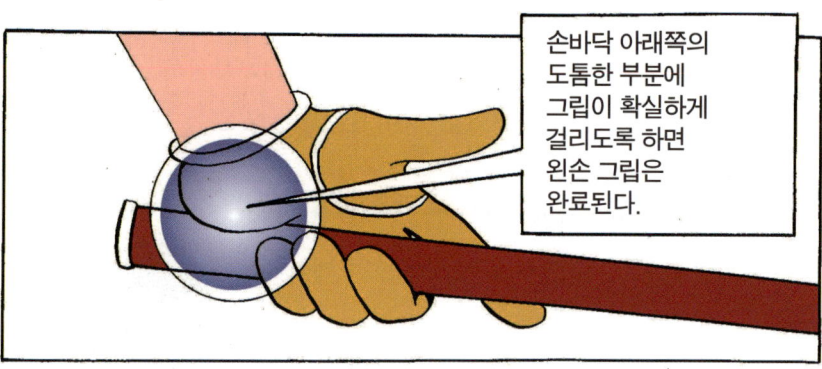

손바닥 아래쪽의 도톰한 부분에 그립이 확실하게 걸리도록 하면 왼손 그립은 완료된다.

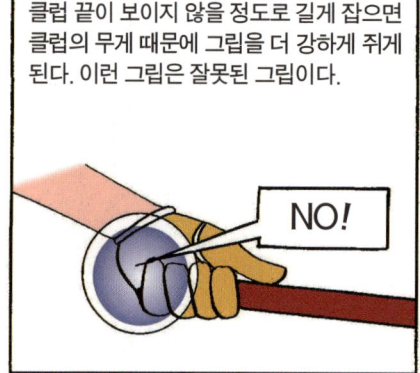

클럽 끝이 보이지 않을 정도로 길게 잡으면 클럽의 무게 때문에 그립을 더 강하게 쥐게 된다. 이런 그립은 잘못된 그립이다.

NO!

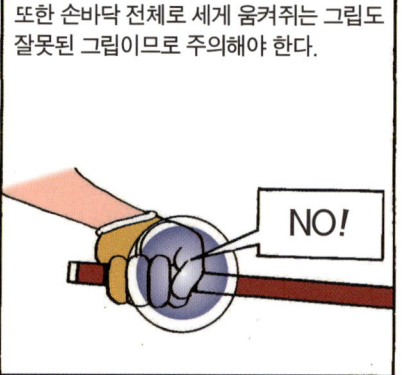

또한 손바닥 전체로 세게 움켜쥐는 그립도 잘못된 그립이므로 주의해야 한다.

NO!

오른손 그립 : 왼손 엄지를 감싸듯이 쥔다

① 왼손의 엄지손가락이 샤프트와 일직선이 된 상태에서 왼손 엄지를 검지와 밀착시켜 역V자를 만든다.

② 오른손은 중지와 약지로 샤프트를 잡은 뒤 새끼손가락으로 왼손 검지와 중지 사이를 가볍게 감싸 준다.

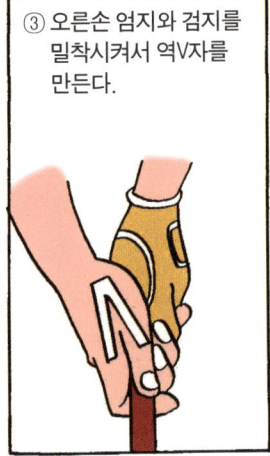
③ 오른손 엄지와 검지를 밀착시켜서 역V자를 만든다.

그립의 완성 : 오른손 역V자를 만든다

그립한 오른손의 엄지와 검지가 만드는 역V자가 오른쪽 어깨와 뺨 사이의 지점을 향하면 그립은 완성된다. 만일 오른손의 역V자가 얼굴을 향하게 되면 임팩트 순간에 힘이 들어가지 않게 된다. 또한 클럽 페이스가 목표의 오른쪽을 향해 맞으므로 슬라이스(오른쪽으로 휘는 공)가 된다.

항상 정확한 그립이 되었는지 점검하면서 연습하는 것이 중요하다.

미스 샷을 막기 위해서라도 평소 연습할 때 정확한 그립을 점검해 두어야 한다.

그립의 완성

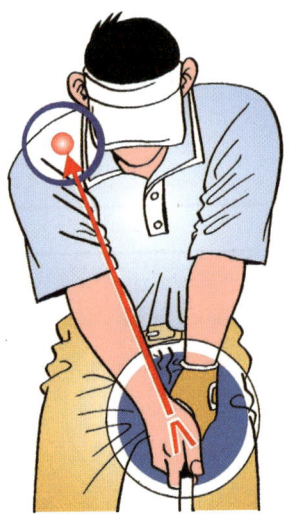

양손의 손바닥 정렬 방법 – 골퍼의 시선

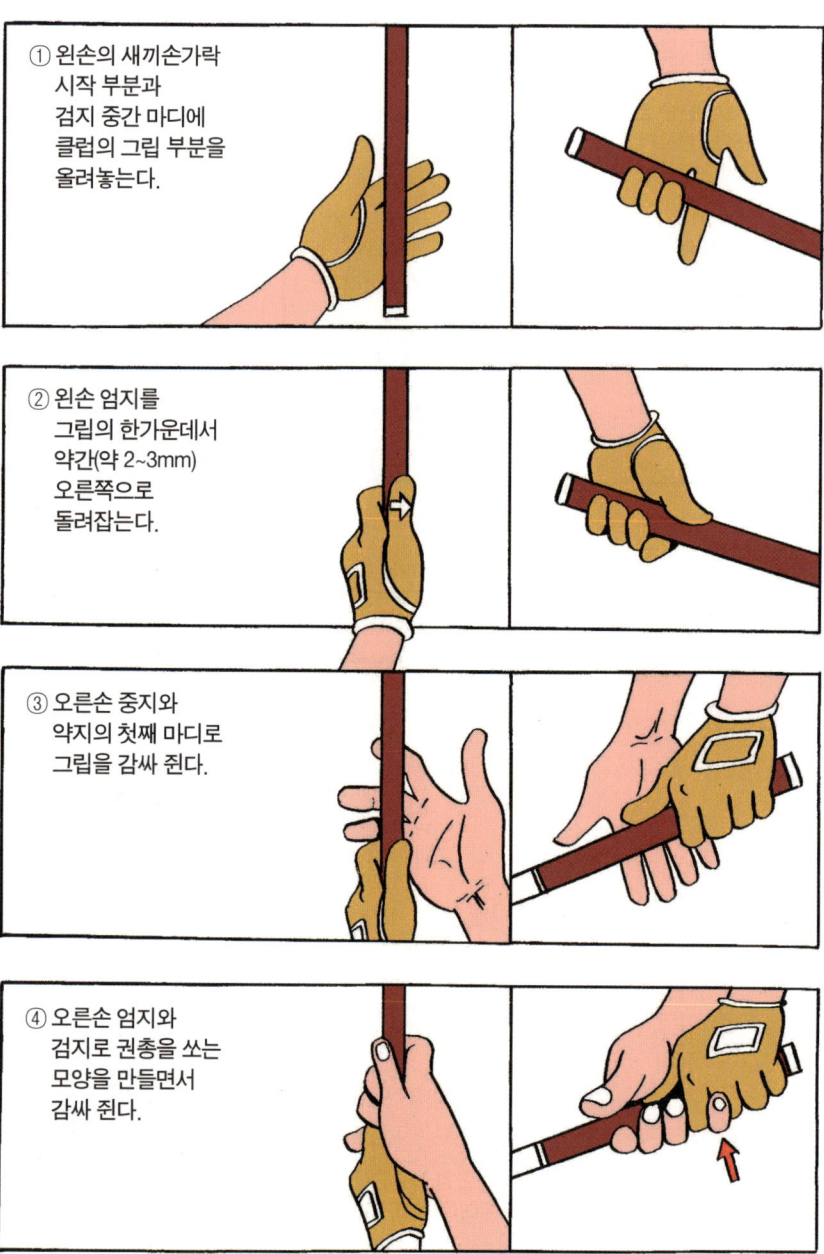

① 왼손의 새끼손가락 시작 부분과 검지 중간 마디에 클럽의 그립 부분을 올려놓는다.

② 왼손 엄지를 그립의 한가운데서 약간(약 2~3mm) 오른쪽으로 돌려잡는다.

③ 오른손 중지와 약지의 첫째 마디로 그립을 감싸 쥔다.

④ 오른손 엄지와 검지로 권총을 쏘는 모양을 만들면서 감싸 쥔다.

그립의 종류 1 : 오버래핑 · 인터로킹 · 베이스볼 그립

오버래핑 Overlapping **그립**
오른손 새끼손가락이 왼손 검지와 중지 사이에 올려 놓는 그립으로써 가장 일반적인 그립이다. 오버래핑 그립은 양손의 균형 감각이 뛰어나므로 스윙이 안정적이다. 대부분 골퍼들이 사용하는 그립이 오버래핑 그립이다.

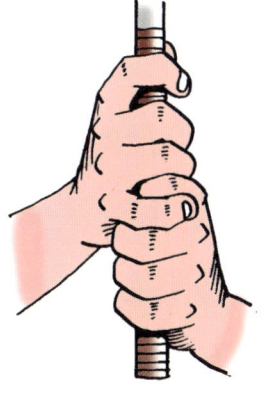

인터로킹 Interlocking **그립**
손이 작은 어린이나 손가락이 짧은 여성 골퍼에게 적당한 그립이다. 오른손 새끼 손가락을 왼손의 검지와 중지에 깍지 끼듯 쥐는 그립이다.

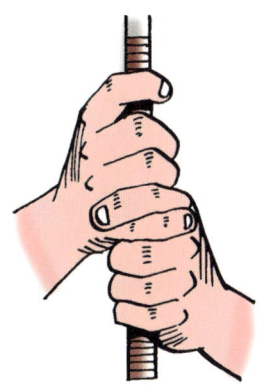

베이스볼 Baseball **그립**
힘이 유난히 약한 여성이나 노인에게 적합한 그립이다. 야구 배트를 쥐듯이 오른손과 왼손을 분리하여 잡는 그립이다. 따라서 오른손잡이는 오른손에 힘을 싣기가 쉬워 안정된 스윙이 어렵다.

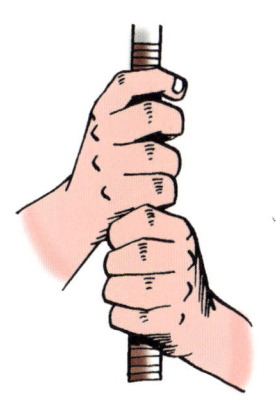

그립의 종류 2 : 스퀘어 · 스트롱(훅형) · 위크(슬라이스형) 그립

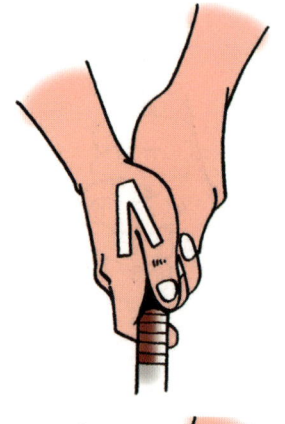

스퀘어 Square 그립
우리가 이제 까지 배운 그립을 말한다. 오른손 역V자가 오른쪽 어깨와 뺨 사이를 가리키는 그립으로, 가장 이상적인 그립이다.

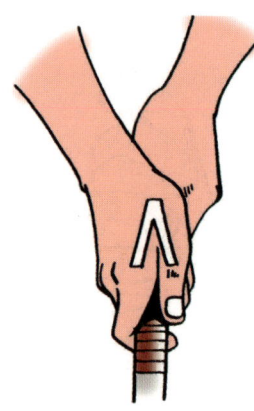

위크 Weak 그립
왼손의 손등이 클럽을 적게 덮는 그립이다. 위크 그립은 역V자가 얼굴을 향하게 된다. 스윙 시 클럽 페이스가 열려(=목표의 오른쪽을 향함) 맞으므로 슬라이스의 원인이 된다.

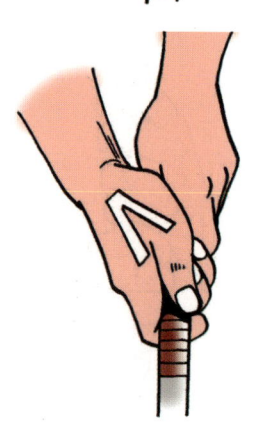

스트롱 Strong 그립
양손이 오른쪽으로 많이 돌아가는 그립이다. 스트롱 그립은 역V자가 오른쪽 어깨 밖으로 나가게 된다. 스윙시 클럽 페이스가 닫혀(=목표의 왼쪽을 향함) 맞으므로 훅(왼쪽으로 휘는 공)의 원인이 된다.

볼이 많이 휘는 구질의 골퍼들은 자신의 체질과 그립 형태를 점검할 필요가 있다. 만일 스퀘어 그립을 하고 스윙을 했음에도 불구하고 슬라이스 구질을 가진 골퍼라면, 스트롱 그립으로 바꿔서 스윙을 할 필요가 있다. 반대로 훅 구질을 가진 골퍼라면 위크 그립으로 바꿔서 스윙할 필요가 있다.

슬라이스 구질과 훅 구질의 교정

훅
훅 구질이란 볼이 왼쪽 방향으로 휘는 구질을 말한다.

슬라이스
슬라이스 구질이란 볼이 오른쪽 방향으로 휘는 구질을 말한다.

- 스퀘어 그립으로 스윙하는데도 훅 구질이라면 위크 그립으로 바꾸는 것이 바람직하다.
- 스퀘어 그립으로 스윙하는데도 슬라이스 구질이라면 스트롱 그립으로 바꾸는 것이 바람직하다.

3 어드레스의 기본

페어웨이에서의 실제 어드레스

어드레스란 클럽으로 공을 칠 수 있도록 준비하는 자세를 말한다. 이제부터 7번 아이언을 가지고 페어웨이에서 실제로 어드레스하는 장면을 살펴보자.

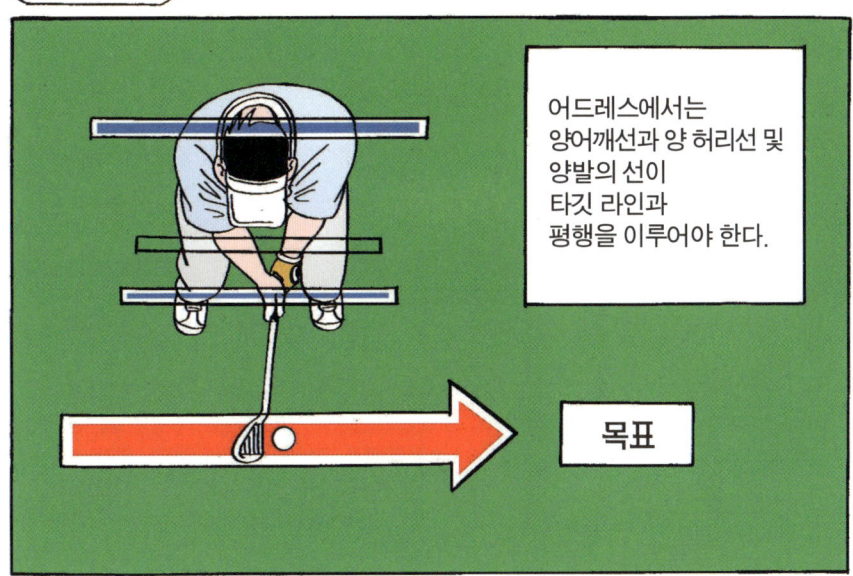

스탠스

스탠스는 어깨 넓이로 하고 체중은 양발에 5:5로 실으면 된다. 어깨 넓이란 양어깨 끝에서 양발 뒤꿈치 안쪽이 수직선을 이루는 것을 말한다.
　클럽의 길이가 길고 스윙이 클수록 스탠스는 넓어야 하고, 클럽이 짧고 스윙이 작을수록 좁아야 한다. 하체가 짧은 동양인(한국인 포함)에게 있어서 양발 끝의 각도는 자연스럽게 벌려 주는 것이 좋다.

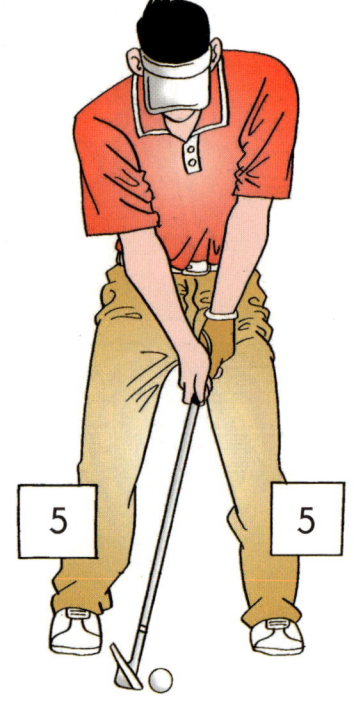

볼의 위치

볼은 클럽이 길수록 왼발 쪽에 위치하고, 반대로 클럽이 짧아질수록 가운데 또는 오른발 쪽에 위치한다. 일반적으로 볼의 위치는 드라이버(우드 1번)는 왼발 뒤꿈치 안쪽 선상에 놓으며, 5번 아이언은 스탠스 중앙에 놓고, 7번 아이언은 중앙에서 약간 오른쪽에 놓는 것이 기본이다.

● 볼의 위치 : 7번 아이언은 중앙에서 약간 오른쪽에 놓는다. 드라이버는 7번 아이언보다 클럽 길이가 길기 때문에 스탠스도 더 넓게 벌려 취한다.

클럽 페이스의 방향

실전에서 어드레스를 할 때 스탠스는 가장 나중에 하게 된다. 먼저 볼의 뒤쪽에서 목표와 비구선을 확인한 뒤 스탠스를 취하게 되는데, 이때 양발의 위치(스탠스)는 가장 나중에 정해야 한다. 왜냐하면 스탠스를 먼저 정하게 되면 볼과 몸 사이의 간격을 적정하게 유지할 수 없기 때문이다. 따라서 스탠스를 정하기 전에 클럽 페이스가 목표를 향하도록 정렬하는 것이 우선이다.

클럽 페이스의 가장 아래쪽 날 부분을 리딩 에지라고 하는데, 이 리딩 에지를 타킷 라인과 직각이 되도록 세팅한다.

목표를 향해 클럽 페이스를 직각으로 위치!

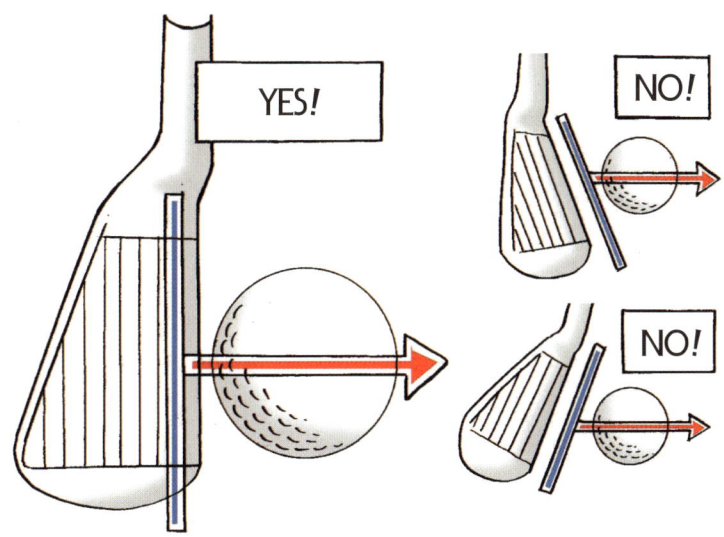

- 클럽 페이스의 리딩 에지가 타킷 라인과 직각을 이루어야 볼이 목표 방향으로 날아가게 된다.
- 클럽 페이스가 목표 방향보다 왼쪽(위) 또는 오른쪽(아래)를 향하게 되면 볼이 목표 방향으로 날아가지 않는다.

클럽 페이스를 타킷 라인과 직각으로 두는 방법은 간단하다. 볼의 뒤쪽에서 볼이 날아갈 목표(비구선 또는 타킷 라인)을 확인할 때, 목표 지점과 일직선이 되는 지점(볼에서 1미터 앞부분)에 가상 표적을 정해 두는 것이다.

스탠스를 정하는 순서

볼 앞 1미터 전방에 가상 표적을 정한 뒤 가상 표적과 클럽 페이스를 직각으로 맞춘 뒤 클럽 페이스 방향을 유지하면서 그립을 한다. 그리고 나서 역시 클럽 페이스 방향을 유지하면서 왼발을 조금 넓혀서 위치를 정한 뒤 자신의 스탠스에 맞게 오른발을 조금 넓혀서 스탠스를 완성한다. 아래 그림을 보고 스탠스를 정하는 순서를 연습해 보자.

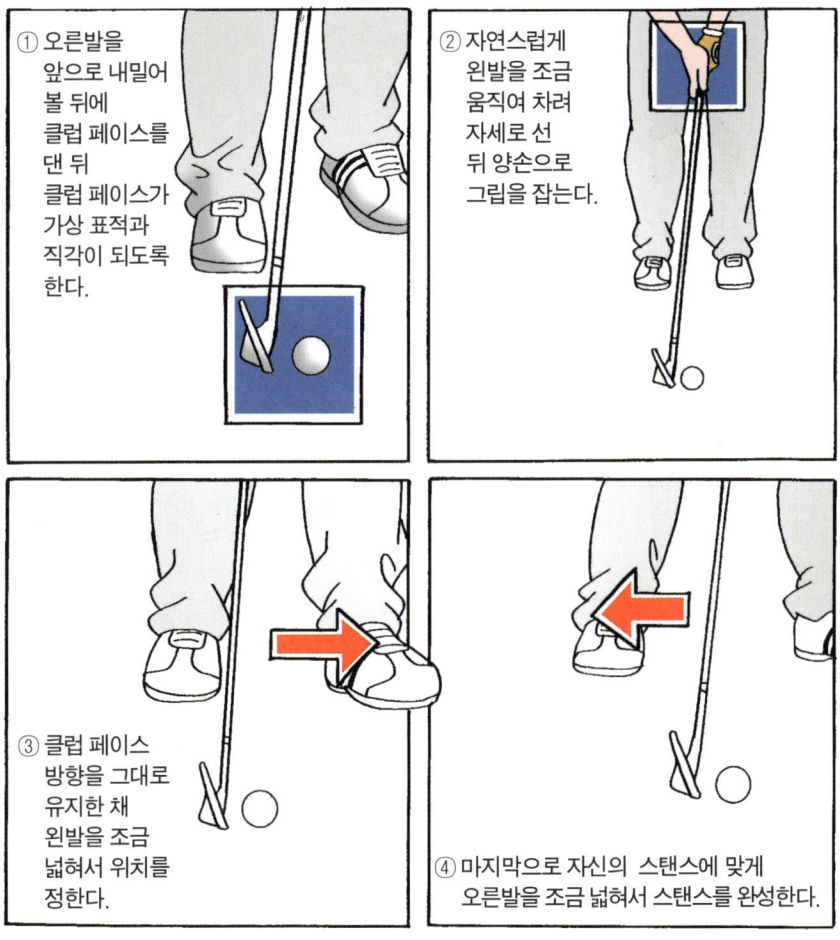

어드레스는 일정한 순서로 한다

스탠스가 끝났으면 최종적인 어드레스를 한다. 이때 어드레스를 일정한 순서에 따라 하게 되면 스윙의 일관성과 적절한 리듬감을 유지할 수 있게 되어 항상 정확한 스윙을 할 수 있다.

어드레스 순서 ①

등을 곧게 펴고 똑바로 서서
그립과 스탠스를 취한 뒤
앞을 보면서 클럽을 약간 든다.

어드레스 순서는 집에서도 혼자 연습을 통해서 익힐 수 있다. 어드레스 순서를 익혀 두면 자세를 스스로 점검할 수 있으며, 이에 따라 잘 쳐야 한다는 부담을 줄이게 되어 스윙의 리듬을 탈 수가 있다.
　이제부터 어드레스 순서를 알아보자.

어드레스 순서 ②　　　　　　　　**어드레스 순서 ③**

양쪽 무릎을 가볍게 구부리고 무게 중심이 발바닥 중간의 오목한 부분 위쪽에 오게 하여 어드레스를 마무리한다.

다리를 편 채 엉덩이를 뒤로 빼고 허리를 펴고 상체를 앞으로 굽히면서 자연스럽게 클럽을 지면에 댄다.

4 클럽별 어드레스

드라이버 샷(티샷)의 어드레스 : 역K자형 어드레스

어드레스는 샷의 목적에 따라 크게 드라이버·아이언·어프로치의 세 가지로 나뉜다. 드라이버 샷은 볼을 멀리 날리는 것이 목적이므로 어드레스도 그 목적에 맞게 행해져야 한다.

일반적으로 드라이버로 볼을 높이 그리고 멀리 쳐야 할 경우에는 K자형 어드레스를 한다. 체중은 6:4의 비율로 오른발에 약간 더 실어주는데, 그 이유는 스윙 궤도가 올라갈 때 임팩트가 이루어지기 때문이다. 오른쪽 어깨는 약간 내려며(오른손이 왼손보다 낮으므로 오른쪽 어깨도 왼쪽보다 내려오게 된다), 볼을 오른발 쪽에 두므로 눈은 볼 뒤쪽의 절반 정도를 보는 느낌으로 본다.

K자 어드레스에서는 볼의 위치가 왼발 뒤꿈치 앞이므로 클럽 샤프트가 지면과 거의 직각(90도)을 이루며 내려온다.

K자 어드레스에서 스탠스를 취하는 방법은 다음과 같다. 먼저

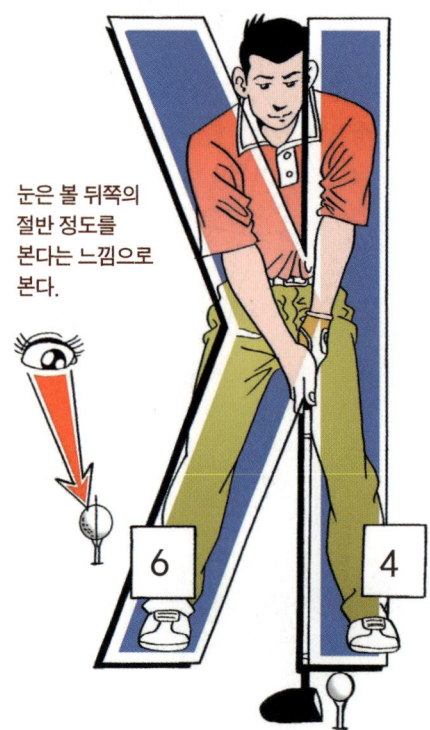

K자형 어드레스

눈은 볼 뒤쪽의 절반 정도를 본다는 느낌으로 본다.

자연스럽게 양발을 모아 차려 자세를 취하고 볼이 양발 중앙에 오도록 하면서 클럽 페이스를 타킷 라인과 직각이 되도록 선다. 그 상태에서 오른발만 어깨 넓이보다 약간 더 넓게 벌려 주면 자연스럽게 왼발 뒤꿈치 선상에 볼이 오게 된다.

K자 어드레스에서 스탠스 잡는 법

① 양발을 모아 차려 자세를 취하고 볼이 양발 중앙에 오도록 한다.
② 그 상태에서 오른발만 어깨 넓이보다 약간 더 벌려 준다.

K자형 어드레스를 취하면 몸의 왼쪽이 긴장하게 되어 볼을 어퍼 블로 (Upper blow : 클럽 헤드가 볼의 최하점을 지난 직후에 볼을 때림) 샷을 할 수 있어 볼을 보다 멀리 그리고 높이 보낼 수 있다.

K자형 어드레스에서의 스윙

- K자형 어드레스를 하면 몸의 왼쪽 사이드가 긴장되어 볼을 어퍼 블로(퍼 올리는 스윙)로 칠 수 있다.
- 어퍼 블로 스윙이란 클럽 헤드가 스윙 궤도의 최하점을 지난 직후에 임팩트가 이루어지는 스윙을 말한다.

아이언 샷의 어드레스 : Y자형 어드레스

티업하지 않는 아이언 샷 등은 다운 블로 스윙(Down blow : 볼을 위에서 내리치는 스윙)을 해야 볼이 로프트대로 날아간다. 그러기 위해서는 Y자형 어드레스를 해야 한다.

Y자형 어드레스에서는 체중을 두발에 5:5로 골고루 싣고 눈은 볼을 바로 위에서 내려다보아야 한다. 체중을 왼편에 많이 실으면 임팩트 이후에 왼쪽 사이드가 막히게 되어 스윙을 제대로 할 수 없다. 또한 드라이버처럼 K자형 어드레스를 하면 떠올리는 스윙이 되어 더프나 톱이 발생한다.

Y자형 어드레스를 취하여 볼을 위에서 내려다보게 되면 두 어깨가 K자형 어드레스와 비교했을 때 평행에 가깝게 된다. 물론 이때도 오른손이 왼손보다 낮으므로 오른쪽 어깨도 왼쪽보다 조금 내려오게 된다. 또한 볼이 스탠스 중앙에 오므로 클럽 샤프트가 지면에 비스듬히 내려온다.

Y자형 어드레스를 취하면 볼을 위에서 내리치는 다운 블로를 할 수 있어 볼을 보다 멀리 그리고 높이 보낼 수 있다.

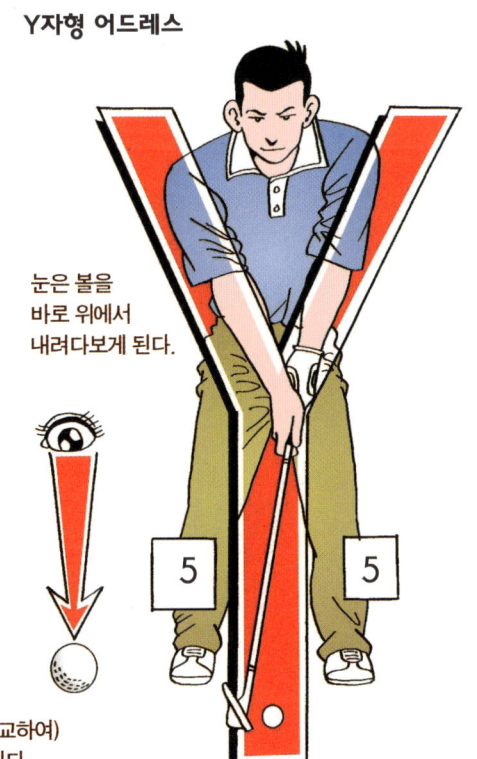

Y자형 어드레스

눈은 볼을 바로 위에서 내려다보게 된다.

Y자형 어드레스에서는 두 어깨가 (K자형과 비교하여) 지면과 평행이 되므로 위에서 내리치기 쉬워진다.

아이언 샷에서의 임팩트와 볼의 관계

Y자형 어드레스에서의 스윙

- Y자형 어드레스를 하면 볼을 위에서 보게 되어 다운 블로로 칠 수 있다.
- 다운 블로 스윙이란 클럽 헤드가 스윙 궤도의 최하점을 지나기 전에 임팩트가 이루어지는 스윙을 말한다.

짧은 어프로치 샷의 어드레스 : y자형 어드레스

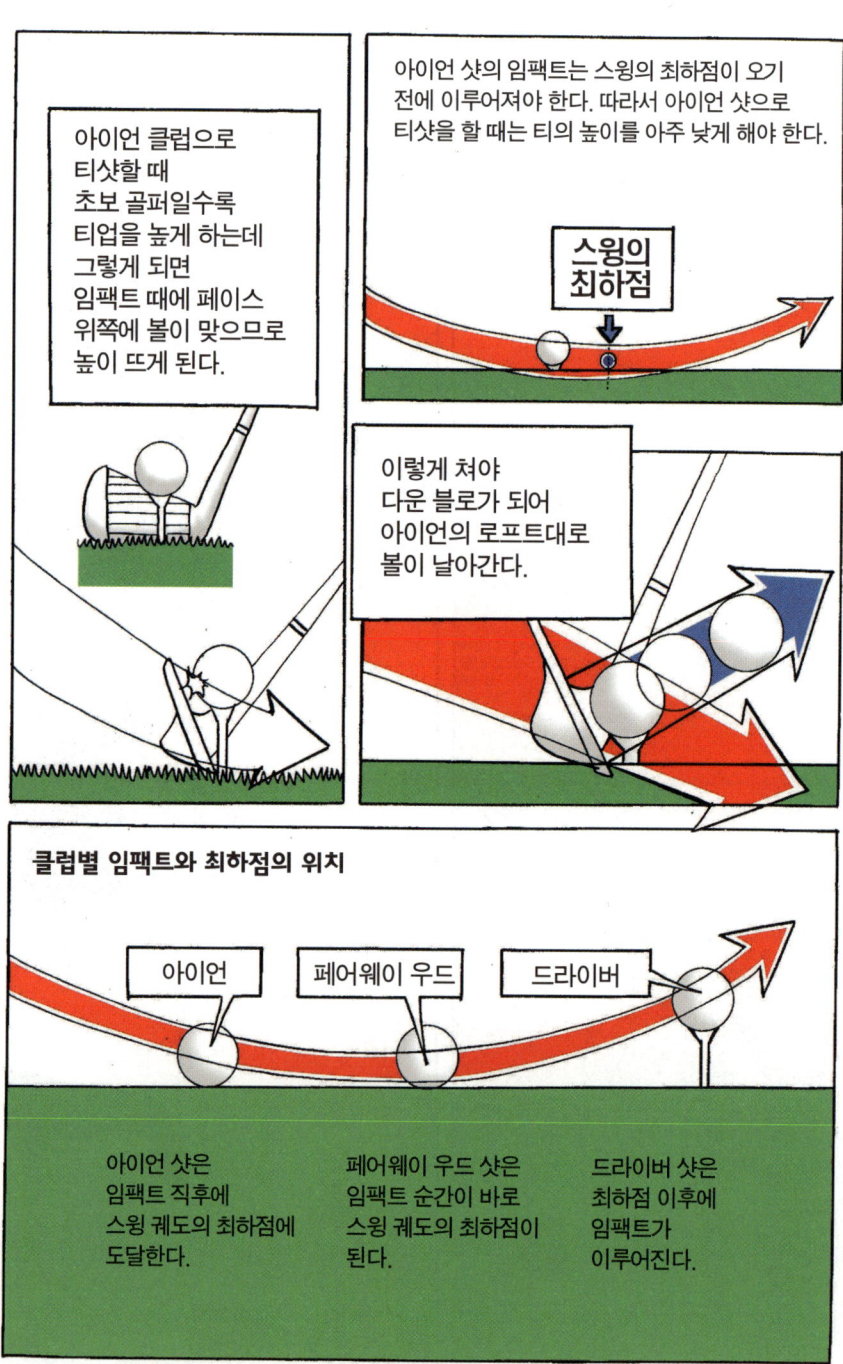

그린 주변에 와서 짧은 어프로치 샷을 실패하는 것만큼 속상한 것도 없다. 주말 골퍼들의 이러한 실패 원인은 대부분 잘못된 어드레스에 있다. 어프로치 샷은 비거리를 낼 필요가 없으므로 큰 자세를 잡을 필요가 없다. 스탠스도 좁게 하고 몸도 좁게 해서 자세를 잡아야 한다.

짧은 어프로치 샷에서의 어드레스는 y자형 어드레스이다. 스탠스는 좁게 하고 체중을 왼발에 6:4로 싣고 눈은 볼을 바로 위에서 내려다봐야 한다.

y자형 어드레스 자세를 유지한 채 스윙을 할 때는 하체를 움직이지 않고 어깨와 팔만으로 하며, 볼을 위에서 그대로 내리치는 게 핵심이다. 예를 들어 백스윙을 하프(1/2) 스윙으로 했다면 다운스윙 역시 하프 스윙만 하는 것이다. 즉 들어올렸다가 내리치는 것뿐이니까 실수가 적고 거리를 맞추기도 쉽다.

y자형 어드레스

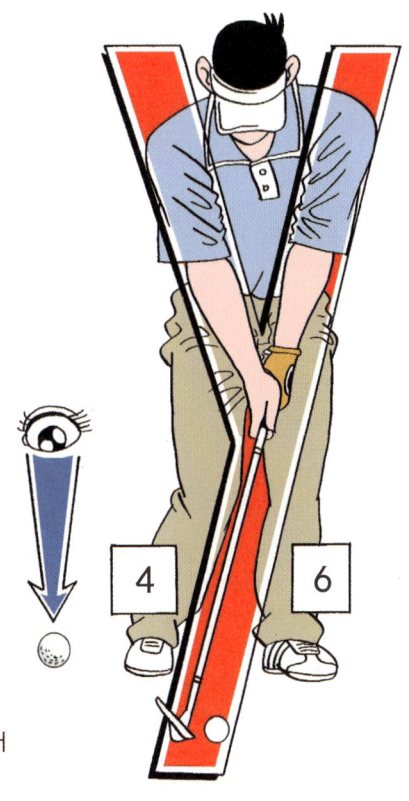

y자형은 스탠스를 좁게 하고
체중은 왼발에 많이 싣고, 눈은 볼을 바로 위에서
내려다보는 형태이다.

어드레스에서의 양손의 위치는 불변 : 왼쪽 허벅지 안쪽 앞

어드레스에서의 양손의 위치는 드라이버부터 숏 아이언에 이르기까지 모두 왼쪽 허벅지 안쪽 앞이다. 따라서 클럽이 짧아진다 하더라도 양손의 위치를 바꾸어서는 안 된다. 숏 아이언이 될수록 볼이 스탠스 중앙에서 오른발 쪽으로 옮겨지므로 저절로 핸드 퍼스트 자세가 되어 스윙시 다운 블로로 칠 수 있게 된다.

어드레스에서의 양손의 위치

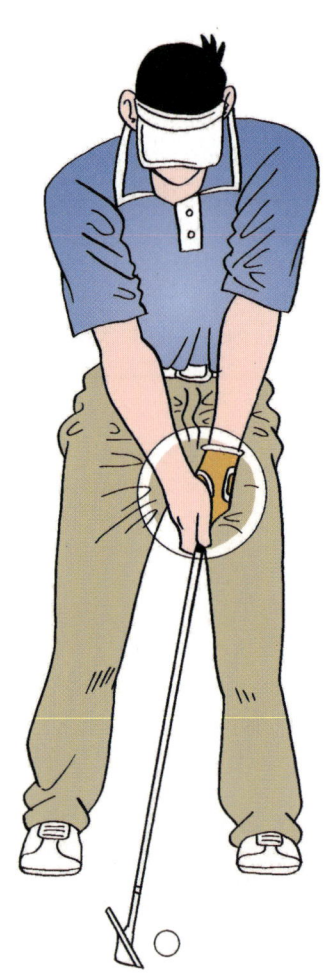

드라이버부터
숏 아이언에 이르기까지
모두 왼쪽 허벅지 안쪽 앞이다.
따라서 클럽이 짧아질수록
볼의 위치가 스탠스 중앙에서
오른발 쪽으로 옮겨지므로
핸드 퍼스트 자세가 되어
다운 블로 스윙이 된다.

5 볼의 구질

볼의 기본 구질 6가지

6가지 기본 구질은 슬라이스 · 훅 · 하이볼 · 로우볼 · 스트롱볼 · 소프트볼 등이다.

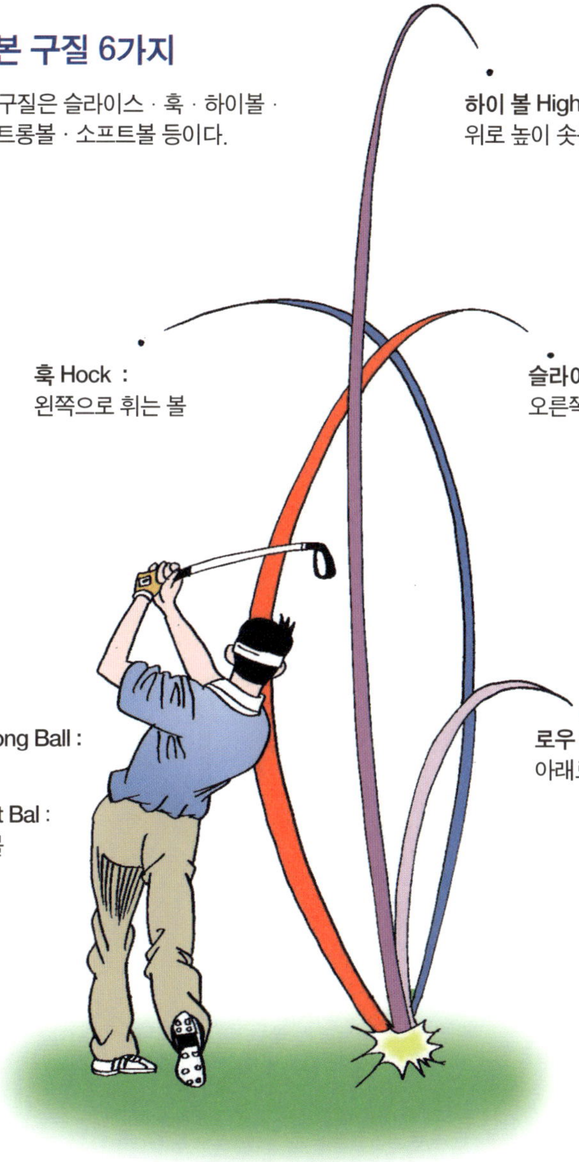

하이 볼 High Ball : 위로 높이 솟는 볼

훅 Hock : 왼쪽으로 휘는 볼

슬라이스 Slice : 오른쪽으로 휘는 볼

스트롱 볼 Strong Ball : 매우 빠른 볼

소프트 볼 Soft Bal : 약하게 가는 볼

로우 볼 Low Ball : 아래로 깔려 가는 볼

상황에 따라 6가지 볼을 마음껏 칠 수 있다면 이미 상당한 수준의 골퍼라고 할 수 있다. 주말 골퍼들의 스코어가 줄지 않고 느는 이유의 대부분은 마음과는 반대로 되는 샷 때문이다.

대부분의 사람들이 친 볼은 슬라이스이다. 훅을 칠 수 있어야만 구질을 좌우로 균형을 맞출 수 있으므로 스코어를 줄일 수 있다. 또한 높은 볼과 낮은 볼, 강한 볼과 부드러운 볼을 모두 칠 수 있어야만 한다.

그러나 위의 6가지 볼 외에도 곧장 날아가는 스트레이트 볼이라는 환상적인 볼이 있다. 환상적인 볼을 치려는 주말 골퍼들이 의외로 많다. 이는 골프를 매우 어렵게 만드는 원인 중의 하나이다. 훅 또는 슬라이스를 치려고 했는데 우연히 똑바로 날아가는 경우는 있어도, 애초에 스트레이트 볼을 치려고 의도했기에 볼이 스트레이트로 날아가는 경우는 거의 없다고 봐야 한다. 일직선의 샷은 결코 치려고 해서 칠 수 있는 것은 아니기 때문이다.

항상 스윙을 하기 전에 어떤 공을 칠 것인지를 결정하고 스윙을 해야 한다. 이럴 경우 설령 실수한다 해도 원인을 빨리 찾아낼 수 있으므로 기량 향상에 도움이 된다.

하늘에서 본 볼의 구질 9가지

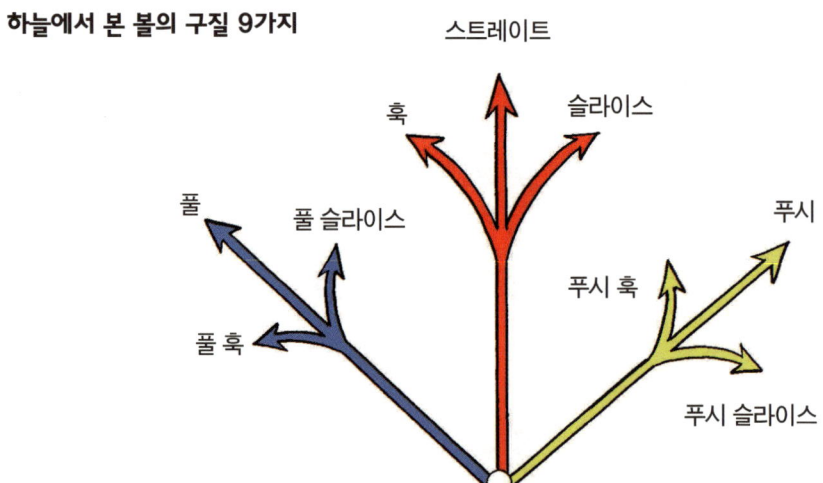

6 스탠스의 종류와 볼의 방향

스쿼어 스탠스 Square stance

스쿼어 스탠스란 클럽 페이스가 타킷 라인과 직각을 이루도록 한 뒤 양발·양무릎·양어깨·양쪽 눈 등이 모두 타킷 라인과 평행이 되도록 취한 스탠스를 말한다. 스쿼어 스탠스에서는 볼이 목표를 향해 날아가게 된다.

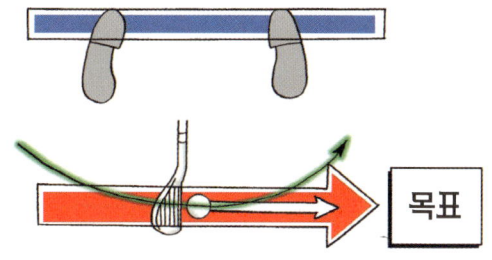

스쿼어 스탠스에서 스윙을 하면 볼이 목표를 향해 날아간다.

클로즈드 스탠스 Closed stance

클럽 페이스가 타킷 라인과 직각을 이루도록 하여 스쿼어 스탠스를 취한 상태에서 오른발을 뒤로 빼서 스탠스를 취하면 클로즈드 스탠스가 된다. 클로즈드 스탠스에서 스윙을 하면 볼의 방향이 훅이 된다.

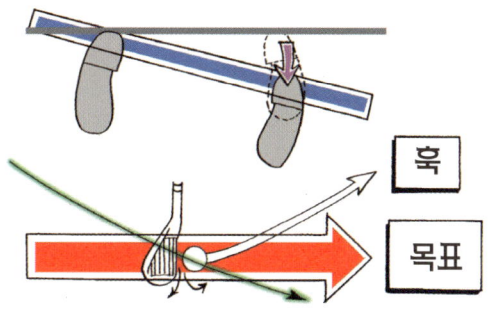

클로즈드 스탠스에서 스윙을 하면 볼이 훅(오른쪽에서 왼쪽으로 휨)이 된다.

오픈 스탠스 Open stance

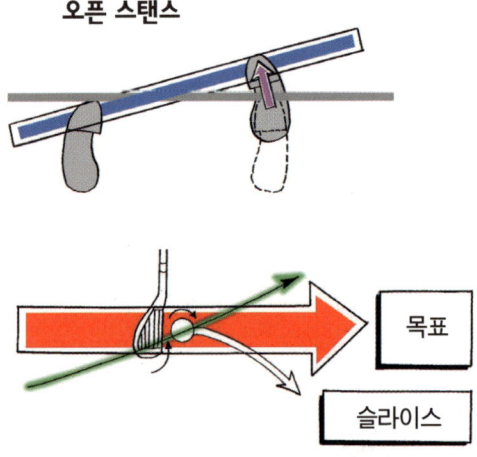

오픈 스탠스

오픈 스탠스에서 스윙을 하면 볼이
슬라이스가 된다.

클럽 페이스가 타킷 라인과 직각을 이루도록 하여 스퀘어 스탠스를 취한 상태에서 왼발을 뒤로 빼서 스탠스를 취하면 오픈 스탠스가 된다. 오픈 스탠스에서 스윙을 하면 볼의 방향이 슬라이스가 된다.

Part 03
스윙의 전체 과정과 테크닉

1 스윙 과정과 2개의 스윙축

스윙의 과정

스윙의 과정은 ① 어드레스 ⇨ ② 백스윙 ⇨ ③ 톱 오브 스윙 ⇨ ④ 다운스윙 ⇨ ⑤ 임팩트 ⇨ ⑥ 폴로스루로 이루어졌다.

스윙의 명칭

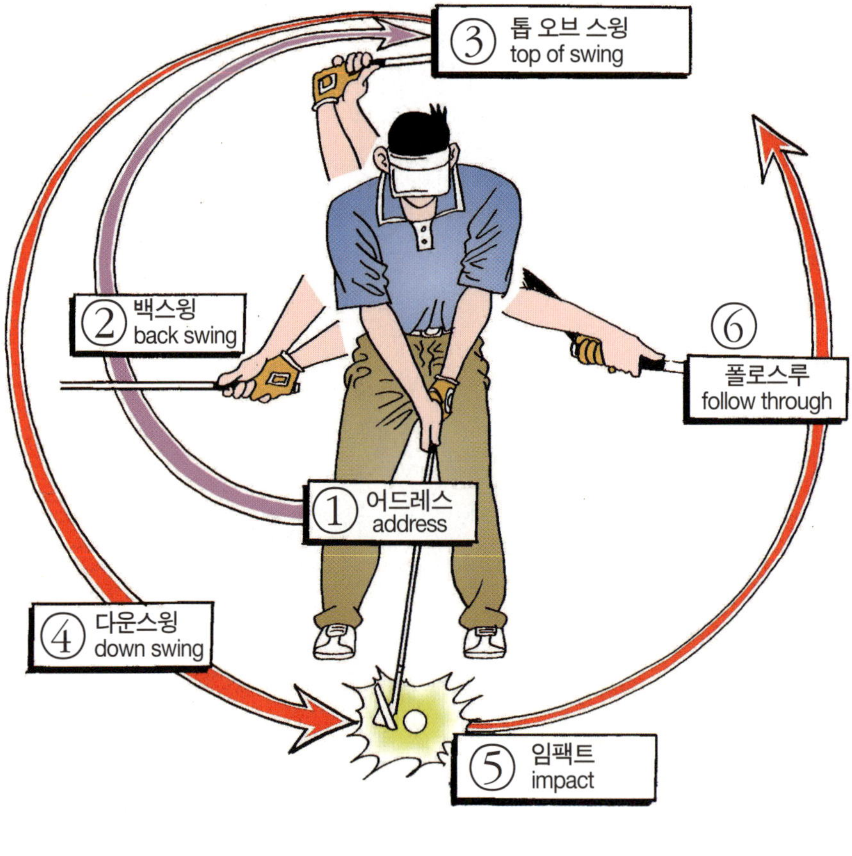

스윙 플랜 Swing Plan

스윙을 배울 때는 어드레스 ⇨ 백스윙 ⇨ 톱 ⇨ 다운스윙 ⇨ 임팩트 ⇨ 폴로스루 등을 단계적으로 배운다. 그러나 실제로 스윙을 해 보면 이 과정들이 한 번에 이루어진다는 것이다. 초보 골퍼들이 골프 연습장에서 스윙연습을 할 때는 이러한 스윙의 유기적 연결 과정을 이해하면서 해야 그 효과가 실제 페어웨이에 가서도 나타난다.

　스윙은 하나의 유기적 연결 과정이다. 따라서 클럽(헤드)의 스윙 궤적 역시 하나의 연결된 둥근 선으로 표현된다. 스윙궤적을 평면에 표시한 것이 바로 스윙 플레인(Swing Plane : 스윙면)이다. 이러한 스윙 플레인이 있다고 생각하면서 스윙하는 것을 스윙 플랜(Swing Plan : 스윙 계획) 이라 한다. 스윙 플랜을 마음속으로 그리면서 스윙을 하면 스윙의 유기적 연결 과정을 빨리 습득할 수 있다.

스윙 플랜

← 스윙 계획면

스윙 플레인(Swing Plane)이 있다고 생각하면서(Swing Plan) 스윙을 하면 스윙의 유기적 연결 과정을 빨리 습득할 수 있다.

스윙 궤도

스윙 궤도란 스윙을 하는 동안 클럽 헤드가 지나가는 길을 말한다. 즉, 클럽 헤드가 원운동을 하면서 그리는 궤적을 말한다. 스윙 궤도를 평면에 표시한 것이 바로 스윙 플랜이다.

　스윙 궤도는 클럽의 길이(종류)에 따라 차이가 있다. 클럽 샤프트가 긴 드라이버(우드 1번 클럽)는 옆에서 보았을 때 다소 완만한 스윙 궤도를 보이지만, 클럽 샤프트가 짧은 아이언 클럽은 보다 수직에 가까운 스윙 궤도를 보인다. 즉 드라이버의 스윙 플랜이 아이언의 스윙 플랜보다 뉘어져 있다고 보면 된다. 그러나 드라이버와 아이언의 경우 스윙 과정은 똑같다. 다만 볼의 위치가 달라서 임팩트 타이밍이 다를 뿐이다.

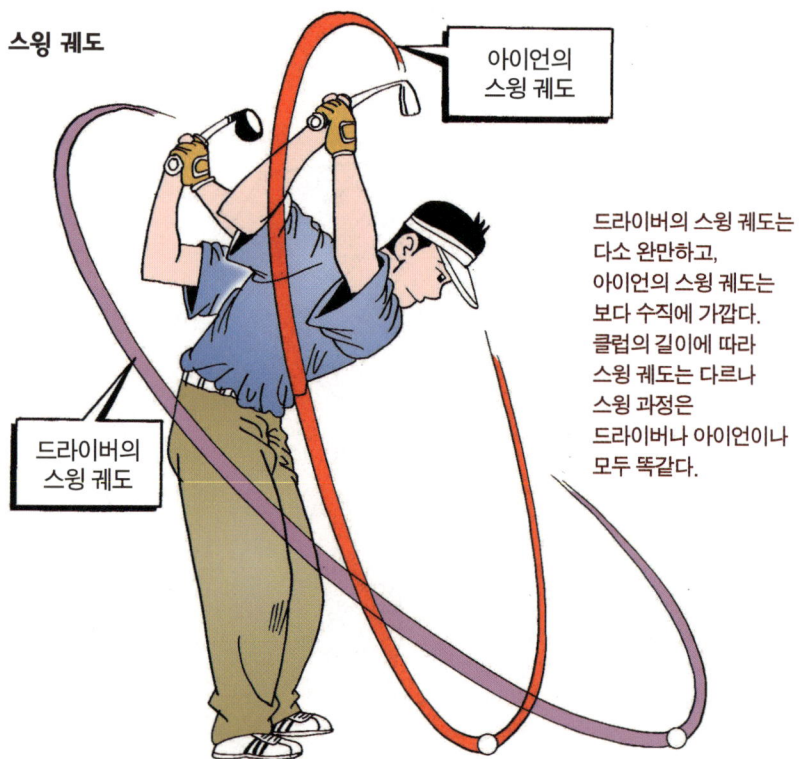

스윙 궤도

아이언의 스윙 궤도

드라이버의 스윙 궤도

드라이버의 스윙 궤도는 다소 완만하고, 아이언의 스윙 궤도는 보다 수직에 가깝다. 클럽의 길이에 따라 스윙 궤도는 다르나 스윙 과정은 드라이버나 아이언이나 모두 똑같다.

두 개의 스윙 회전축(또는 스윙축)

스윙은 회전 운동이다. 그런데 회전축이 어디에 있는지 이해하지 못하는 초보 골퍼들이 의외로 많다. 왜 그럴까? 그것은 회전축이 척추라고 생각하기 때문이다. 척추를 회전축이라고 생각하면서 스윙을 하다 보니 상체만을 이용하여 팔로만 하는 스윙을 하게 되는 오류를 범하게 되는 것이다. 또한 이렇게 상체를 이용한 스윙을 하게 되면 허리에 무리가 생겨 허리에 통증이 올 수도 있다.

그렇다면 어떻게 해야 올바른 스윙을 하면서 하체를 이용한 스윙을 할 수 있을까? 답은 간단하다. 회전축이 2개라는 것만 인식하면 된다. 첫번째 회전축은 백스윙할 때 힘을 쓰는 오른쪽 다리와 척추가 된다. 두 번째 회전축은 다운스윙할 때 힘을 쓰는 왼쪽 다리와 척추가 된다.

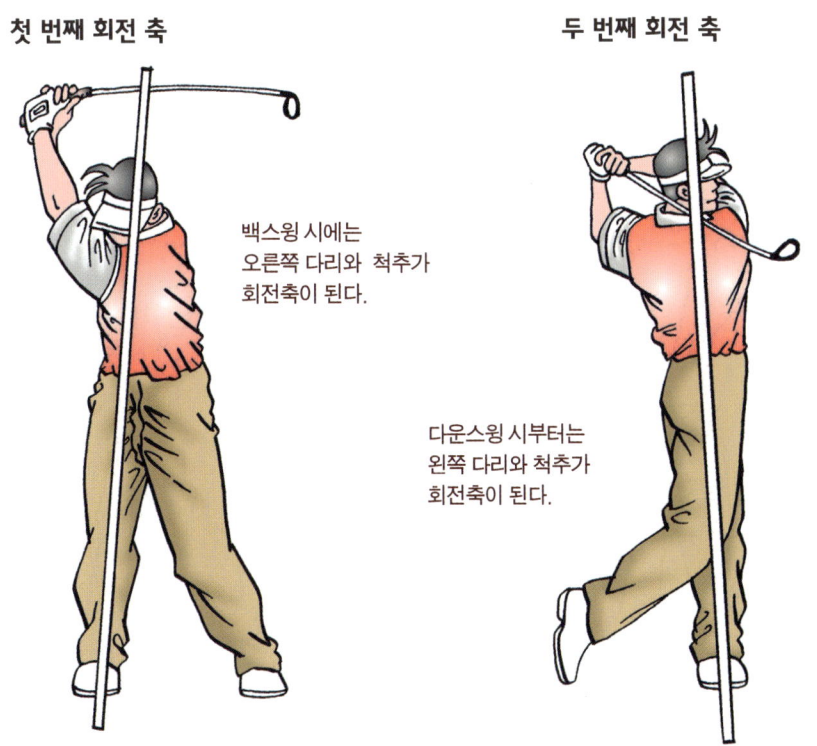

첫 번째 회전 축

백스윙 시에는 오른쪽 다리와 척추가 회전축이 된다.

두 번째 회전 축

다운스윙 시부터는 왼쪽 다리와 척추가 회전축이 된다.

회전축이 2개라는 것을 인식하는 순간 헤드 업(Head Up : 임팩트 시 머리가 들리는 현상)도 방지되며, 어깨도 충분히 회전시킬 수 있게 되어 볼의 방향성과 비거리가 늘어난다.

잘못된 레슨 중의 하나가 바로 머리를 고정시키라는 것이다. 그러나 실제 프로들의 스윙 과정을 보면 그들도 머리가 살짝 움직이는 것을 볼 수 있다. 즉 머리를 전혀 움직이지 않은 채 몸을 회전시킨다는 것은 거의 불가능하다. 여기서 주의할 점은 머리가 살짝 움직이더라도 볼에서 시선을 떼지는 말아야 한다는 것이다. 즉 머리를 움직이지 말라는 레슨의 진정한 의미는 머리를 완전히 고정하라는 것이 아니라 볼에서 시선을 떼지 말라는 것이다.

볼에서 시선을 떼지 않으면서 어깨를 충분히 회전하는 스윙을 하기 위해서는 백스윙 시에는 오른발을 회전축으로 하고, 다운스윙 시에는 왼발을 회전축으로 하면 된다.

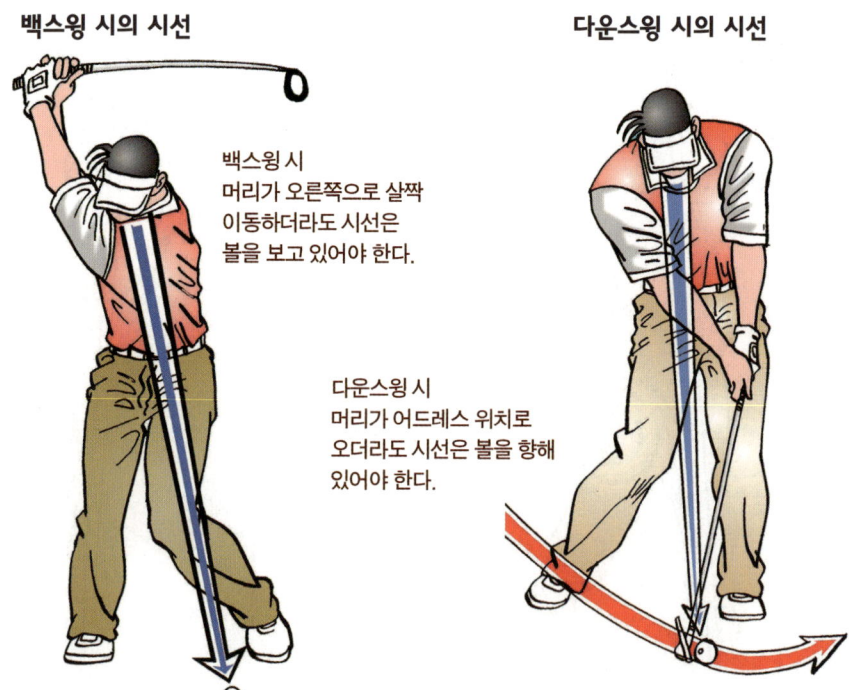

백스윙 시의 시선

백스윙 시 머리가 오른쪽으로 살짝 이동하더라도 시선은 볼을 보고 있어야 한다.

다운스윙 시의 시선

다운스윙 시 머리가 어드레스 위치로 오더라도 시선은 볼을 향해 있어야 한다.

스윙시 체크 사항

스윙 시 체크 사항은 크게 4가지이다.

첫째, 스윙을 하기 전에 자신의 유연성을 체크해야 한다. 양팔을 X자로 포갠 뒤 몸통을 좌우로 돌려 보고 나서 자신의 신체에 맞는 스윙 궤도나 스윙 폭을 결정하는 것이다.

둘째, 원심력을 이해하는 것이다. 스윙은 힘으로 하는 것이 아니라 팔과 클럽이 하나가 되어 원 운동(스윙 궤도)을 할 때 발생하는 힘 즉 원심력을 이용하는 것이다.

셋째, 체중 이동이다. 백스윙 시에는 오른발을 축으로 회전이 이루어지므로 무게 중심이 오른쪽에 쏠린다. 반대로 다운스윙 시에는 왼발을 축으로 회전이 이루어지므로 무게 중심이 왼발에 쏠린다. 따라서 백스윙 시 무게 중심이 오른쪽에 쏠렸다가 다운스윙 이후에는 자연스럽게 왼쪽으로 옮겨져야 한다.

넷째, 스윙은 시계추가 움직이듯이 하나의 연결된 동작으로 막힘 없이 이어져야 한다. 이를 위해서는 스윙 플랜을 생각하면서 스윙하는 습관을 가지는 것이 좋다.

유연성 체크

양팔은 X자로 포개어 가슴에 대고 어드레스 자세를 취한 뒤 백스윙 자세와 다운스윙 및 피니시 자세를 취하면 유연성도 체크할 수 있고 체중 이동도 느낄 수 있다.

2 백스윙

백스윙의 핵심

스윙은 전체적인 한 동작으로 이루어지는 원 운동이다. 이 원칙은 백스윙이라고 해서 예외는 아니다. 그러나 대부분의 주말 골퍼들이 하는 백스윙을 보면, 클럽·어깨·머리·허리·다리가 각각 따로따로 움직이는 잘못을 범한다. 이는 스윙을 잘못 이해하고 있기 때문이다.

백스윙을 잘하기 위해서는 첫째, 클럽이 팔의 연장선이라는 것을 이해해야 한다. 그래야만 어깨·팔·클럽이 일체가 된 테이크 어웨이를 할 수 있다.

둘째, 의식적으로 클럽 헤드를 길게 끌지 말고, 스윙 플레인에서 원호를 그리며 위로 들어올려야 한다는 것이다.

셋째, 하체에 있어서의 중심 이동이다. 클럽을 들어올리면서 서서히 오른쪽 다리에 충분한 체중 이동을 해야만 한다.

백스윙의 핵심
① 어깨·팔·클럽이 일체가 된 테이크 백!
② 클럽 헤드를 원호를 그리며 들어올린다.
③ 오른쪽 다리로의 충분한 체중 이동!

참고로 백스윙은 '테이크 어웨이 ⇨ 쿼터(1/4) ⇨ 하프 ⇨ 톱'의 과정을 거친다.

테이크 어웨이 Take away

테이크 어웨이는 백스윙의 시작 단계이다. 테이크 어웨이의 핵심은 어드레스에서 만든 삼각형 - 양어깨와 양팔이 만드는 삼각형 - 이 그대로 유지된 채 회전을 시작하는 것이다. 그러기 위해서는 삼각형을 유지한 채 어깨로 백스윙을 시작하는 것이다.

테이크 어웨이의 자세

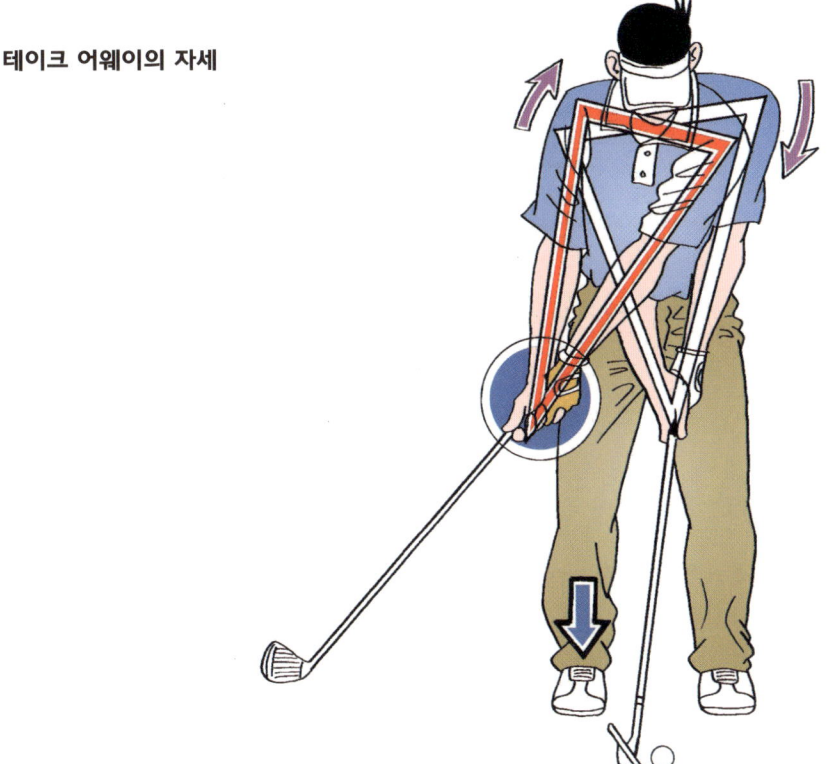

① 삼각형을 유지한 채 양어깨를 회전시켜 백스윙을 시작한다.
② 어깨 회전에 의해 양손은 저절로 회전된다. 손목 각도는 그대로 유지한다.
③ 어깨가 회전됨에 따라 조금씩 오른발에 체중이 실린다.

테이크 어웨이를 위에서 보면 클럽 헤드가 직선으로 빠지지 않고 스윙 플레인을 따라 원호를 그리며 빠지게 된다. 양어깨와 양팔이 만드는 삼각형을 유지한 채 어깨만으로 스윙을 시작하므로 스윙 궤적이 원을 그리게 된다. 이 경우 다운스윙 시 궤적 역시 인-인이 되어 볼이 목표를 향하여 날아간다.

올바른 테이크 어웨이

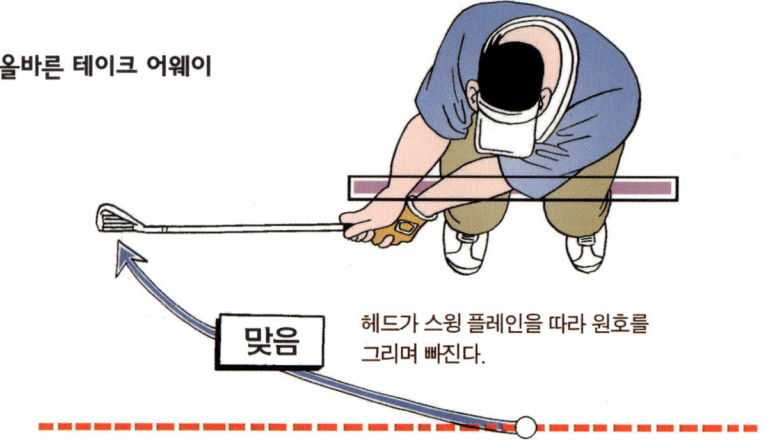

헤드가 스윙 플레인을 따라 원호를 그리며 빠진다.

그런데 많은 주말 골퍼들의 테이크 어웨이를 보면 헤드가 원호를 그리지 못하고 밖으로 빠지는 경우가 많다. 이렇게 되면 다운스윙 시 궤적이 아웃-인이 되어 슬라이스가 난다.

잘못된 테이크 어웨이

- 오른쪽 겨드랑이가 벌어진다.
- 헤드가 원호를 그리지 못하고 밖으로 빠진다.

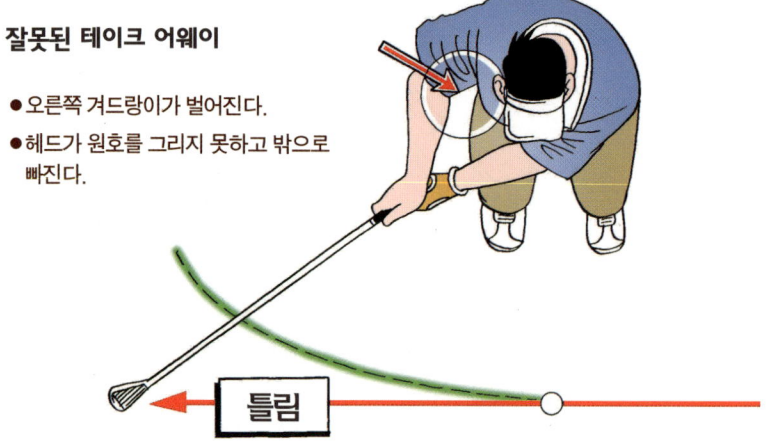

잘못된 테이크 어웨이를 하는 이유는 잘못된 어드레스에 있다. 즉 어드레스 자세에서 오른쪽 겨드랑이를 꽉 조이지 않았기에 테이크 어웨이에서도 오른쪽 겨드랑이가 벌어지면서 삼각형이 유지되지 않기 때문이다.

올바른 테이크 어웨이를 하는 방법은 간단하다. 어드레스 자세에서 오른쪽 겨드랑이를 조이고서 삼각형을 유지하는 것이다. 이 자세에 백스윙을 하게 되면 오른쪽 겨드랑이가 붙여진 채 삼각형이 유지되면서 백스윙이 되므로 헤드 궤도가 원형을 유지하게 된다.

올바른 테이크 어웨이를 위한 어드레스 자세

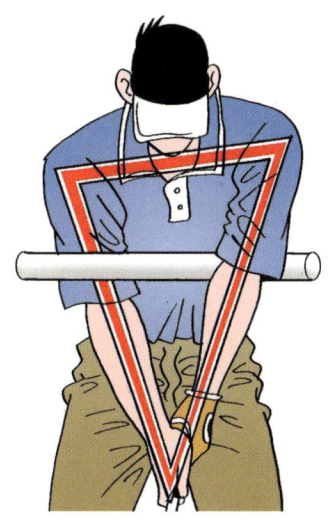

오른쪽 겨드랑이를 조이고 삼각형을 만든다.

잘된 테이크 어웨이

- 오른쪽 겨드랑이를 조이고 백스윙을 한다.
- 올바른 테이크 어웨이가 되어야 인-인의 스윙이 된다.

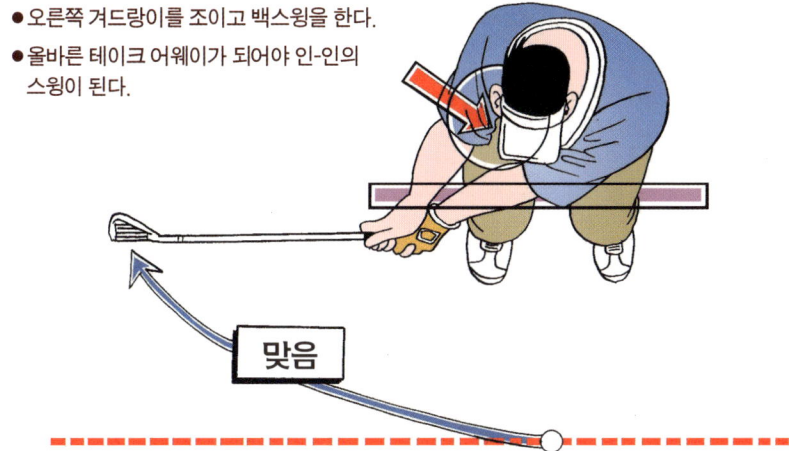

3 쿼터(1/4) 백스윙

클럽의 샤프트가 지면과 평행을 이루는 쿼터(1/4) 백스윙까지는 상체가 한덩어리를 이룬 채 회전을 해 주면 된다. 즉 양어깨와 양팔이 만드는 삼각형을 그대로 유지한 채 스윙 플레인을 따라 어깨를 회전시키면 되며, 서서히 허리회전이 시작된다. 테이크 어웨이와 마찬가지로 쿼터 백스윙에서도 팔을 뻗거나 올리려 하면 안 된다.

쿼터 백스윙 자세

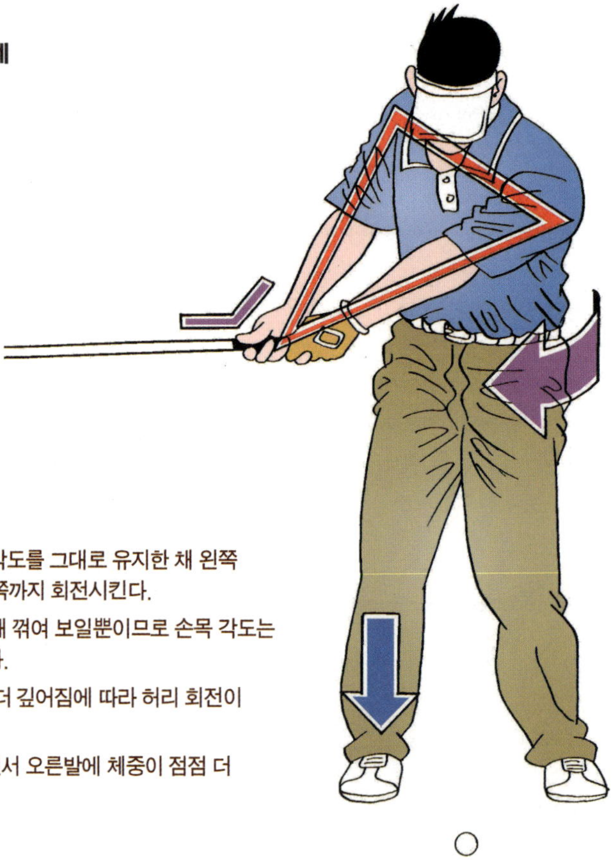

① 삼각형과 손목 각도를 그대로 유지한 채 왼쪽 어깨를 왼발 안쪽까지 회전시킨다.
② 어깨 회전에 의해 꺾여 보일뿐이므로 손목 각도는 그대로 유지한다.
③ 어깨 회전이 좀 더 깊어짐에 따라 허리 회전이 시작된다.
④ 회전이 깊어지면서 오른발에 체중이 점점 더 실린다.

쿼터 백스윙이 되면 클럽 샤프트가 지면과 평행이 된다. 이때 클럽 페이스가 척추 라인과 평행이 되는 것이 이상적이다. 이러한 평행 자세를 유지한다는 것은 스윙이 스윙 플레인에서 제대로 진행되고 있음을 의미하며, 또한 임팩트의 정확성을 높일 수 있게 되어 볼을 목표 지점으로 보낼 수 있게 된다.

쿼터 백스윙에서의 클럽 페이스의 방향

클럽이 지면과 평행이 되는 지점[= 클럽을 오른쪽 허리 높이까지 들었을 때]에서 스윙하는 사람이 봤을 때 클럽 페이스의 각도가 자신의 척추 라인과 평행해야 한다.

YES!

클럽 페이스가 하늘을 향했다면 손목이 하늘 쪽으로 꺾였다는 증거이다.

NO!

클럽 페이스가 지면을 향했다면 손목이 지면 쪽으로 꺾였다는 증거이다.

NO!

하프 백스윙

하프 백스윙에서는 왼팔이 지면과 평행이 되는 위치까지 올라온다. 시선은 계속해서 볼을 주시한 상태에서 왼쪽 어깨가 거의 턱 밑으로 오면서 왼팔이 펴진 상태에서 지면과 평행을 이룬다. 이때 클럽 샤프트는 왼판과 직각으로 코킹이 완성되며, 오른발에 힘이 실리면서 스윙축이 왼발과 척추에 걸쳐서 형성된다.

하프 백스윙 자세 ①

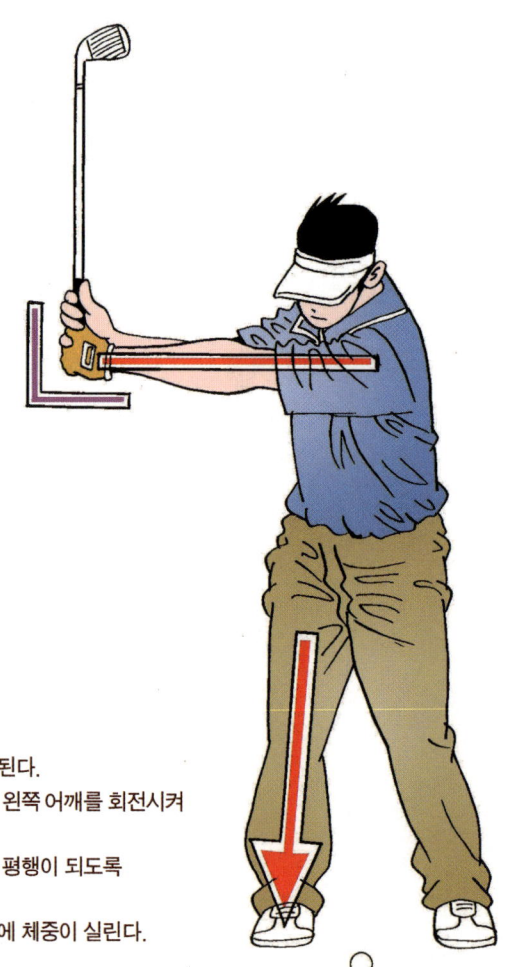

- 왼팔과 직각으로 코킹이 완성된다.
- 시선은 계속 볼을 주시하면서 왼쪽 어깨를 회전시켜 턱 밑으로 오게 한다.
- 왼팔이 펴진 상태에서 지면과 평행이 되도록 들어올린다.
- 왼발과 척추가 만드는 스윙축에 체중이 실린다.

하프 백스윙에서는 궤도가 스윙 플레인에 있는지를 점검하는 것이 중요하다. 거울을 이용하여 하프 백스윙 위치에 있을 때 그립 끝이 볼의 오른쪽 지점을 가리키는 것을 볼 수 있다면 올바른 스윙 플레인에서 스윙 궤도가 형성된 것이다.

하프 백스윙 자세 ②

- 시선은 볼을 쳐다보며 턱 아래에 왼쪽 어깨가 온다.
- 그립의 끝이 볼의 오른쪽 지점을 가리키는 것이 이상적이다. 이것은 곧 클럽과 양손이 스윙 플레인에 있음을 의미한다.

코크의 타이밍은 쿼터 백스윙 이후 손이 허리 위치를 지날 때이다. 이후 하프 백스윙 위치에서는 코킹이 완성되어 왼팔과 클럽 샤프트가 직각을 이루게 된다. 이후 이 직각은 톱까지 그대로 유지된다.

올바른 코크는 왼손 엄지손가락 방향으로 손목이 꺾여야 한다. 만일 손등 쪽으로 손목이 꺾였다면 잘못된 코크로, 일정하지 않은 스윙의 원인이 되므로 주의해야 한다.

코크 타이밍

손이 허리 위치를 지날 때 코킹을 한다.

올바른 코크   잘못된 코크

백스윙 시 오른쪽 팔꿈치 꺾기

스윙을 리드하고 볼을 때리는 것은 왼손이지만, 오른쪽을 사용하지 않으면 강한 볼을 칠 수 없다.

어드레스에서 오른팔을 자연스럽게 조인 상태에서 백스윙을 어깨로 리드하면 클럽이 자연스럽게 올라간다. 왼팔을 편 채로 백스윙이 진행되는 동안 오른손 팔꿈치는 자연스럽게 꺾인다.

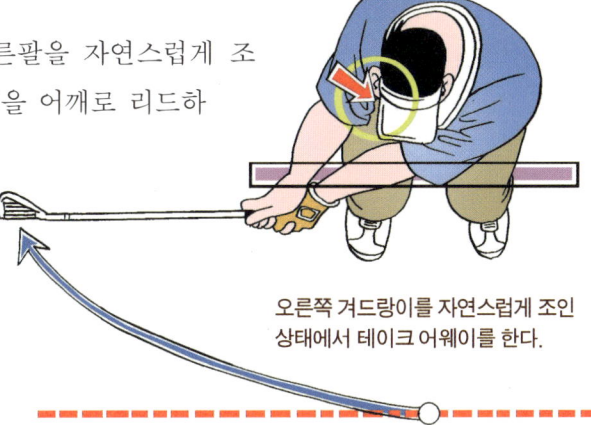

오른쪽 겨드랑이를 붙인다

오른쪽 겨드랑이를 자연스럽게 조인 상태에서 테이크 어웨이를 한다.

백스윙 시 오른팔의 동작

- 오른쪽 팔꿈치를 지탱점으로 해서 지렛대처럼 들어올린다.
- 왼팔을 편 채로 백스윙이 진행되는 동안 오른손 팔꿈치는 자연스럽게 꺾인다.

4 톱스윙

하프 백스윙을 연장하여 톱스윙을 만든다

클럽을 휘두르는 스윙의 폭이 클수록 볼이 멀리 날아간다. 그러나 볼을 멀리 치겠다는 욕심으로 스윙 도중에 힘을 주면 오히려 스윙의 폭이 작아지면서 스윙 리듬 역시 흔들려 볼을 제대로 맞추지 못할 수 있다. 따라서 스윙 중에는 일정한 힘(자신이 낼 수 있는 힘이 10이라면 그중에서 5~8 정도의 힘을 낸다는 느낌)으로 하는 것이 중요하다.

톱스윙 자세 ①

- 하프 백스윙에서 만든 왼손의 90도 코킹을 그대로 유지한다.
- 왼쪽 어깨가 하프 백스윙 때보다 오른쪽으로 더 회전한다.

일정한 힘으로 진행한 하프 백스윙을 그대로 연장하여 톱스윙을 만들면 임팩트의 정확도가 높아지게 된다. 이때 하프 백스윙에서 만든 왼손의 90도 코킹을 그대로 유지해야 한다. 하프 백스윙을 연장한 톱스윙의 위치는 양손이 오른쪽 귀보다 조금 높은 위치다. 몸이 유연한 젊은 층은 양손이 좀 더 많이 올라가고, 몸이 뻣뻣한 노년층은 좀 덜 올라가므로 자신의 신체 조건에 맞게 올리면 된다. 이때 톱스윙 위치를 억지로 높이려고 몸에 힘을 주면 임팩트의 정확도가 떨어지므로 힘을 주면 안 된다.

톱스윙 자세 ②

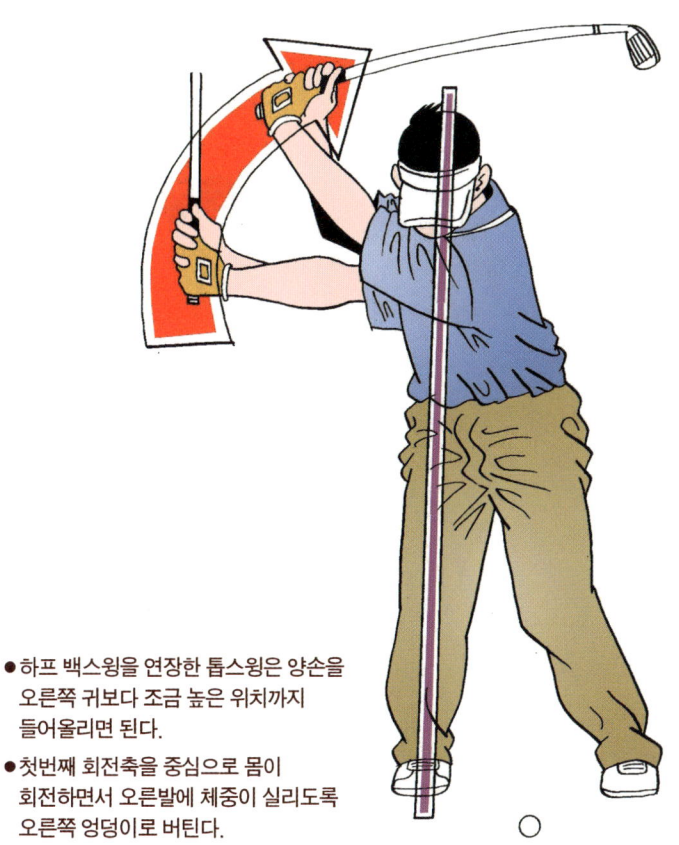

- 하프 백스윙을 연장한 톱스윙은 양손을 오른쪽 귀보다 조금 높은 위치까지 들어올리면 된다.
- 첫번째 회전축을 중심으로 몸이 회전하면서 오른발에 체중이 실리도록 오른쪽 엉덩이로 버틴다.

톱스윙이 안정되어야만 다운스윙이 스윙 플레인을 따라 자연스럽게 내려오면서 정확한 임팩트가 가능해진다.

톱스윙이 바르게 되면 오른쪽 무릎과 오른쪽 다리 안쪽에 긴장감이 느껴지며, 왼쪽 어깨가 거의 오른쪽 무릎과 일직선이 될 정도로 상체가 회전된다. 오른쪽 다리를 고정시킨 채 첫번째 회전축을 중심으로 백스윙을 하여 톱스윙에 이르면, 상체의 회전으로 오른발 쪽에 저절로 체중이 실리게 된다. 이때 오른쪽 다리는 어드레스 상태에서 살짝 무릎을 구부린 상태를 그대로 유지하는 게 중요하다. 무리하게 오른쪽 다리에 힘을 주게 되면 오른쪽 무릎이 펴지면서 스윙 플레인이 흔들리게 되어 정확한 임팩트가 어려워진다.

톱스윙 자세 ③

- 그립의 끝이 볼의 오른쪽 지점을 가리키는 것이 이상적이다. 이것은 곧 클럽과 양손이 스윙 플레인에 있음을 의미한다.
- 오른쪽 다리는 어드레스 상태에서 살짝 무릎을 굽힌 상태를 그대로 유지한다. 이렇게 하면 스윙 플레인이 유지되어 스윙 궤도가 일정해진다.

톱스윙의 위치 찾기

골프 기량이 늘지 않고 기복이 심한 주말 골퍼들을 보면, 매 스윙마다 톱의 위치가 바뀌는 경우가 많다. 특히 허리 회전이 뒷받침되지 않은 채 백스윙을 하는 경우에는 오버 스윙이 되기 쉽다.

오버 스윙이 되는 주말 골퍼들의 스윙을 보면 톱이 불안정하게 되어 좋은 샷을 기대할 수 없다.

올바른 스윙을 하기 위해서는 백스윙 시 손을 잊은 채 삼각형을 유지하여 몸을 회전시켜야 한다. 어깨와 허리가 더 이상 돌아가지 않게 될 때까지 회전시켜야 한다. 바로 이때가 톱스윙의 위치가 되며 동시에 자연스럽게 손의 위치가 결정된다.

잘못된 톱의 위치

허리 회전 없이 손으로만 스윙을 해서 톱의 위치가 불안정해진다.

올바른 톱의 위치

어깨와 허리가 더 이상 돌아가지 않을 때까지 돌렸을 때가 자신의 톱스윙 위치가 된다.

5 다운스윙

다운스윙은 다리와 허리로 시작한다

**올바른 다운스윙 순서
(다리 ⇨ 허리 ⇨ 팔)**

톱스윙에서 백스윙의 끝이지만 동시에 다운스윙의 시작이기도 하다. 따라서 톱스윙은 머무르는 지점이 아니라 유기적으로 연결되는 동작이다. 톱스윙을 자연스럽게 다운스윙으로 연결시키는 방법은 간단하다.

톱스윙 상태가 되었을 때 – 양팔과 클럽은 그대로 둔 채 – 왼발 뒤꿈치에 힘을 주면서 허리를 원래 자리로 돌려 주는 것이다. 특히 주말 골퍼들이 이 부분에서 가장 많은 실수를 한다. 바로 허리를 돌리기 전에 손부터 내리는 것이다. 손부터 내리면 하체 – 허리와 다리 – 를 이용한 스윙을 할 수 없으므로 강한 볼을 칠 수 없게 된다.

다시 한번 강조하지만 톱에서 다운스윙으로 갈 때는 반드시 허리 돌리기(다리에 힘을 주면서 허리를 원래 위치로 돌려 주는 것)를 먼저 한 뒤에 팔을 내려야 한다는 것을 명심한다.

① 왼발 뒤꿈치에 제일 먼저 힘을 준다.
② 왼발 뒤꿈치에 힘을 줌과 거의 동시에 허리를 원래 자리로 돌려 준다.
③ 손이 제일 늦게 내려온다.

손목 코킹은 서서히 푼다

하프 백스윙부터 유지된 왼손 90도 코킹은 톱스윙은 물론 다운스윙에서도 그대로 유지하며 끌어내려야 한다. 90도 코킹을 유지하면서 팔을 내리는 방법은 간단하다. 바로 허리 회전 이후에 팔을 내리는 것이다.

그러나 이와는 반대로 다운스윙 시 팔을 내린 뒤에 허리 회전을 하게 되면 코킹이 일찍 풀리게 된다. 코킹이 일찍 풀리면 헤드 스피드가 떨어지면서 임팩트가 약하게 된다. 그러므로 반드시 허리 회전 이후에 팔을 내려야 코킹이 유지된다는 것을 명심한다.

코킹을 푸는 시점은 양팔이 오른쪽 허리 부근을 지날 때다. 즉 다운스윙이 진행되면서 양팔이 오른쪽 허리 부근을 지날 때부터 서서히 코크를 풀기 시작하면 된다.

코킹을 푸는 시점

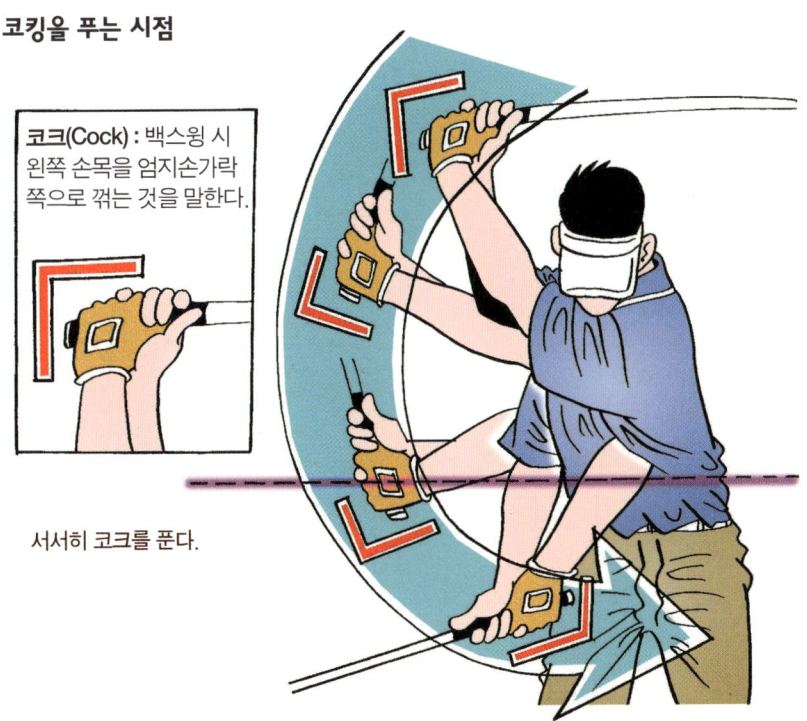

6 백스윙·다운스윙에서의 체중 이동

체중 이동의 원인 : 2개의 스윙 회전축

백스윙할 때 오른발에 있던 체중이 다운스윙할 때는 왼발로 옮겨진다. 이것을 골프 용어로 웨이트 샤프트, 즉 체중 이동이라고 한다. 체중 이동이 끊기거나 제대로 이루어지지 않으면 슬라이스 등의 미스 샷이 발생한다.

체중 이동을 하게 되는 원인은 스윙 회전축이 2개이기 때문이다. 첫

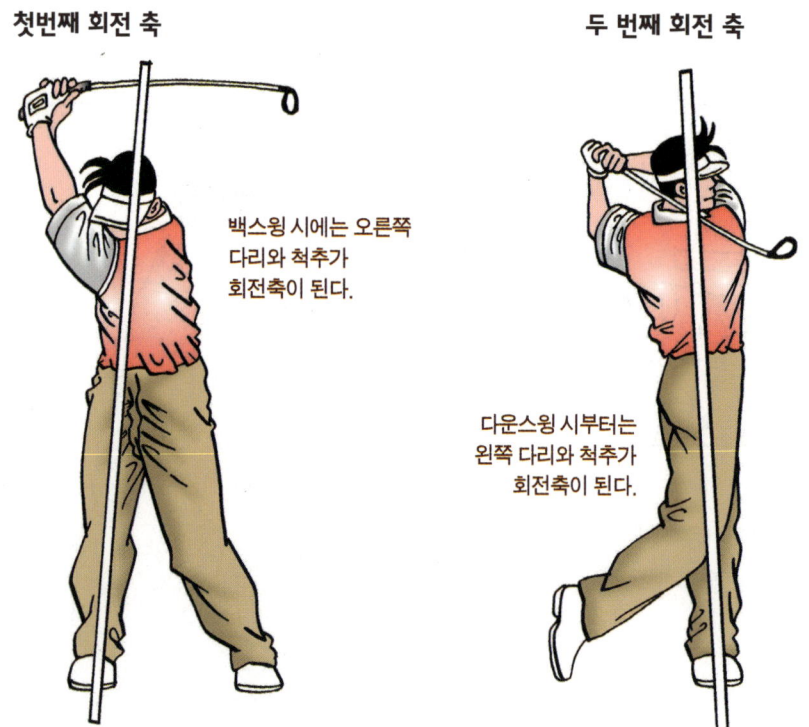

첫번째 회전 축 — 백스윙 시에는 오른쪽 다리와 척추가 회전축이 된다.

두 번째 회전 축 — 다운스윙 시부터는 왼쪽 다리와 척추가 회전축이 된다.

번째 회전축은 오른쪽 다리와 척추가 이루는 축으로, 백스윙할 때 중심을 이룬다. 두 번째 회전축은 왼쪽 다리와 척추가 이루는 축으로, 다운스윙할 때 중심을 이룬다.

체중 이동의 핵심 : 허리 회전

체중 이동을 너무 의식하고 스윙을 하면 스윙의 리듬이 깨져 좋은 스윙이 어렵다. 체중 이동을 자연스럽게 하면서 스윙의 템포와 리듬을 살릴 수 있는 방법이 있다. 그것은 바로 허리 회전이다.

백스윙은 어깨 회전 뒤에 허리 회전이 진행된다. 이때 허리를 회전하

백스윙 시의 체중 이동

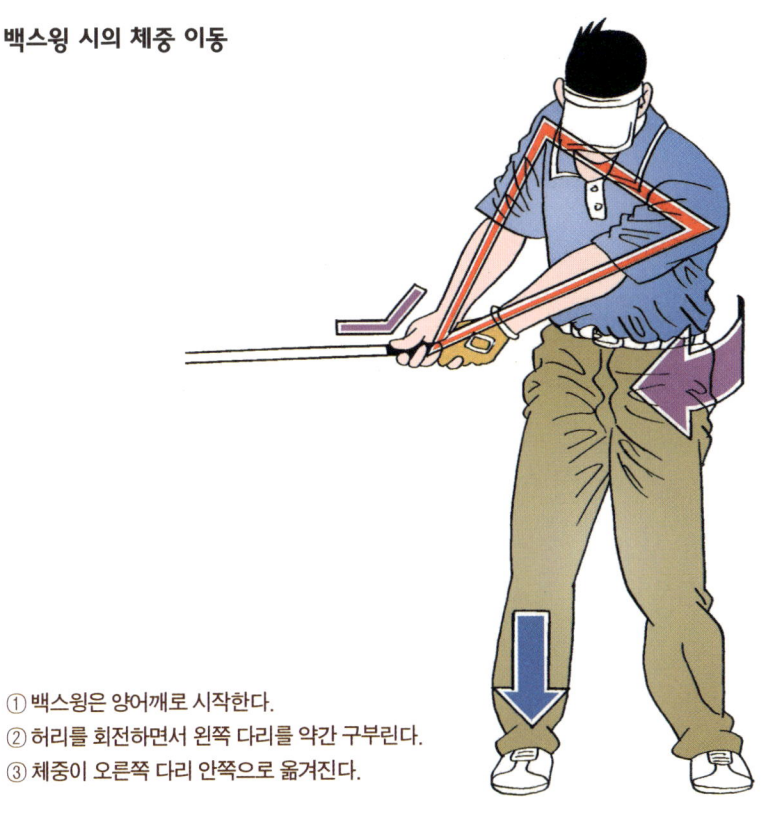

① 백스윙은 양어깨로 시작한다.
② 허리를 회전하면서 왼쪽 다리를 약간 구부린다.
③ 체중이 오른쪽 다리 안쪽으로 옮겨진다.

면서 왼쪽 다리를 약간 구부리면 체중은 자연스럽게 왼쪽 다리 안쪽으로 옮겨진다.

　다운스윙에서의 체중 이동도 백스윙과 마찬가지로 허리 회전을 통해 이루어진다. 백스윙 시 돌렸던 허리를 원래 방향으로 돌려 줌으로써 체중을 왼쪽 다리 안쪽으로 모을 수 있다. 이렇게 허리 회전을 통해서 체중 이동을 하면 스윙이 자연스럽게 이루어지면서 스윙 궤도가 인-인을 유지하게 되어 볼이 목표를 향해 날아간다.

다운스윙 시의 체중 이동

③ 허리 회전 이후에 팔을 내린다.
② 허리를 회전하면 체중이 오른쪽 다리 안쪽으로 모인다.
① 왼발 뒤꿈치에 힘을 주어 원위치시킨다.

7 백스윙·다운스윙에서의 리듬

스윙 리듬

스윙 리듬은 스윙을 할 때 마음속으로 외치는 원·투·스리를 말한다. 원은 백스윙, 투는 톱스윙, 스리는 다운스윙이라는 리듬이다. 스윙 리듬은 언제나 같아야 하며, 톱스윙의 위치가 항상 같아야 안정된 스윙이 가능하다. 항상 같은 스윙을 하기 위해서는 리듬이 매우 중요하다. 각자 나름대로 일정한 리듬을 만들어 스윙하는 것이 좋다.

다운스윙 시의 체중 이동

- 스윙 리듬은 원·투·스리를 말한다. 원은 백스윙, 투는 톱스윙, 스리는 다운 스윙이라는 리듬이다.
- 스윙리듬은 언제나 같아야 하며, 특히 톱스윙의 위치가 같아야 스윙이 안정된다.

톱스윙에서 다운스윙까지의 템포

스윙은 하나의 연결된 동작이므로 스윙 흐름이 끊겨서는 안 된다. 이 말은 톱스윙에서도 해당된다. 즉 톱 상태에서도 몸이 멈추면 안 된다는 말이다. 손이 톱의 위치에 왔을 때 하체(왼쪽 다리와 허리)는 이미 다운스윙 자세로 들어간다. 왼쪽 무릎과 허리가 어드레스 자세로 다시 돌아오면서 오른발에 있던 체중이 왼발로 옮겨지는 순간이 바로 톱에서 다운스윙으로 이어지는 타이밍이다. 결국 스윙 리듬은 손이 아니라 하체 즉 허리로 만드는 것이다.

톱에서 다운스윙으로 가는 타이밍

- 손이 톱의 위치에 오면 하체(왼쪽 다리와 허리)는 이미 다운스윙 자세로 들어간다.
- 왼쪽 무릎과 허리가 어드레스 자세로 다시 돌아오면서 오른발에 있던 체중이 왼발로 옮겨지는 순간이 바로 톱에서 다운스윙으로 이어지는 타이밍이다.

8 임팩트

볼을 보면서 임팩트를 해야 헤드 업이 방지된다

주말 골퍼들이 제일 어려워하는 부분 중의 하나가 임팩트할 때의 헤드 업이다. 헤드 업은 글자 그대로 머리가 들리는 현상을 말한다. 머리가 들리면서 스윙 궤도가 흔들려 볼을 정확히 맞출 수 없게 된다.

그런데 왜 헤드 업이 될까? 이유는 간단하다. 다운스윙을 하면서 볼을 끝까지 보지 못하기 때문이다.

헤드 업을 방지하는 것은 간단하다. 임팩트 순간에도 자신의 눈으로 끝까지 볼을 보는 것이다. 이것만 제대로 하면 헤드 업은 저절로 고쳐진다.

임팩트 때에도 눈은 볼을 봐야 한다

- 임팩트 순간에도 눈으로 볼을 봐야 헤드 업이 방지되어 좋은 스윙을 할 수 있다.
- 임팩트 순간 양어깨와 양팔이 만든 삼각형을 유지하며 스윙한다.
- 왼발에 체중을 실어 몸을 확실히 지탱해 준다.

좋은 임팩트의 요건 : 임팩트 직후에 헤드 스피드가 최고

좋은 임팩트를 하면 볼에 힘이 실려 날아간다. 좋은 임팩트를 하기 위해서는 헤드 스피드가 임팩트 직후에 최고가 되어야 한다. 즉 톱스윙에서 '0(제로)'였던 헤드 스피드가 다운스윙 이후 서서히 올라가다가 임팩트 직후에 최고조에 올라야 한다. 그래야만 임팩트에서 힘이 최대한도록 실리면서 폴로스루가 크게 이루어진다.

임팩트 직후에 헤드 스피드가 최고여야 한다

나쁜 임팩트의 요건 : 임팩트 전에 헤드 스피드가 최고

나쁜 임팩트란 힘이 실리지 않는 임팩트를 말한다. 나쁜 임팩트를 하는 이유는 다운스윙 초기에 힘을 사용하기 때문이다. 이렇게 되면 임팩트 이전에 헤드 스피드가 최고가 되면서, 정작 임팩트 시에는 속도가 줄면서 힘없는 임팩트가 된다. 이를 막기 위해서는 다운스윙 초기에 힘을 넣지 않고 스윙을 하는 것이다. 즉 스윙의 전과정에 거쳐서 일정한 힘 - 자신이 낼 수 있는 힘의 최대치가 10이라면 5~8정도의 힘을 말함 - 으로 스윙을 하는 것이 좋은 스윙인 것이다.

다운스윙 초기에 힘을 주면 나쁜 임팩트가 된다

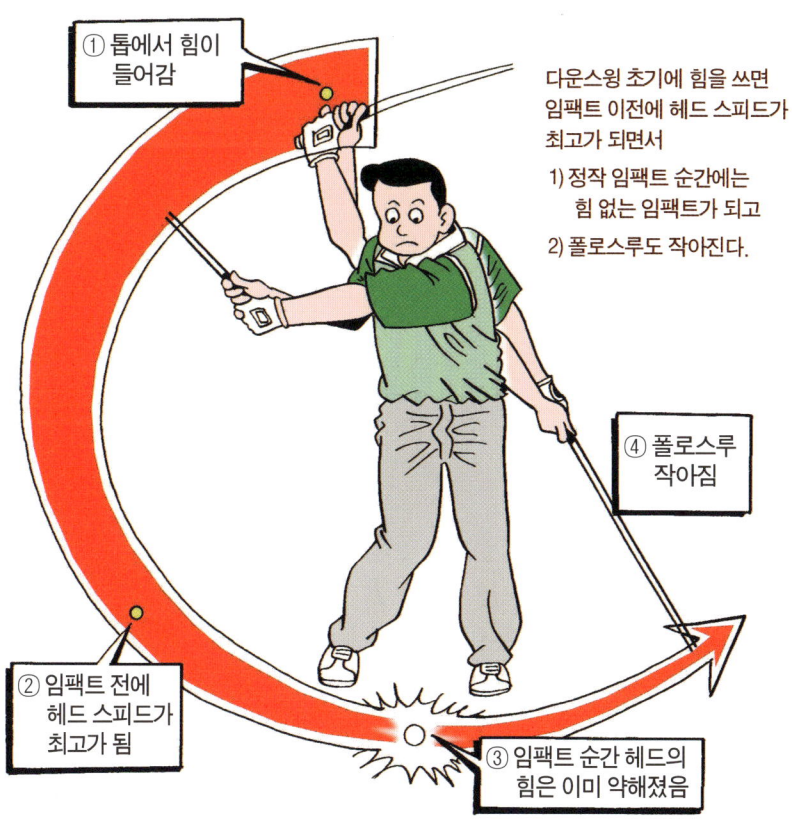

임팩트 순간 왼팔은 곧게 펴져 있어야

임팩트는 볼을 세게 때리는 동작이 아니라 클럽 페이스가 볼과 만나는 순간일 뿐이다. 임팩트 순간의 핵심은 2가지다. 첫째는 공과 접촉하는 클럽 페이스는 어드레스 때와 마찬가지로 타킷 라인과 직각이어야 한다는 것이다. 둘째는 임팩트 순간 왼팔이 곧게 펴져 있어야 한다는 것이다. 임팩트 순간이라고 해서 양손에 힘을 주면 안 된다. 힘을 주게 되면 타점에 변경이 생겨서 볼이 빗겨 맞기 때문이다.

임팩트 순간의 왼팔과 클럽 샤프트

9 폴로스루

임팩트 직후 : 시선은 볼이 있던 지점, 양팔은 목표를 향해 던진다

폴로스루는 임팩트를 지나 피니시로 가는 과정이다. 임팩트 직후에 헤드 스피드가 최고가 되도록 하면서 목표 방향으로 양팔을 던진다는 느낌으로 휘두른다. 그러면 클럽의 원심력으로 피니시까지 어깨와 허리가 한 번에 회전한다. 임팩트 직후부터 피니시 직전까지도 시선은 여전히 볼이 있던 지점을 보고 있어야 한다.

**임팩트 직후 시선을
볼이 있던 지점을 본다**

- 임팩트 직후부터 피니시 직전까지도 시선은 볼이 있던 지점을 본다.
- 양팔의 삼각형을 유지한 채 목표를 향해 양팔을 던지는 느낌으로 스윙한다. 이때 오른손이 왼손 위로 올라가기 시작한다.

폴로스루에서도 시선은 볼이 있던 지점을 본다

임팩트 이후의 양팔은 모양과 어깨 회전은 백스윙과 반대다. 폴로스루에서는 오른쪽 어깨가 턱 밑을 지나가게 되고, 체중의 대부분은 왼쪽 다리가 지탱하게 된다. 오른쪽 발바닥은 완전히 들려서 신발 바닥이 보인다.

그립의 끝은 타킷 라인 선상 - 볼이 있던 지점의 전방 - 을 가리키게 된다. 몸통은 목표를 향해 거의 다 회전되어 배꼽이 목표를 향하게 된다.

폴로스루 자세(정면)
- 시선은 볼이 있던 지점을 본다.
- 체중의 대부분은 왼쪽 다리가 지탱한다.

폴로스루 자세(왼쪽 측면)
- 그립의 끝이 볼이 있던 지점의 전방을 가리킨다.
- 상체가 목표를 향하므로 배꼽이 목표를 향한다.

왼발로만 서는 피니시 자세를 만든다

피니시는 스윙의 마무리를 말한다. 피니시가 안정될수록 스윙 궤도가 스윙 플레인을 따라 일정하게 이루어지므로 좋은 샷이 가능해진다.

이상적인 피니시는 몸 전체가 왼쪽 다리에 올라타는 느낌이 들면서 체중의 90%가 왼발에 실린다. 이때 머리와 가슴 및 오른쪽 무릎과 발등이 목표를 향하게 된다. 정면에서 봤을 때 머리와 오른쪽 어깨와 허리 및 왼발이 일직선상에 놓여 I자 모양으로 보인다. 클럽을 끝까지 휘두른 피니시 상태에서는 오른발 뒤꿈치를 세우게 된다. 완벽한 피니시가 되면 그 자세 - 왼발에 체중을 실은 자세 - 로 몇 초 동안 머물게 된다.

I자 모양의 피니시 자세

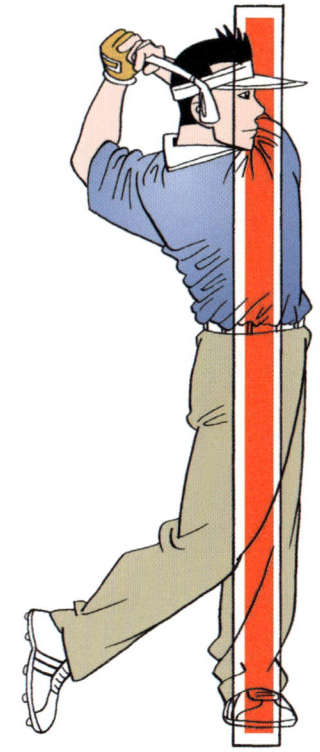

- 이상적인 피니시 모습은 몸 전체의 체중이 왼발에 실린 I자 모양이 된다.
- 오른발 뒤꿈치를 세우고, 왼발에 체중을 실은 I자 자세로 몇 초 동안 머물게 된다.

10 인-인의 스윙

인-인의 스윙 궤도와 볼의 방향

인-인의 스윙 궤도란 다운스윙 시 클럽 헤드가 임팩트 순간에 타킷 라인과 직각이 되는 스윙 궤도를 말한다. 목표 방향으로 장타를 내기 위해서는 타킷 라인과 클럽 헤드가 직각이 되도록 정확하게 맞추어야 한다. 그러기 위해서는 인-인의 스윙을 해야만 한다.

인-인의 스윙과 볼의 방향

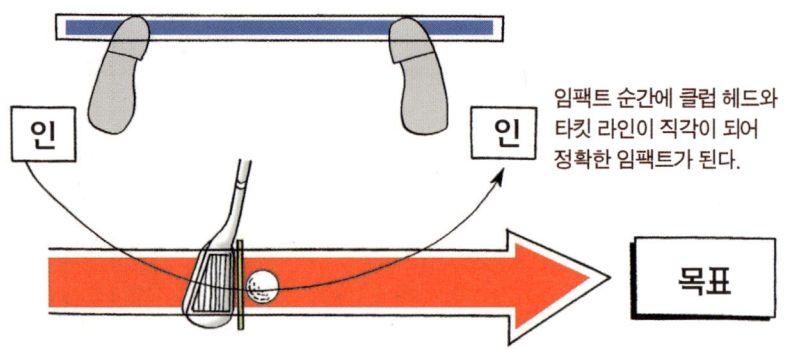

인-인의 스윙을 위한 방법은 무엇일까?

그것은 바로 지금까지 이 책을 통해서 본 스윙의 핵심에 나와 있는 스윙 방법이다. 즉 '테이크 어웨이 ⇨ 백스윙 ⇨ 톱스윙 ⇨ 다운스윙 ⇨ 폴로스루' 등이 바로 인-인의 스윙을 하기 위한 스윙 방법이다. 이 책에 나오는 스윙 방법대로 연습을 하면 인-인의 스윙을 하게 되어 훌륭한 골퍼가 될 수 있다.

인-인의 스윙이라도 클럽 페이스가 직각이 아니라면?

클럽 헤드는 원 운동을 하므로 볼이 날아가는 방향은 그 원의 접선 방향이 된다. 인-인의 스윙을 하는데도 볼이 목표를 향해 날아가지 않고 좌로 휘거나〔훅〕우로 휜다면〔슬라이스〕, 그것은 클럽 페이스가 임팩트 순간에 타킷 라인과 직각이 되지 않았기 때문이다.

임팩트 순간에 클럽 페이스가 목표선과 직각이면 볼에 스핀〔좌우 스핀〕이 걸리지 않으므로 볼은 목표를 향해 날아간다. 그러나 임팩트 순간에 클럽 페이스가 열려 있으면 볼에 스핀〔우향 스핀〕이 걸리므로 볼은 슬라이스가 되어 우측으로 날아간다.

반대로 임팩트 순간에 클럽 페이스가 닫혀 있다면 볼에 스핀(좌향 스핀)이 걸리므로 볼은 훅이 되어 좌측으로 날아간다. 그러므로 어드레스 시 클럽 페이스를 타킷 라인과 직각으로 하는 것을 잊지 말아야 한다.

클럽 페이스와 볼의 스핀

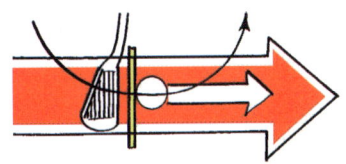

페이스가 타킷 라인과 직각이면
⇨ 스핀 ×

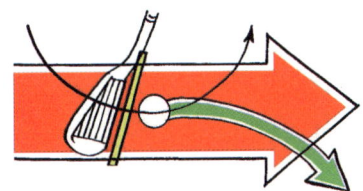

페이스가 열려 있으면
⇨ 슬라이스 회전 ○

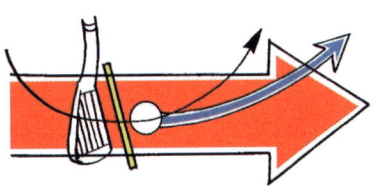

페이스가 타킷 라인과 닫혀 있으면
⇨ 스핀 ○, 훅

아웃-인의 스윙 궤도와 볼의 방향

분명히 장타를 노리고 힘껏 쳤는데도 볼은 얼마 날아가지 않아 떨어지는 것을 보고 실망하는 주말 골퍼들이 꽤 많다. 도대체 왜 비거리가 늘지 않는 것일까?

그 이유 중의 하나가 바로 아웃-인의 스윙 때문이다. 아웃-인의 스윙이란 클럽 헤드가 타킷 라인 밖으로 나갔다가 안쪽으로 들어오면서 임팩트가 형성되는 스윙을 말한다. 아웃-인의 스윙 궤도에서는 클럽 헤드가 정확하게 볼을 때리지 못하고 빗겨 때린다. 결국 정확한 임팩트 포인트를 맞추지 못하게 된다. 또한 볼이 빗겨 맞으면서 슬라이스 회전이 걸리므로 볼은 슬라이스가 된다.

장타를 내기 위해서는 타킷 라인과 클럽 헤드가 직각이 되도록 맞출 수 있는 인-인의 스윙을 해야만 한다.

아웃-인의 스윙과 볼의 방향

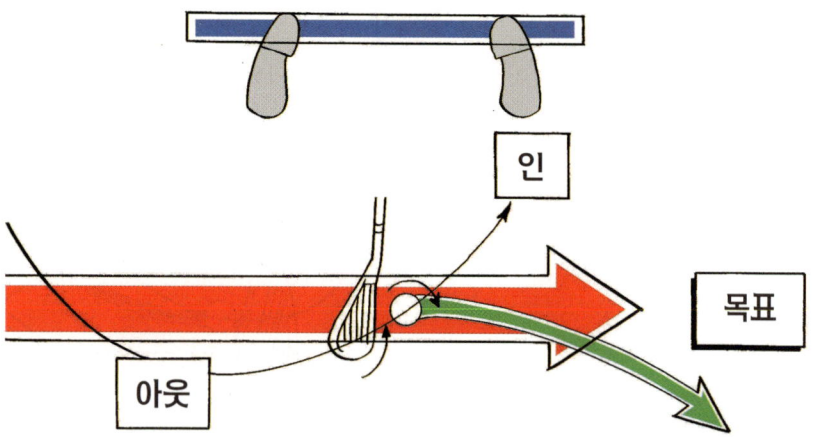

- 스윙 궤도 때문에 볼이 비껴 맞는다.
- 볼이 빗겨 맞으면서 슬라이스 회전이 걸린다.

인-아웃의 스윙 궤도와 볼의 방향

초보 골퍼가 스윙을 하면서 처음에 겪는 고민은 슬라이스이다. 슬라이스가 어느 정도 교정되고 나면 그 다음에는 훅 볼이 발생하면서 새로운 고민으로 훅이 떠오른다. 훅은 장타를 내려는 욕심이 앞서면서 발생하는 미스 샷이 원인이다. 훅이 발생하는 원인은 여러 가지이지만 그중에서 초보 골퍼들이 자주 범하는 것은 두 가지다. 첫 번째는 인-인의 스윙에서 클럽 페이스가 닫히면서 발생하는 경우로, 바로 2페이지 앞에서 설명했다. 두 번째는 스윙 궤도가 인-아웃인 경우이다. 스윙 궤도가 인-아웃이 되면 볼이 비껴 맞으면서 훅 회전이 걸리므로 볼은 훅이 된다.

인-아웃의 스윙과 볼의 방향

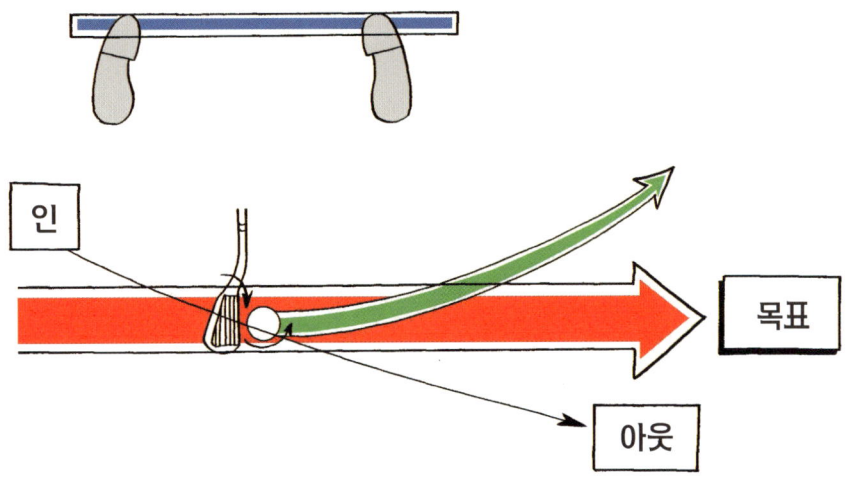

- 스윙 궤도 때문에 볼이 비껴 맞는다.
- 볼이 비껴 맞으면서 훅 회전이 걸린다.

Part 04
가자! 연습장으로

1 연습장, 어디가 좋을까?

연습장이란

거대한 녹색 그물이 쳐 있고 그 끝에 건물 비슷한 것이 세워져 있는 것을 한 번쯤 보았다면, 그것이 바로 골프 연습장이다. 연습장은 거리에 따라 흔히 긴 연습장과 짧은(실내) 연습장으로 나뉜다.

긴 연습장은 요금이 좀 비싸지만 자신의 볼이 날아간 방향을 볼 수 있어서 좋다. 짧은 연습장은 긴 연습장보다 주변에 많이 있으므로 집에서 가까운 곳에 있어서 좋다.

유능한 레슨 프로 강사가 있는 곳이 좋다

골프는 처음에 제대로 배우는 것이 좋다. 처음에 제대로 스윙을 배우면 큰 어려움 없이 타수를 줄일 수 있다. 그러나 잘못된 스윙이 몸에 배면 타수를 줄이기도 어려우며, 또한 그것을 수정하는 데 엄청난 노력을 해야한다. 따라서 초보 골퍼를 잘 가르칠 수 있는 레슨 프로나 프로 협회에 등록되어 있는 프로 강사가 있는 연습장을 이용하는 것이 좋다.

초보 골퍼들은 긴 연습장의 2, 3층을 이용해야

골프 스윙을 잘하기 위해서는 연습을 꾸준히 반복적으로 하는 것이 좋다. 반복 연습을 하기 위해서는 연습장 가는 길이 집이나 직장에서 가까워야 좋다. 그래야만 꾸준히 연습할 수 있다. 직장에서 돌아오는 길이나 집에서 가까운 곳을 이용하는 것이 좋다.

스윙이 어느 정도 경지에 오른 주말 골퍼들은 짧은 연습장도 괜찮지만, 초보 골퍼들은 가급적 긴 연습장을 이용하는 것이 좋다.

긴 연습장에서 스윙을 하면 자신의 볼이 어느 정도 날아가는지, 그리고 어디에서 휘는지를 확인할 수 있기 때문이다. 긴 연습장은 1층 타석 외에도 2층 타석과 3층 타석이 있다. 가급적 초보 골퍼들은 2층이나 3층 연습장을 이용하는 것이 좋다. 왜냐하면 2, 3층에서는 내려다보면서 연습을 하므로 거리감도 익히면서 스윙을 할 수 있기 때문이다. 1층에서는 낙하 지점을 보기 어려우므로 초보 골퍼들은 퍼 올리는 스윙을 할 수 있으므로 피하는 것이 좋다.

초보 골퍼라면 긴 연습장의 2, 3층이 유리

초보 골퍼들은 낙하 지점을 볼 수 있는 2, 3층이 유리하다.

2 연습장 갈 때 필요한 물건

준비물

연습장에서 효율적인 스윙 연습을 하려면 준비물과 복장을 갖추는 것이 좋다. 준비물에는 클럽·장갑·골프화·수건 등이 있다.

연습장 갈 때의 준비물

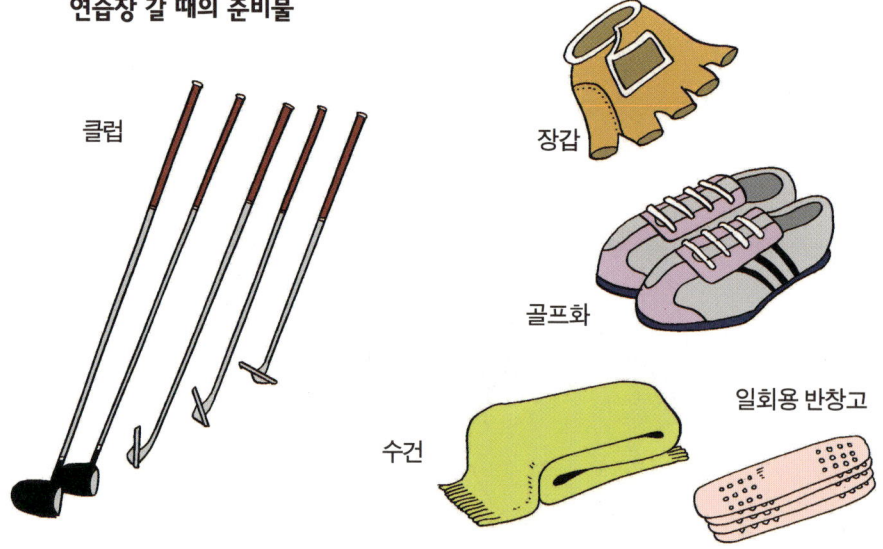

1) 클럽

대부분의 연습장에 임대 클럽이 있지만, 가능한 자신의 클럽으로 연습을 하여 익숙해져야 실전 라운딩에서도 스윙이 부드럽게 된다. 연습장 갈 때 그날 연습하고 싶은 클럽을 몇 개 가지고 가면 충분하다. 일반적으로 우드 1~2개, 아이언 2~3개 정도를 연습장용 클럽 케이스에 넣고 다닌다.

2) 장갑
클럽이 왼손 안에서 미끄러지면 미스 샷이 나기 쉬운데다가 물집이 생길 수도 있으므로 자기 손에 맞는 장갑을 가지고 가야 한다. 특히 클럽이 미끄러져 놓치게 되면 다른 사람이 맞거나 벽에 맞고 튕겨나와 위험한 상황에 놓일 수 있음을 주의해야 한다.

3) 골프화
골프화에 대한 특별한 규제는 없다. 따라서 보통 신는 운동화도 상관없지만 운동화를 신고 스윙을 하면 발에 무리가 간다. 또한 라운드를 할 때를 대비하여 연습장에서 미리 골프화를 조금이라도 길들여 두는 것이 좋다.

4) 수건과 일회용 반창고
여름에는 땀이 많이 나므로 수건을 반드시 지참하는 것이 좋다. 또한 일회용 반창고도 준비하면 손이나 발에 생긴 물집 등에 응급처치를 할 수 있다.

복장

골프연습장의 경우 복장에 대해 특별한 규제를 하지는 않는다. 그러나 골프장 갈 때와 마찬가지로 연습장 갈 때도 골프 웨어를 준비하거나 입고 가는 것이 좋다. 골프 웨어는 스윙 시 가장 움직이기 쉽고 기능적이기 때문이다. 실제로 연습장에 가 보면 대부분의 골퍼들이 골프 웨어를 입고 연습하는 것을 볼 수 있다.

3 연습장 시스템

연습장 시스템

연습장 시스템은 지역에 따라 다소 차이가 있으나 대부분의 경우 프런트에서 신청 접수 ⇨ 순서 대기 ⇨ 볼 꺼내기 ⇨ 세팅 ⇨ 연습 ⇨ 정돈의 순서로 진행된다.

1) 프런트에서 신청 접수하기

연습장 입구에 있는 프런트에 가서 자신의 이름을 말하거나 전표에 이름을 기입한다. 만일 클럽을 빌리고자 하는 경우에도 이때 말하면 된다. 기본은 1인 1타석이지만, 교습자와 2인 1타석을 얻어 서로 휴식하면서 연습하는 것도 경제적인 효과가 있다.

요금은 선불이 보통이다. 입장료와 바구니(볼을 담는 바구니)의 수, 클럽을 빌린 경우에는 그 대여료를 합산한 금액을 지불한다. 대부분의 연습장은 할인된 가격으로 월 회원권을 발매하고 있으므로 자주 이용하는 골퍼라면 월 회원권을 사 두는 것이 편리하다.

2) 순서 대기

연습장이 비어 있으면 신청 직후 타석에서 연습을 시작할 수 있다. 그러나 주말에는 장시간 기다리는 경우도 있다. 이럴 때는 대기실이나 레스토랑 등에서 기다리면 된다.

접수할 때 전표에 기입된 번호가 대개 자신의 타석 번호다. 타석을 고를 수 있을 때는 중앙 부근을 지정하는 것이 좋다. 초보 골퍼의 경우에는 2, 3층의 중앙 부근 타석이 좋다.

3) 볼 꺼내기

프런트에서 이름을 부르면 연습 차례가 된 것이다. 이름이 불리면 지정 타석으로 들어간다. 지정 타석에는 의자와 작은 테이블이 있다. 테이블에 짐과 웃옷 등을 놓고, 의자에 앉아서 신발을 골프화로 바꿔 신는다. 그리고 나서 볼을 꺼내면 된다. 볼을 꺼내는 방법은 2가지가 있다.

첫째 방식은 자동화 방식이다. 자동화 방식은 프런트나 자판기 등에서 프리 페이드 카드를 구입하여 각 타석에 있는 기계에 넣으면 자동으로 티업이 되는 방식이다. 최근에는 대부분의 연습장이 자동화되어 있으므로 연습하기가 수월하다.

둘째 방식은 볼 자판기 방식이다. 볼 자판기란 볼을 꺼내는 기계(볼 자동판매기)를 말하며, 이 자판기에 카드를 넣어서 공을 받는 방식이다. 이 경우 초보 골퍼들이 특히 주의해야 하는데, 바로 볼 자판기 앞에 쌓여 있는 (볼을 담는) 바구니를 볼이 나오는 출구에 갖다 댄 뒤 카드를 넣어야 한다는 것이다. 바구니를 대지 않은 채 카드를 넣으면 볼이 우르르 떨어지면서 여기저기 굴러나가 당황하게 된다. 10명 중 1명 정도는 처음에 볼이 여기저기 굴러가는 경험을 한다.

볼 자판기

볼 자판기에서 볼을 받는 경우에는 반드시 바구니를 갖다 댄 뒤 카드를 넣는다.

4) 세팅

자동으로 볼이 세팅되는 경우에는 골프화를 갈아 신고 클럽을 들고 타석에 들어가면 된다. 그러나 볼 자판기에서 바구니에 볼을 받은 경우에는 볼 세트 기계에 볼을 흘려 넣어야 세팅이 완료된다.

요금

연습장에서는 볼 사용료를 내야 한다. 볼 값은 한 바구니당으로 계산하는 것이 일반적이며, 시간제로 운영하는 곳도 있다. 한 바구니는 자동판매기의 코인 1개분(카드식은 눈금 1개분) 정도다. 연습장에 따라서 한 바구니의 공의 수가 다르며 요금도 조금씩 다르다. 일반적으로 한 바구니의 볼의 수는 100개 내외이고 요금은 15,000원 내외로서 지역에 따라 조금씩 차이가 있다.

레슨 신청 - 티칭 프로 선택

주변에 골프를 잘하는 사람에게서 배우는 경우에는 레슨 프로를 따로 두지 않아도 되지만, 혼자서 골프 공부를 하는 초보 골퍼라면 가급적 레슨 프로에게서 지도를 받는 것이 좋다. 연습장에서 레슨을 받고 싶다면 프런트에서 신청하면 연습장에 소속 티칭 프로에게서 레슨을 받을 수 있다.

티칭 프로를 선택할 때 첫 번째 조건은 자신과 체격 조건이 비슷한 프로를 선택하는 것이다. 그래야만 따라하기가 편해 빠른 기량 향상을 도모할 수 있기 때문이다. 게다가 티칭 경험이 풍부하고 그립을 강조하는 티칭 프로라면 더없이 좋으며, 한꺼번에 많은 티칭보다는 한 가지라도 의문이 없도록 반복해서 설명하고 가르치는 프로가 좋다.

4 효과적인 연습 방법

시작은 워밍업부터

준비 운동 없이 갑자기 볼을 치면 신체에 무리가 온다. 가벼운 체조로 몸을 유연하게 한 뒤 양팔을 X자로 포개서 좌우로 체중 이동하는 워밍업을 반드시 해 줘야 한다. X자 워밍업은 〈Part 02 스윙 전에 꼭 해야 하는 기본자세〉의 '01 체중 이동과 균형'편에 자세히 나와 있으므로 참고하기 바란다.

X자 워밍업으로 체중 이동 느끼기

초보 골퍼는 7번 아이언으로 스윙의 감을 익힌다

초보 골퍼는 스윙의 기본 감각을 익히는 것이 중요하다. 스윙 리듬과 템포는 어떤 클럽을 사용하든 간에 늘 일정한 스윙 플레인을 형성하는 것이 이상적이다. 따라서 처음 골프를 배우는 사람이라면 7번 아이언으로 스윙의 감각을 익히는 것이 좋다.

이제까지 이 책에서 함께 공부한 〈Part 02 스윙 전에 꼭 해야 하는 기본 자세〉와 〈Part 03 스윙의 핵심〉 및 〈Part 05 연습장②: 단계별 스윙 연습〉이 바로 7번 아이언으로 스윙하는 것이었다. 그러므로 초보 골퍼들은 연습장에 갈 때 이 책을 가지고 가서 Part 02와 Patr 03 및 Part 05의 내용을 보면서 스윙 연습을 하면 스윙의 감각을 빨리 익힐 수 있다.

헤드의 무게 느끼기

클럽은 단순히 볼을 치는 막대기가 아니다. 클럽은 바로 볼을 때리는 두 팔의 연장선상에 있는 또 다른 두 팔인 것이다. 클럽을 잘 쓰기 위해서는 우선 클럽 헤드의 무게를 느껴야 한다. 그래야만 클럽과 팔이 하나가 되어 볼을 정확히 쳐 낼 수 있기 때문이다.

연습장에서는 목적을 가지고 연습해야 합니다.

단순히 볼만 많이 친다고 실력이 느는 것은 아니기 때문이죠.

우선 헤드의 무게를 느끼면서 스윙하는 것에 대해 알아봅시다.

목표를 가지고 타석에 임한다

연습장에서는 반드시 목적을 가지고 볼을 쳐야 한다. 목적 없이 그저 많은 스윙 연습을 한다고 해서 실력이 느는 것은 결코 아니다. 스윙 중에 미스 샷이 나오면 그 원인을 반드시 확인하는 습관을 가지는 것이 좋다. 미스 샷의 원인을 분석하면서 정성스럽게 스윙을 하는 것이 실력 향상의 지름길이기 때문이다.

웨지로 먼저 연습한 뒤 긴 클럽을 연습한다

우선 피칭 웨지나 9번 아이언으로 가볍게 스윙을 한다. 처음에는 쿼터 스윙을 하고, 다음에는 하프 스윙을 하고, 최종적으로 풀 스윙을 한다. 자세한 스윙 연습은 다음 장인 〈Part 05 연습장 6단계 스윙 비법〉에서 다루고 있다.

웨지나 9번 아이언으로 임팩트와 거리 감각을 느낄 정도로 10분 정도 샷을 하여 몸을 완전히 푼 뒤에 긴 클럽부터 차례로 연습하여 마지막은 다시 웨지나 9번 아이언으로 마무리한다.

여러 번 자주 연습한다

주말 골퍼들이 연습장을 이용하는 모습을 보면 안타까울 때가 많다. 연습장 이용 시 볼을 치는 데만 급급해서 얼마나 오랜 시간 연습했는가만을 중요하게 생각한다. 한 타 한 타에 정신을 집중하여 실패한 볼의 원인을 분석하여 올바른 샷을 할 수 있도록 실력 향상에 신경 써야 함에도 불구하고 시간에 쫓긴 나머지 기계적으로 볼 갯수만을 채우기에 급급하다. 이런 식의 연습은 오히려 나쁜 습관만을 몸에 배게 할 뿐이다. 스윙 스타일이 한 번 굳어지면 고치기 어렵다. 따라서 연습할 때 짧은 시간을 연습하더라도 올바른 스윙이 되도록 책을 보면서 스윙을 하는 자세가 필요하다.

  연속해서 100개 정도의 볼을 치면 대부분의 사람이 집중력의 한계를 느낀다. 한꺼번에 많이 칠 생각으로 연습장에 와서 200개 이상의 볼을 치게 되면, 몸만 지칠 뿐이고 실력은 늘지 않는다. 오히려 그보다는 매일 매일 100개 정도씩 꾸준히 치는 쪽이 스윙 감각을 익히는 데 유리하다. 매일 연습장에 나가는 것이 어렵다면 최소한 일주일에 1~2회씩 꾸준히 나가서 연습하는 것이 좋다.

컨트롤 샷 Control Shot : 의식적으로 거리와 방향성을 조정하는 샷

거리에 따른 연습장 활용법

1) 거리가 긴 연습장 활용법

거리가 긴 연습장은 목표가 멀기 때문에 어드레스를 하는 것이 쉽지 않다. 이럴 때는 코스에서 어드레스하는 순서와 똑같이 어드레스를 하면 되는데, ① 먼저 타석 뒤쪽에서 목표 지점과 타킷 라인을 확인하고 ② 타킷 라인에서 볼보다 1m 목표 방향에 있는 가상의 지점을 정한 뒤 ③ 타킷 라인과 평행하게 서서 어드레스를 취한다. 이런 방식으로 스퀘어 스탠스로 어드레스를 취한 뒤 볼을 치면 된다. 볼을 칠 때마다 이 동작을 빠뜨리지 않도록 한다. 골프를 처음 배우는 초보 골퍼들은 스윙 감각을 익혀야 하므로 10회 타격 시마다 이 동작(어드레스 순서)을 반복하는 것이 유용하다.

2) 거리가 짧은 연습장 활용법

실내 연습장 또는 네트까지의 거리가 50~100야드의 짧은 연습장에서는 드라이버 샷이나 7번 아이언이나 볼의 구질을 파악하기가 어렵다. 긴 골프장에서는 무의식적으로 날리고 싶은 기분이 들게 되지만, 거리가 짧은 연습장에서는 멀리 보내겠다는 생각은 버려야 한다. 따라서 공을 날리는 겨루기를 하기보다는 올바른 스윙(그립과 어드레스 등)을 몸에 익히는 것이 중요하다. 거리가 짧은 연습장은 몸의 움직임에 신경을 집중할 수 있으므로 스윙 동작을 배우기에 효과적이다.

연습장 이용의 최종 목표

볼을 맞추는 스윙이 익숙해지면 장타를 목표로 스윙을 하게 된다. 최종적으로는 각 클럽의 비거리를 파악하기 위해 스윙한다. 자신이 가진 클럽의 비거리를 파악하게 되면 코스에서 쓸 수 있는 클럽을 선택할 수 있게 된다. 연습장 이용의 최종 목표는 클럽의 비거리 파악에 있다.

5 볼과 발의 위치

볼과 발의 위치에 대한 2가지 이론

볼과 발의 위치는 고정형과 이동형의 2가지 이론이 있다. 고정형은 어떤 클럽을 사용하든지 간에 왼발의 뒤꿈치 앞에 볼을 두는 것을 말하고, 이동형은 7번 아이언을 기준으로 롱 클럽은 왼발 가까이 볼을 두고 숏 클럽은 오른발 가까이에 볼을 두는 것을 말한다. 최근에는 고정형보다는 이동형을 선호하는 추세다.

볼 위치 ① 고정형 : 오른발 뒤꿈치 앞

고정형은 특수한 경우를 제외하고는 볼의 위치가 일정하다. 바로 왼발 뒤꿈치 앞이다. 다만 스탠스는 클럽에 따라 바뀐다. 즉 작은 클럽일수록 스윙 원이 작아지므로 스탠스도 좁아지는데, 이 경우 보폭의 크기는 왼발을 이동하여 조절한다.

고정형은 볼이 항상 같은 위치에 있으므로 어드레스를 빨리 할 수 있는 장점이 있다. 그러나 아이언 샷을 할 때 더프가 나거나 뜬 공이 될 수 있다. 따라서 요

볼 위치 ① : 고정형

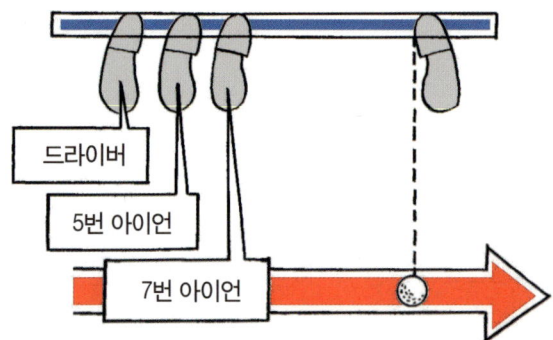

즘은 볼의 위치를 정할 때 고정형으로 하지 않고, 다음에 배우는 이동형으로 위치를 정한다.

볼 위치 ② 이동형 : 7번 기준으로 롱 클럽은 왼쪽, 숏 클럽은 오른쪽

이동형의 경우 볼은 클럽이 길수록 왼발 쪽에 위치하고, 반대로 클럽이 짧아질수록 가운데 또는 오른발 쪽에 위치한다.

일반적으로 볼의 위치는 드라이버(우드 1번)는 왼발 뒤꿈치 안쪽 선상에 놓으며, 7번 아이언은 스탠스 중앙에 놓고, 9번 아이언은 중앙에서 약간 오른쪽이 놓는 것이 기본이다.

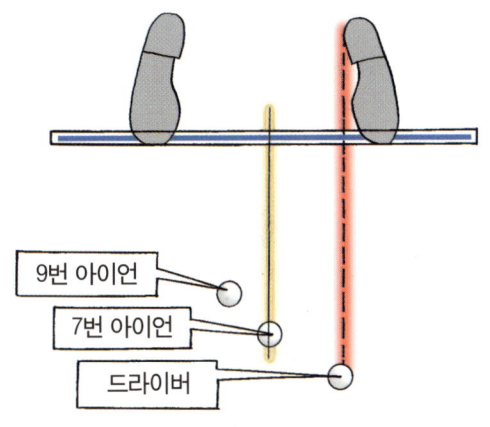

볼의 위치 ② : 이동형

7번 아이언의 스탠스는 자신의 어깨 넓이를 기준으로 하며, 클럽 길이가 큰 드라이버는 스탠스를 더 넓혀 주면 되고, 반대로 클럽 길이가 작은 9번 아이언이나 웨지는 스탠스를 좁혀 주면 된다.

이동형을 통해서 클럽에 따라 볼의 위치를 바꿔 주면 항상 일정한 스윙 형태를 유지할 수 있다. 이 상태 - 일정한 스윙 형태를 유지한 상태 - 에서는 드라이버로 어퍼 블로 스윙을 할 수 있고, 아이언으로 다운 블로 스윙을 할 수 있다. 따라서 최근에는 볼의 위치를 정할 때 고정형이 아니라 이동형으로 위치를 정하며, 이 책에서도 스윙 시 볼의 위치를 이동형에 맞추고 있음을 밝힌다.

6 연습장에서의 에티켓

타석 이외의 장소에서는 스윙하지 않는다

볼을 직접 치기 전에 클럽을 휘두르는 경우가 있다. 물론 타석에서 휘두르는 것은 아무 상관없지만, 타석 이외의 장소에서 클럽을 휘두르는 것은 엄격히 금지되어 있다. 특히 통로에서 무의식적으로 클럽을 휘두르는 것은 주위에 사람이 있을 수 있으므로 매우 위험한 행동이다.

타석 이외의 장소에서는 스윙 금지!

따라서 클럽은 타석에서만 휘둘러야 한다. 특히 친구와 교대로 하나의 타석을 사용하는 경우 다른 한 사람이 통로에서 워밍업 삼아 클럽을 휘두르지 않도록 주의해야 한다.

타석은 뒤쪽에서 들어간다

친구나 이웃과 함께 연습을 하는 경우가 많다. 이 경우 타석에 들어설 때 볼을 놓는 기계 위를 넘어서 옆으로 들어가는 경향이 있는데, 이것은 매우 위험한 행동이다. 만일 그 타석의 양 옆에서도 누군가가 클럽을 휘두르면서 스윙 연습을 한다면 위험천만한 상황이 된다. 따라서 평소에 타석에 입장할 때 타석 뒤쪽에서 들어가는 습관을 들여야 한다. 그래야만 무의식중에라도 타석 뒤쪽에서 들어가게 되어 옆 타석에서 다른 사람이 스윙하더라도 안전하게 연습을 할 수 있기 때문이다.

어린이는 동반하지 않는다

연습장은 위험한 곳이다. 특히 타석 부근은 클럽을 휘두르므로 매우 위험하다. 클럽이나 공에 맞으면 큰 상처를 입을 수 있는 사고로까지 이어질 수 있다. 따라서 아직 위험을 잘 감지하지 못하는 어린이들을 동반해서는 안 된다. 어린이를 동반하는 것은 위험할뿐더러 주위에서 연습하는 사람들의 신경을 거스르기 때문에 연습에 집중하기 어렵게 만든다. 부득이 어린이를 데리고 갔을 때는 대기실에서 기다리게 한다.

큰소리로 떠들지 않는다

연습장에서 스윙하는 사람들은 고도의 집중력을 가지고 스윙에 임한다. 그런데 가끔가다 단체로 온 사람들 중에서 마치 연습장을 전세 낸 것처럼 떠들면서 소란을 피우는 경우가 있다. 즐거운 마음으로 온 것은 이해하지만, 주위 사람들이 시끄럽다고 느낄 정도면 본인들은 물론 다른 사람들도 집중해서 샷에 집중하기 어려우므로 자제해야 한다.

모든 샷은 조용한 분위기에서 집중이 잘되므로 연습장에서도 주위 사람들의 분위기를 존중해 주어야 자신도 샷에 집중할 수가 있다. 특히 여성들이 여럿이 함께 온 경우 이야기에 집중하게 되어 오히려 연습을 산만하게 하는데, 가급적 연습장에서는 샷에만 집중하고, 이야기는 연습이 다 끝난 뒤 대기실에서 나누는 문화를 만들어야 할 것이다.

7 연습을 마치고 나서

타석 정돈

연습을 마치면 수건으로 땀을 닦고 타석을 정돈한다. 볼 바구니가 있다면 자판기 옆에 가져다 놓고, 사용한 수건과 빈 음료수 캔 역시 지정 장소에 가져다 놓는다. 타석을 다 정돈한 뒤에는 기다리고 있는 사람을 위해 자리를 비워 주면 된다.

클럽 손질

연습장에서 사용한 클럽은 먼지가 붙어 있으므로 연습장에서 바로 손질하는 것이 좋다. 클럽 헤드와 샤프트는 물론 그립까지 마른 수건으로 세심하게 닦아 낸다. 클럽 헤드가 심하게 더러운 경우 연습장에 비치된 수돗물로 씻어 낸 뒤 마른 수건으로 닦는다. 클럽을 더러운 상태로 가져가게 되면 클럽이 손상되기 쉽고 수명도 짧아진다. 만일 바빠서 연습장에서 미처 클럽 손질을 못했다면 집에 와서라도 꼭 손질을 하는 습관을 들이는 것이 좋다.

클럽 손질은 연습장에서!

Part 05
6단계 스윙 비법

1 [1단계 : 1일] 몸 풀기

스타트 전의 준비 운동의 중요성

골프는 스윙과 걷기가 주가 되는 운동이다. 걷는 것은 따로 준비 운동을 하지 않아도 되지만, 스윙은 전신을 사용하여 큰 동작을 해야 하므로 반드시 준비 운동을 해 주어야만 한다. 만일 갑자기 스윙을 하게 되면 몸의 근육이 놀라서 부상으로 이어지기 쉽다.

본격적인 스윙을 하기 전에 반드시 몸 풀기 준비 운동을 한다.

실제 라운딩에 임할 경우 최소한 한 시간 전에는 클럽 하우스에 도착하여 옷을 갈아입고 준비 운동을 하여 몸을 풀어 주어야 한다. 연습장에서의 연습도 실전과 마찬가지로 준비 운동을 해서 몸을 먼저 풀어 주어야 한다. 이렇게 몸을 풀어 주면 스윙이 잘돼서 기분도 좋고 몸의 부상을 사전에 방지할 수 있어서 일석이조의 효과가 난다.

몸풀기 준비 운동의 순서

① 어깨 근육 펴 주기 ⇨ ② 옆구리 근육 펴 주기 ⇨ ③ 다리근육 펴 주기 ⇨ ④ 양팔 X자로 체중 이동하기 ⇨ ⑤ 클럽 메고 어깨 회전하기

어깨 근육 펴 주기

양발을 어깨 넓이로 벌리고 선 뒤 오른팔을 앞으로 내밀고, 왼팔을 오른쪽 팔꿈치 아래로 교차하여 올린다.

머리를 고정시키고 왼팔로 오른팔을 천천히 당긴 뒤 3초 이상 그 상태를 유지한다.

이때 갑자기 당기면 근육에 통증이 생기므로 천천히 당겨야 합니다.

오른쪽 어깨가 끝나면 반대로 왼쪽 어깨를 펴 준다.

어깨 근육 펴 주기를 왼팔과 오른팔 각각 3회 이상 해 주도록 합니다.

옆구리 근육 펴 주기

양발을 어깨 넓이로 벌리고 선 뒤 양손을 깍지를 껴 준다.

깍지 낀 양손을 머리 뒤에 댄다.

골반을 고정시킨 채, 왼쪽 방향으로 몸통을 천천히 내린 뒤 3초 이상 그 자세를 유지한다.

왼쪽이 끝나면 반대로 오른쪽 방향으로 몸통을 천천히 내린 뒤 3초 이상 그 자세를 유지한다.

몸통을 오른쪽과 왼쪽으로 각각 3회 이상 내려 주도록 합니다.

다리 근육 펴 주기

양팔 X자로 체중 이동하기

양발을 어깨 넓이로 벌려서 스탠스를 잡는다. 이때 양발에 50 : 50으로 체중을 싣는다.

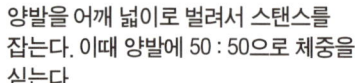

무릎을 살짝 구부려 어드레스 자세를 취한 뒤 시선은 양발 중앙으로부터 60~90cm 정도 되는 한 지점에 고정시켜 준다.

양팔을 X자로 포개어 가슴에 댄다.

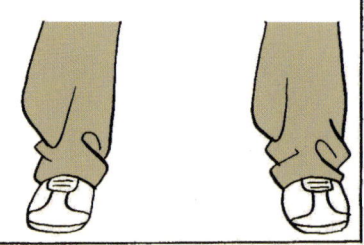

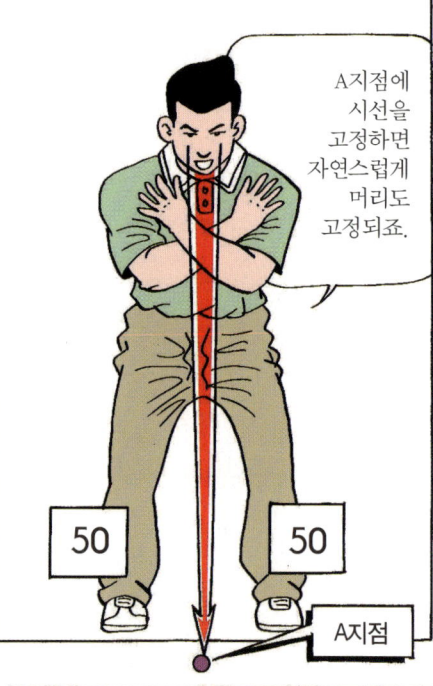

A지점에 시선을 고정하면 자연스럽게 머리도 고정되죠.

50 50

A지점

시선(머리)을 A지점에 고정시키고 서서히 상체를 오른쪽으로 돌린다.

상체를 오른쪽으로 돌리다 보면 서서히 오른발에 힘이 들어가게 된다.

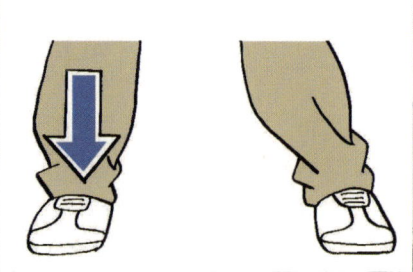

자세(백스윙 자세)가 완료되면 오른발에 70%의 힘이 들어간다. 이때 시선은 여전히 A지점을 향해야 한다.

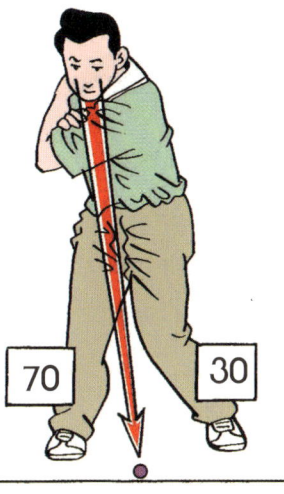

백스윙 자세가 완료되면 왼발을 축으로 허리를 서서히 왼쪽으로 돌리고 상체는 따라서 돌린다. 이때 시선은 여전히 A지점을 향해야 한다.

왼쪽으로 몸을 완전히 돌려서 피니시 자세를 잡으면 왼발에 90%의 힘이 들어간다.

스윙하기 전에 머리를 고정시킨 채 양팔 X자로 체중 이동하기를 10회 이상 반복하면 헤드 업을 방지할 수 있고, 하체를 이용한 스윙을 할 수 있게 된다.

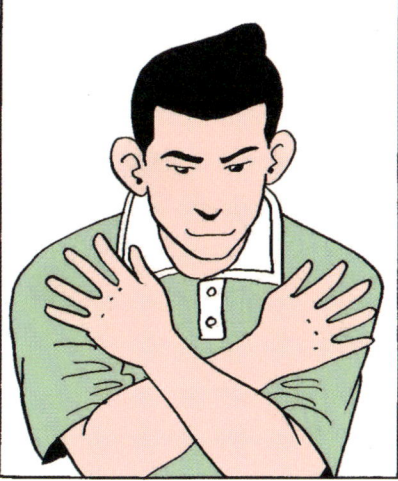

클럽 메고 어깨 회전하기

클럽을 어깨에 멘 채 양발에 50 : 50으로 체중을 싣고 어드레스 자세를 취한다. 이때 시선은 양발 중앙으로부터 60~90cm 정도 되는 한 지점에 고정시켜 준다.

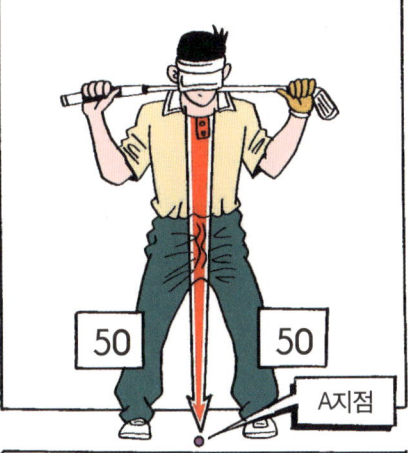

시선을 A지점 고정시킨 채 서서히 상체를 오른쪽으로 돌린다. 백스윙 자세가 완료되면 오른발에 70%의 힘이 들어간다. 이때 시선은 여전히 A지점을 향해야 한다.

백스윙 자세가 완료되면 왼발을 축으로 허리를 서서히 왼쪽으로 돌리고 상체는 따라서 돌린다. 이때 시선은 여전히 A지점을 향해야 한다.

왼쪽으로 몸을 완전히 돌려서 피니시 자세를 잡으면 왼발에 90%의 힘이 들어간다.

스윙 전에 클럽을 메고 어깨 회전을 10회 이상 해 주세요.

2 [2단계 : 2일] Y자 스윙

스윙의 기본인 Y자 스윙(일명 똑딱이)

처음 골프를 시작할 때 풀 스윙을 하면 볼이 잘 맞을 것 같은 생각이 든다. 맘껏 휘둘렀는데 볼이 그대로 있는 상황에 머쓱해 했던 주말 골퍼들이 많다. 그래서 심기일전하는 마음으로 또다시 천천히 풀 스윙을 해서 볼을 맞히기는 했는데, 볼이 똑바로 날아가지 않아서 당황하게 된다. 그러나 이것은 지극히 정상이다. 스윙은 고도의 집중력과 훈련을 필요로 하므로 처음부터 잘할 수가 없다.

초보 골퍼가 스윙을 잘하기 위해서는 작은 스윙부터 체계적으로 익히는 것이 좋다. 이렇게 기본부터 익히는 것이 골프 실력을 늘리는 지름길이다.

초보 골퍼가 가장 먼저 배워야 하는 스윙의 기본은 Y자 스윙이다. Y자 스윙은 Y자 어드레스 상태에서의 삼각형을 유지한 채 스윙이 진행되므로 일명 '똑딱이(왔다 갔다 하는 시계추 소리)'라고도 한다. 2일째인 오늘은 Y자 스윙을 알아보자. 다만, Y자 스윙을 하기 전에 반드시 첫째날 배운 몸 풀기 준비 운동을 먼저 해 주어야 한다.

대부분의 주말 골퍼들이 첫스윙에서 헛스윙을 한 경험을 가지고 있다. 그만큼 스윙은 집중력과 연습을 요구한다.

Y자 스윙의 핵심 : 삼각형 유지하기

7번 아이언으로 Y자 스윙이 익숙해질 때까지 연습하는 것이 스윙의 기본이다. 먼저 볼을 양발 중앙에서 볼 반 개 정도 오른쪽에 위치시키고 Y자 어드레스를 취한다. 즉 스탠스를 어깨 넓이로 벌리고 양발에 50:50으로 체중을 싣고, 양어깨와 두 팔이 삼각형을 이루게 한 뒤 그립이 왼쪽 허벅지 앞쪽에 오도록 한다.

Y자 스윙에서 제일 중요한 것은 머리를 고정하고 시선을 볼에 집중한 채 스윙 축을 생각하면서 클럽을 좌우대칭으로 휘두르는 것이다. 볼을 멀리 칠 필요가 없으므로 삼각형을 유지하면서 클럽 헤드로 볼을 정확히 맞추는 것에만 중점을 두고 치면 된다.

Y자 스윙의 어드레스와 백스윙

- **어드레스**
  볼을 스탠스 중앙에서 볼 반 개 정도 오른쪽으로 위치한 뒤 Y자 어드레스를 취한다.

- **백스윙**
  어드레스에서의 삼각형을 유지한 채 일직선으로 백스윙한다.

클럽 페이스 방향
어드레스 시 클럽 페이스는 타킷 라인과 직각이어야 한다.

Y자 스윙은 삼각형과 클럽의 유지가 중요하며, 이를 위해서는 몸통이 스윙을 주도해야 하며, 하체는 거의 쓰지 않는다는 마음으로 한다. 특히 백스윙 시 양어깨로 테이크 어웨이를 해야 한다. 스탠스를 넓혔다 좁혔다 하면서 체중 이동을 느껴 보는 것도 좋다. Y자 스윙에서 반드시 명심해야 할 것은 팔을 회전시켜서도 안 되고 손목을 꺾어도 안 된다는 것이다.

Y자 스윙(똑딱이)의 다운스윙과 폴로스루

- **다운스윙**
  양어깨와 팔이 이루는 삼각형을 그대로 유지한 채 팔을 내린다.
- **폴로스루**
  삼각형을 끝까지 유지한 채 백스윙 만큼 폴로스루를 한다. 이때 시선은 볼을 본다.

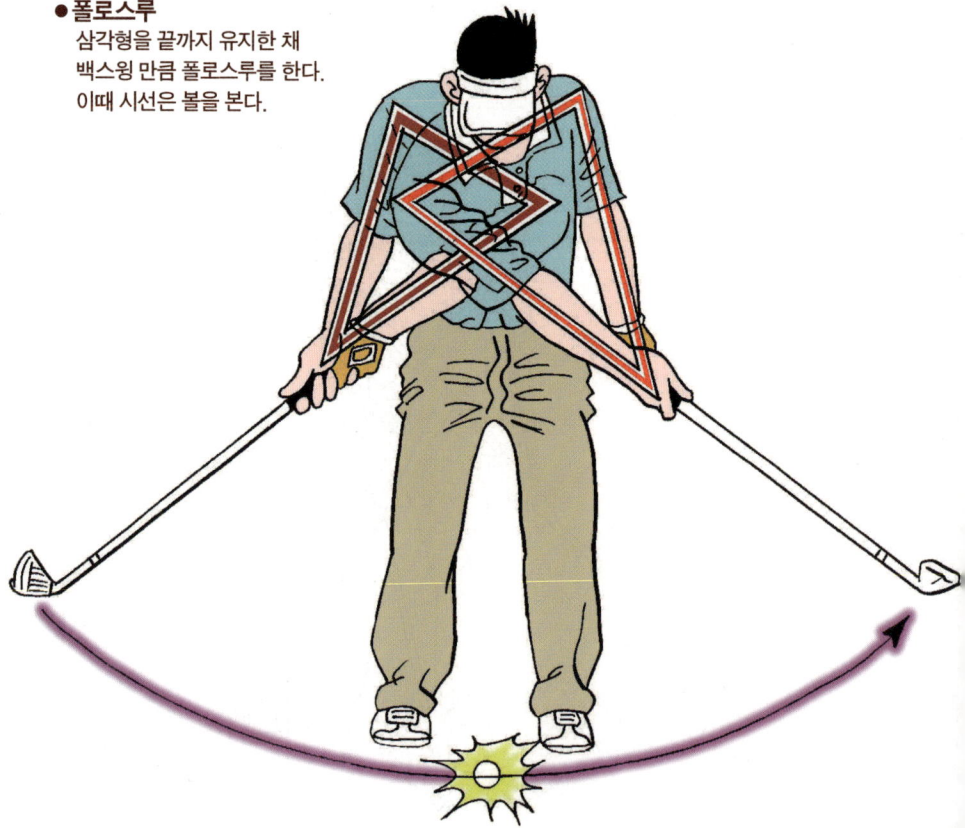

3 [3단계 : 3일] 왜글

왜글 Waggle

왜글은 테이크 어웨이를 부드럽게 하기 위해 클럽을 좌우로 가볍게 흔들면서 손목 힘을 빼는 동작이다. 왜글을 하는 이유는 볼을 치기 전에 자세와 타이밍을 점검하기 위해서다. 왜글을 할 때는 단순히 클럽을 흔드는 것이 아니라, 삼각형 자세에서 양어깨와 팔꿈치로 클럽을 움직여야만 무릎과 손목의 힘을 뺄 수 있다. 왜글은 1/4 스윙부터 유용하게 쓰인다. 왜글을 하기 전에 몸풀기 준비 운동을 해 주어야 하며, 왜글 뒤에 Y자 스윙을 해 주면 된다.

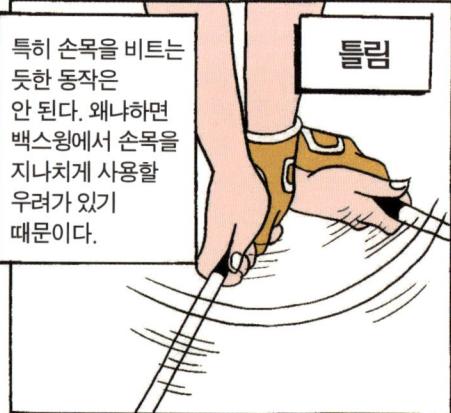

포워드 프레스 Forward Press

어드레스에서 백스윙으로 갈 때, 어떤 계기나 타이밍을 잡지 못해서 스윙을 망치는 주말 골퍼들이 의외로 많다. 스윙은 하나의 연결된 동작이다. 결코 어드레스 따로, 백스윙 따로, 다운스윙 따로 하는 것이 아니다. 하나의 완결된 동작으로 스윙을 하기 위해서는 스윙의 리듬과 템포를 알아야 한다.

프로들이 하는 백스윙 동작을 보자. 잠시 왜글을 하다가 그립이나 몸(오른쪽 허벅지)을 살짝 목표 방향으로 내밀었다가 그 반동으로 클럽을 들어올린다. 이를 골프용어로 '포워드 프레스(Forward Press)'라고 한다.

이때 - 반동으로 골프를 테이크어웨이할 때 - 오른쪽 허벅지를 조이듯이 하면 오른쪽 사이드에 긴장감이 생기면서 단단해 진다.

이를 계기로 오른발 안쪽 무릎을 중심으로 첫번째 회전축이 형성되면서 백스윙이 자연스럽게 시작된다.

포워드 프레스를 통한 백스윙 시작

손과 몸을 목표 방향으로 약간 움직이고, 그 반동으로 백스윙을 시작한다.

4 [4단계 : 4일] 1/4 스윙

1/4 스윙이란

1/4 스윙은 허리 높이 - 실제는 골반 높이 - 스윙이라고도 한다. 백스윙 시 클럽을 허리 높이까지 올렸다가 다운스윙 시에도 클럽을 허리 높이까지 휘두르기 때문이다. Y자 스윙에서는 하체를 고정시키므로 체중 이동이 거의 이루어지지 않지만 1/4 스윙에서는 체중 이동을 느끼게 된다.

 1/4 스윙의 경우 백스윙에서는 어깨만 회전시키면 된다. 그러나 다운스윙 시작과 동시에 왼쪽 발에 체중이 실리고 허리를 회전한 뒤에 팔을

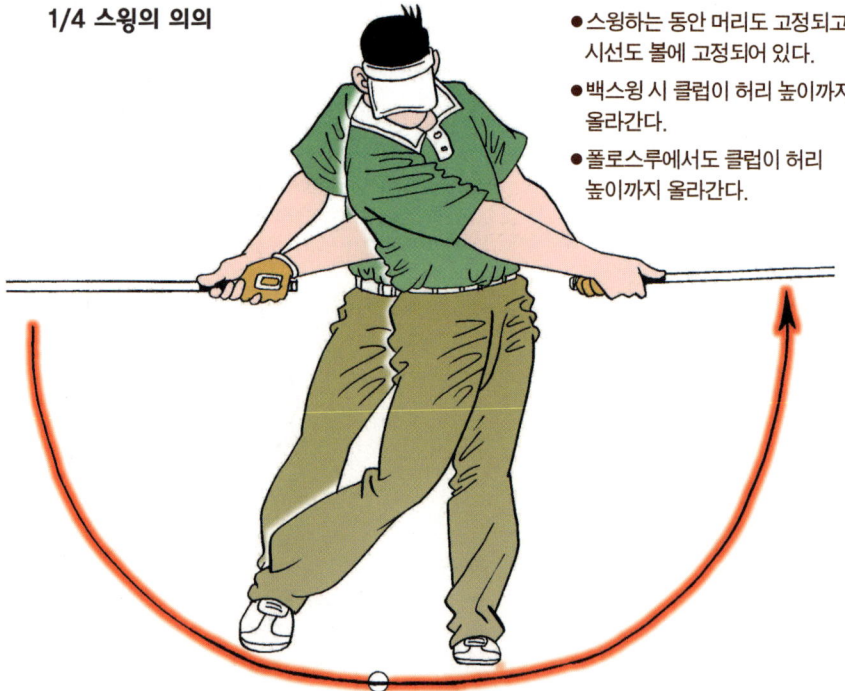

1/4 스윙의 의의

- 스윙하는 동안 머리도 고정되고 시선도 볼에 고정되어 있다.
- 백스윙 시 클럽이 허리 높이까지 올라간다.
- 폴로스루에서도 클럽이 허리 높이까지 올라간다.

내려야 한다. 1/4 스윙시 시선은 스윙의 전 과정을 통해서 볼에 고정되어 있어야 한다. 4일째인 오늘은 1/4 스윙을 해 보자. 다만, 1/4 스윙을 하기 전에 이전에 배운 몸풀기·Y자 스윙·왜글 등을 먼저 해 주어야 한다.

어드레스와 백스윙

스탠스를 어깨 넓이로 벌리고 볼은 스탠스 중앙에서 오른발 쪽으로 볼 반개 정도의 위치에 둔다. 양발에 50:50으로 체중을 둔다. 왜글을 통해서 몸의 긴장을 풀면서 양어깨로 테이크 어웨를 한다. 테이크 어웨를 할 때는 어드레스 시 만든 삼각형을 그대로 유지하면서 시작하고, 머리는 움직이지 않는다. 백스윙 시 체중 이동을 이용하여 클럽 샤프트가 허리 높이에서 지면과 평행이 되도록 하면 백스윙이 완료된 상태이다.

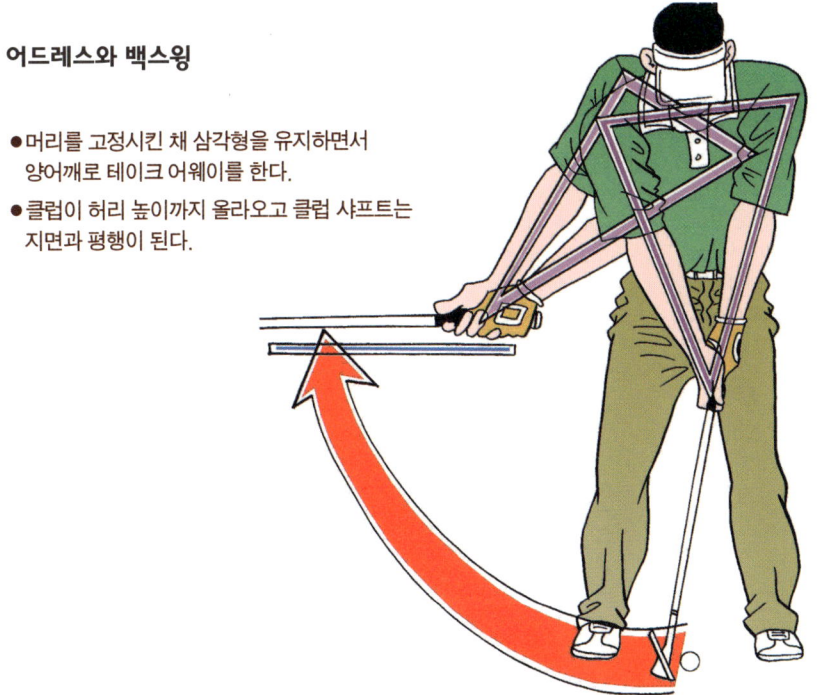

어드레스와 백스윙

- 머리를 고정시킨 채 삼각형을 유지하면서 양어깨로 테이크 어웨이를 한다.
- 클럽이 허리 높이까지 올라오고 클럽 샤프트는 지면과 평행이 된다.

다운스윙과 폴로스루

클럽이 허리 높이까지 와서 백스윙이 완료되면 하체를 이용하여 다운스윙을 시작해야 한다. 즉 왼발에 먼저 힘이 들어가고 허리가 회전 - 왼발에 힘이 들어가는 것과 허리 회전은 느낌상 거의 동시에 이루어진다 - 된 뒤에 팔이 내려와야 한다. 그러면 몸과 팔이 일체가 되어 임팩트를 할 수 있다. 백스윙과 다운스윙 및 임팩트에 걸쳐서 머리를 움직이지 않아야 한다.

임팩트 이후 폴로스루는 백스윙 때와 마찬가지로 클럽 샤프트가 지면과 수평을 이루는 높이(허리 높이)까지 휘두르면 된다.

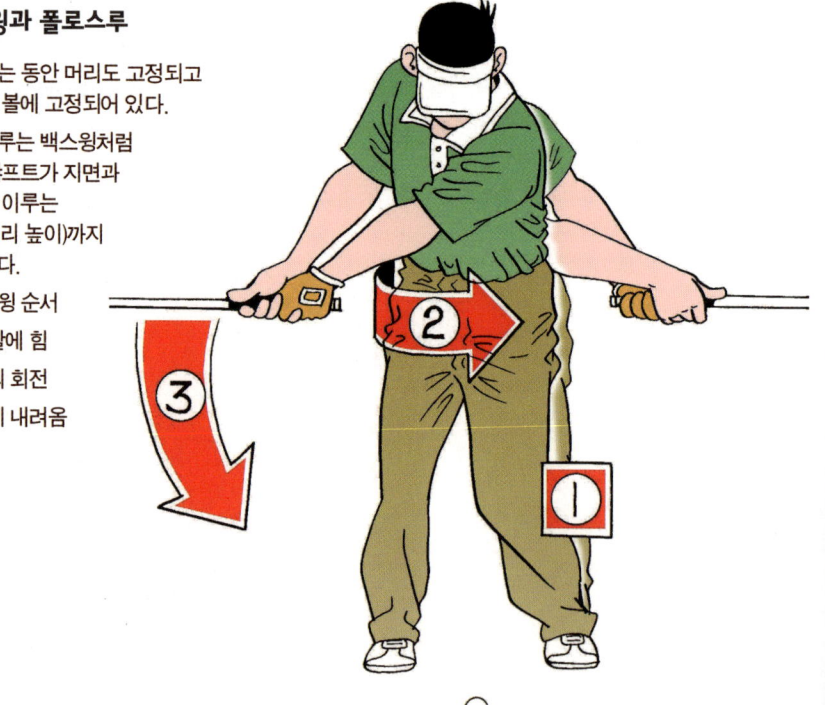

다운스윙과 폴로스루
- 스윙하는 동안 머리도 고정되고 시선도 볼에 고정되어 있다.
- 폴로스루는 백스윙처럼 클럽 샤프트가 지면과 수평을 이루는 높이(허리 높이)까지 휘두른다.
- 다운스윙 순서
  ① 왼발에 힘
  ② 허리 회전
  ③ 팔이 내려옴

5 [5단계 : 5일] 하프 스윙

하프 스윙이란

하프 스윙은 어깨 높이 스윙이라고도 한다. 백스윙 시 클럽을 어깨 높이까지 올렸다가 다운스윙 시에도 클럽을 어깨 높이까지 휘두르기 때문이다. 1/4 스윙에서는 클립 샤프트가 지면과 평행인 높이까지 클럽을 올렸지만 하프 스윙에서는 왼팔이 지면과 수평이 되는 높이까지 올리게 되며, 이때 클럽 샤프트는 지면과 수직이 된다. 5일째인 오늘은 하프 스윙을 해 보자. 다만, 하프 스윙을 하기 전에 이전에 배운 몸풀기·Y자

하프 스윙의 의의

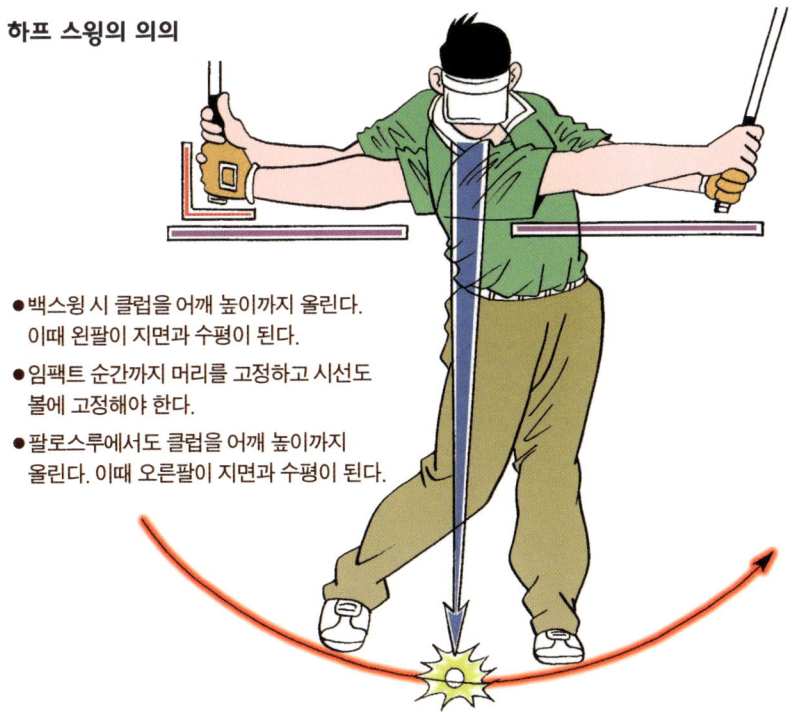

- 백스윙 시 클럽을 어깨 높이까지 올린다. 이때 왼팔이 지면과 수평이 된다.
- 임팩트 순간까지 머리를 고정하고 시선도 볼에 고정해야 한다.
- 팔로스루에서도 클럽을 어깨 높이까지 올린다. 이때 오른팔이 지면과 수평이 된다.

스윙 · 왜글 · 1/4 스윙 등을 먼저 해 주어야 한다.

어드레스와 백스윙

스탠스를 어깨 넓이로 벌리고 볼은 스탠스 중앙에서 오른발 쪽으로 볼 반개 정도의 위치에 둔다. 양발에 50:50으로 체중을 둔다. 왜글을 통해서 몸의 긴장을 풀면서 양어깨로 테이크 어웨를 한다. 테이크 어웨를 할 때는 어드레스 시 만든 삼각형을 그대로 유지하면서 시작하고, 머리는 움직이지 않는다.

  백스윙 시 코킹의 타이밍은 손이 허리 위치를 지날 때다. 백스윙은 왼팔이 지면과 수평이 되는 위치까지 들어올리며, 이때 코킹이 완성되어 왼팔과 클럽 샤프트가 직각을 이루게 된다.

어드레스와 백스윙

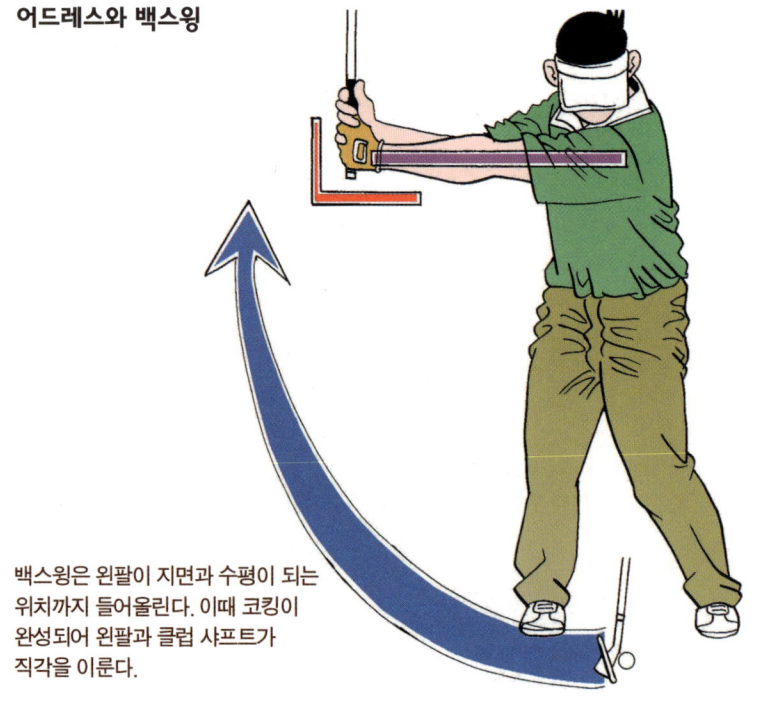

백스윙은 왼팔이 지면과 수평이 되는 위치까지 들어올린다. 이때 코킹이 완성되어 왼팔과 클럽 샤프트가 직각을 이룬다.

다운스윙과 폴로스루

클럽이 어깨 높이까지 와서 백스윙이 완료되면 하체를 이용하여 다운스윙을 시작해야 한다. 즉 왼발에 먼저 힘이 들어가고 허리가 회전 - 왼발에 힘이 들어가는 것과 허리 회전은 느낌상 거의 동시에 이루어진다 - 된 뒤에 팔이 내려와야 한다. 그러면 몸과 팔이 일체가 되어 임팩트를 할 수 있다. 백스윙과 다운스윙 및 임팩트에 걸쳐서 머리를 움직이지 않아야 한다.

임팩트 이후 폴로스루는 백스윙 때와 마찬가지로 오른팔이 지면과 수평이 되는 위치까지 휘두르면 된다.

다운스윙과 폴로스루

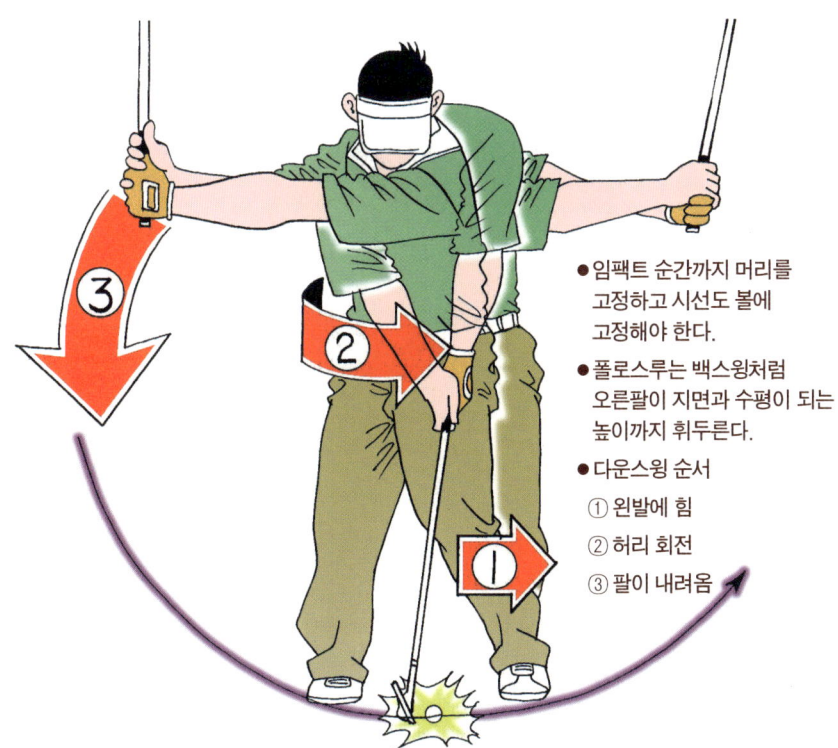

6 [6단계 : 6일] 풀 스윙

풀 스윙은 하프 스윙의 연장이다

하프 스윙을 연장해서 톱스윙을 만들면 풀 스윙이 된다. 어깨 높이까지 올라온 하프 스윙을 연장해서 양손을 오른쪽 귀보다 조금 높은 곳까지 들어올리면 톱스윙이 된다. 풀 스윙에서는 백스윙 시 오른발과 척추를 중심으로 체중이 실린 회전축으로부터 다운스윙 시 왼발과 척추를 중심으로 체중이 옮겨지면서 회전축의 전환이 완벽히 이루어지게 된다. 특

풀 스윙의 의의

- 하프 스윙을 연장하여 톱스윙을 만든다.
- 피니시에서 체중이 왼발에 실려 I자 자세가 된다.

히 톱스윙에서 다운스윙으로 전환할 때 하체(왼발과 허리)가 먼저 원위치한 뒤에 팔이 내려오는 것이 풀 스윙의 핵심이다. 6일째인 오늘은 풀 스윙을 해 보자. 다만 풀 스윙을 하기 전에 이전에 배운 몸 풀기·Y자 스윙·왜글·1/4 스윙·하프 스윙 등을 먼저 해 주어야 한다.

백스윙

풀 스윙 시 장타를 치겠다는 욕심으로 몸에 힘이 들어가면 볼이 날아가는 정확도가 떨어진다. 따라서 풀 스윙 시에는 자신이 낼 수 있는 힘의 80% 정도로 친다는 마음으로 백스윙을 해야 임팩트의 정확도가 높아져 볼을 원하는 방향으로 보낼 수 있으며 비거리 역시 원하는 만큼 나온다.

톱스윙에서는 하프 스윙에서 만든 왼손의 코킹이 그대로 직각을 유지

백스윙

하프 스윙을 연장하여 양손을 오른쪽 귀보다 조금 높은 곳까지 들어올린다. 왼손의 90도 코킹과 오른쪽 팔꿈치가 90도를 유지해야 이상적이다.

한 채 최대한 뻗어 주며, 오른쪽 팔꿈치가 직각을 유지해야 이상적이다.

다운스윙

톱스윙이 완성된 순간 하체는 이미 다운스윙이 시작된다. 즉 톱 상태에서 ① 왼쪽 다리에 체중을 실어 주고, ② 동시에 허리를 왼쪽으로 이동시키면서 회전시켜 준 뒤, ③ 손을 내리면서 다운스윙을 하는 것이다. 이렇게 하체를 먼저 이동한 뒤 상체(팔과 어깨)가 내려오면 임팩트에 힘이 실리면서 정확한 임팩트도 가능해 진다.

그러나 하체 이동 없이 팔이 먼저 내려오게 되면, 클럽에 힘이 실리지도 않으면서 아웃-인의 스윙이 되어 슬라이스가 된다. 이 부분은 초보

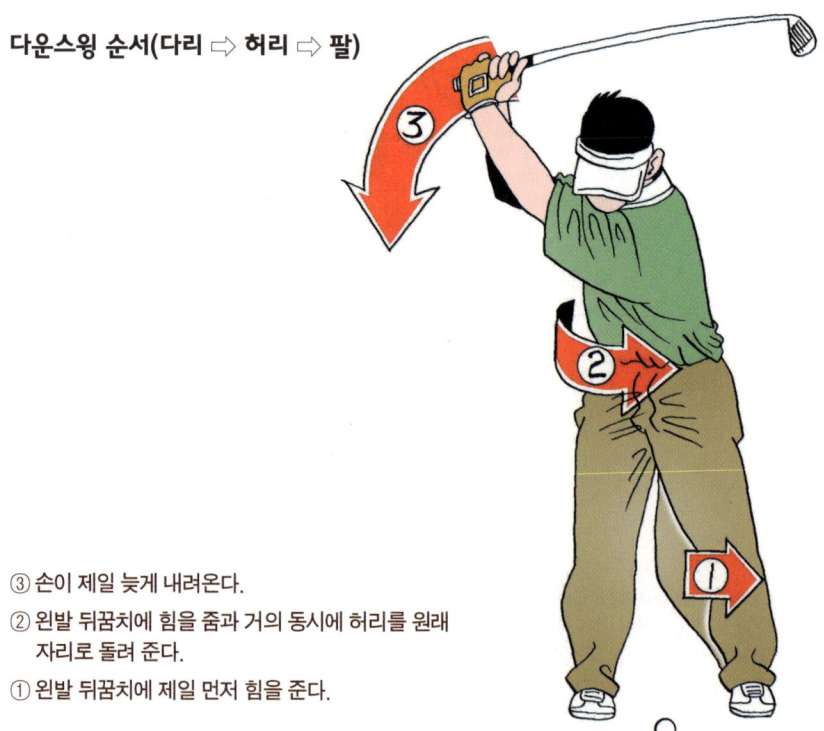

다운스윙 순서(다리 ⇨ 허리 ⇨ 팔)

③ 손이 제일 늦게 내려온다.
② 왼발 뒤꿈치에 힘을 줌과 거의 동시에 허리를 원래 자리로 돌려 준다.
① 왼발 뒤꿈치에 제일 먼저 힘을 준다.

골퍼들이 특히 주의해야 한다. 다운스윙 시 다리와 허리가 먼저 원위치한 뒤에 팔이 내려온다는 것을 반드시 명심하고 스윙을 하는 습관을 지녀야 좋은 스윙을 할 수 있다.

좋은 임팩트와 좋은 폴로스루의 요건

좋은 임팩트를 하면 볼에 힘이 실려 날아간다. 좋은 임팩트를 하기 위해서는 헤드 스피드가 임팩트 직후에 최고가 되어야 한다. 즉 톱스윙에서 '0(제로)'였던 헤드 스피드가 다운스윙 이후 서서히 올라가다가 임팩트 직후에 최고조에 올라야 한다. 그래야만 임팩트에서 힘이 최대한도록 실리면서 폴로스루가 크게 이루어진다.

임팩트 직후에 헤드 스피드가 최고여야 한다

나쁜 임팩트와 나쁜 폴로스루가 되는 경우

나쁜 임팩트란 힘이 실리지 않는 임팩트를 말한다. 나쁜 임팩트의 원인은 다운스윙 초기에 힘을 사용하기 때문이다. 이렇게 되면 임팩트 이전에 헤드 스피드가 최고가 되면서, 정작 임팩트 시에는 속도가 줄면서 힘없는 임팩트가 된다. 이를 막기 위해서는 다운스윙 초기에 힘을 넣지 않고 스윙을 하는 것이다. 즉 스윙하는 동안 일정한 힘 - 자신이 낼 수 있는 힘의 최대치가 10이라면 5~8정도의 힘을 말함 - 으로 스윙을 하는 것이 좋은 스윙이다.

다운스윙 초기에 힘을 주면 나쁜 임팩트가 된다

제2부
드라이버에서 퍼팅까지 마스터하기

Part 01 드라이버
Part 02 페어웨이 우드
Part 03 미들 아이언
Part 04 숏 아이언
Part 05 숏게임

Part 01
드라이버

1 정확한 어드레스의 순서 지키기

공략 지점 선택하기

드라이버는 티잉그라운드에서 제1타를 치는 샷이다. 제1타가 멀리 정확하게 갈수록 제2타·제3타가 쉬워지므로 모든 골퍼들이 장타를 원한다. 그러나 이러한 장타는 골프를 오래 한다고 해서 저절로 달성되는 것은 아니다. 기본을 충실히 익힘으로서 자신도 모르는 사이에 장타를 칠 수 있는 것이 바로 드라이버 샷이 주는 매력이다.

스윙에서 리듬이 중요하듯이 티잉 그라운드에서도 리듬이 필요하다. 자기 나름대로 순서를 정해 그 리듬에 맞춰 어드레스를 하면 스윙에서도 리듬이 이어져 좋은 샷을 할 수 있다.

티잉 그라운드에서 어드레스할 때 제일 먼저 할 일은 자신이 어느 방향으로 볼을 공략할 것인지를 정하는 것이다. 그러기 위해서

공략 지점 선택

먼저 티 그라운드에서 공략할 방향과 지점을 정한다.

는 먼저 홀의 구조를 살펴보고 어느 방향으로 볼을 날릴지를 파악해야 한다. 그리하여 볼을 날릴 공략 지점을 정하여 그곳을 목표 지점으로 하는 것이다. 이후 순서에 맞추어 어드레스를 하면 된다.

정확한 어드레스 순서

공략 지점(목표 지점)을 정한 뒤에는 티업을 하고 볼 뒤에 서서 공략할 지점을 주시한다. 이때 머릿속으로 볼이 날아갈 방향과 거리를 상상해 본다. 어떤 탄도로 볼이 날아가고, 목표에 어떤 식으로 떨어지는지 그

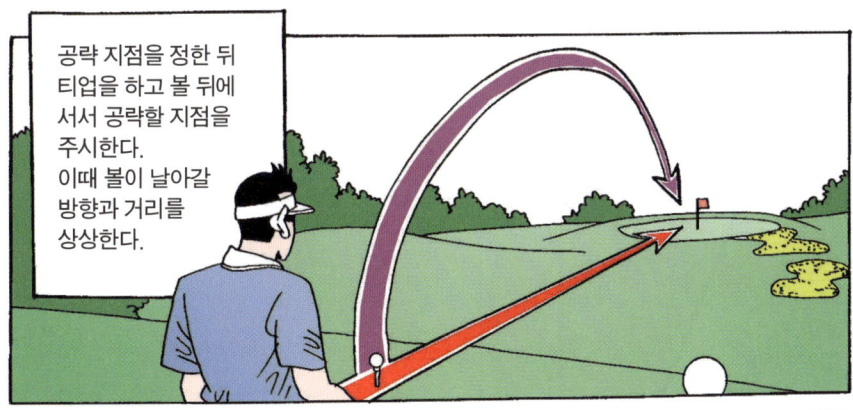

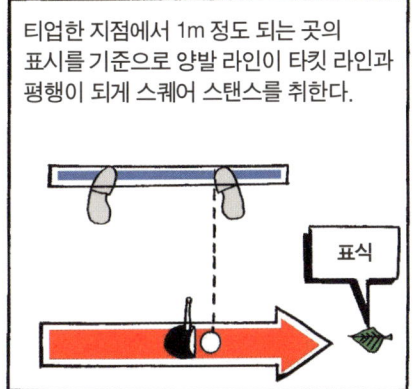

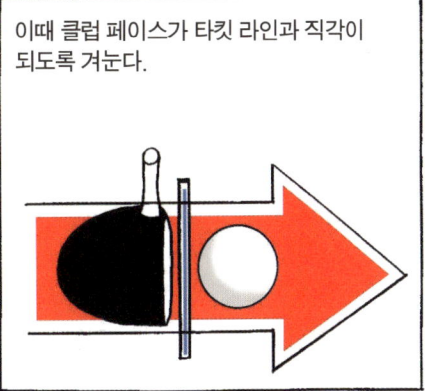

려 보는 것이다. 그리고 나서 타킷 라인 위로 티업한 지점에서 가까운 곳(약 1m 정도)에 표시를 찾아 정한다. 그리고 그 표시에 평행이 되게 스퀘어 스탠스로 선다. 즉 타킷 라인과 양어깨·허리·양발의 라인이 평행을 이루도록 스탠스를 취하고, 클럽 페이스를 타킷 라인과 직각으로 겨눈다.

드라이버 샷(티샷)의 어드레스 : 역K자형 어드레스

드라이버 샷은 볼을 멀리 날리는 것이 목적이므로 어드레스도 그 목적에 따라 행해져야 한다. 일반적으로 드라이버로 볼을 높이 그리고 멀리 쳐야할 경우에는 K자형 어드레스를 한다.

체중은 6:4의 비율로 왼발에 약간 더 실어 주는데, 그 이유는 스윙 궤도가 올라갈 때 임팩트가 이루어지기 때문이다. 오른쪽 어깨는 약간 내리며 - 오른손이 왼손보다 낮으므로 오른쪽 어깨도 왼쪽보다 내려오게 된다 - , 볼을 오른발 쪽에 두므로 눈은 볼 뒤쪽의 절반 정도를 보는 느낌으로 본다.

K자 어드레스에서는 볼의 위치가 왼발 뒤꿈치 앞이므로 클럽 샤프트가 지면과 거의 직각을 이루게 된다.

K자형 어드레스를 취하면 몸의 왼쪽이 긴장하게 되어 볼을 어퍼 블로 샷을 할 수 있어 볼을

역K자형 어드레스

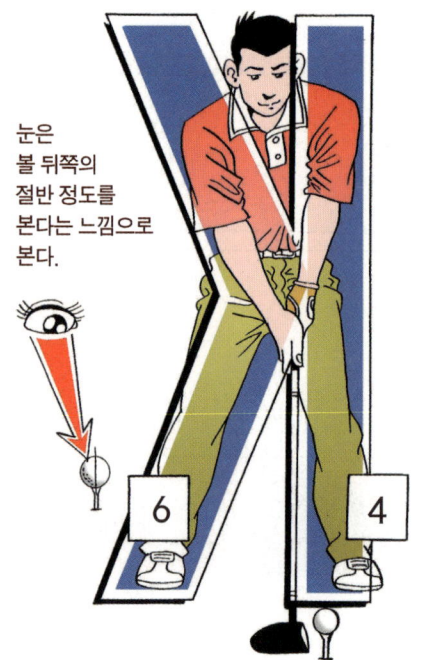

눈은 볼 뒤쪽의 절반 정도를 본다는 느낌으로 본다.

보다 멀리 그리고 높이 보낼 수 있다.

역K자형 어드레스에서의 스윙

- 역K자형 어드레스를 하면 몸의 왼쪽 사이드가 긴장되어 볼을 어퍼 블로(퍼 올리는 스윙)로 칠 수 있다.
- 어퍼 블로 스윙이란 클럽 헤드가 스윙 궤도의 최하점을 지난 직후에 임팩트가 이루어지는 스윙을 말한다.

티의 높이

초보 골퍼들의 티샷을 보면 티업을 할 때마다 티의 높이가 달라지는 것을 볼 수 있다. 티의 높이가 일정치 않으면 스윙의 템포와 리듬이 칠 때마다 바뀌게 되고, 임팩트 시 클럽 페이스와 볼이 만나는 점이 일정해지지 않게 된다. 또한 티가 너무 높은 경우에는 무의식중에 자신도 모르게 퍼 올리는 스윙을 하게 되고, 반대로 낮은 경우에는 위에서 내리치는 스윙이 되기도 한다.

티의 높이는 헤드 위로 볼이 절반 정도 보이는 것이 표준이다. 비록 개인에 따라 높낮이의 차이는 있지만, 반드시 그 높이는 항상 일정해야 한다. 그래야만 일정한 리듬과 템포의 스윙을 할 수 있다.

올바른 티의 높이

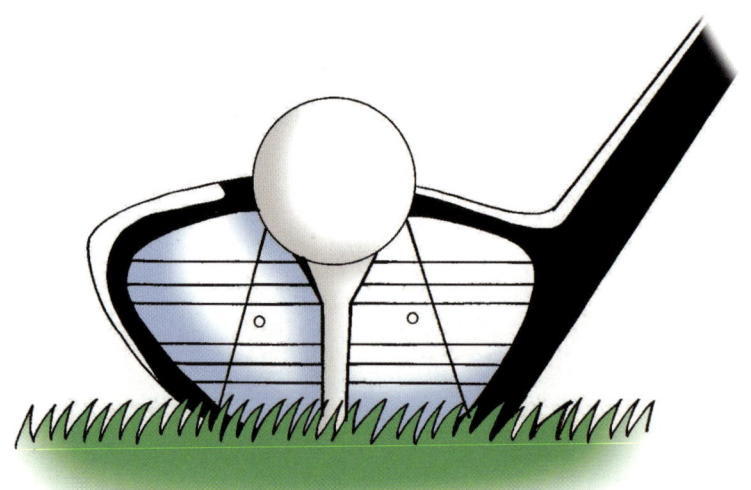

클럽 헤드 위로 볼이 절반 정도 보이는 것이 좋다.

티업 장소의 선택

티업을 하기 위해 선택한 장소의 지면 상태에 따라서 좋은 샷이 될 수도 있고 미스 샷이 될 수도 있다. 따라서 티업 장소를 선택할 때는 매우 신중해야 한다. 티 그라운드에서 완전히 평평한 곳을 선정하기란 아주 어려운 일이다. 그러나 신중히 선택을 하다 보면 티업 장소를 선정하는 안목이 차츰 늘어나게 된다. 다음에 나오는 상황은 티 그라운드에서 티업 장소 선택과 관련하여 흔히 나오는 상황으로서 초보 골퍼들이 주의 깊게 살펴볼 필요가 있다.

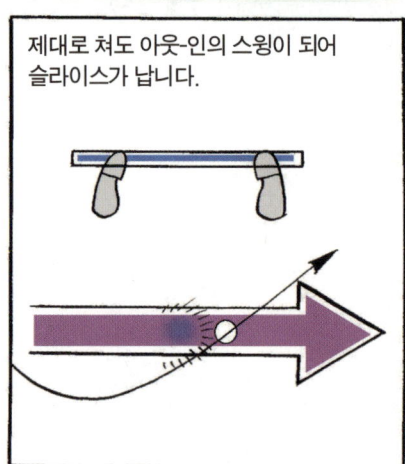

2 드라이버는 어퍼 블로 스윙을 한다

드라이버와 아이언은 타법이 다르다

드라이버와 아이언의 스윙은 같지만 임팩트 순간과 타법이 다르다. 드라이버 샷은 스윙 궤도의 최하점 이후에 임팩트가 이루어진다. 즉 클럽 헤드가 위로 올라가는시점에서 임팩트가 이루어지기 때문에 드라이버 샷을 어퍼 블로 샷(또는 어퍼 블로 스윙)이라고 한다.

   그러나 아이언 샷은 임팩트 이후에 스윙 궤도의 최하점이 온다. 즉 클럽 헤드가 아래로 내려가면서 임팩트가 이루어지므로 아이언 샷을 다운 블로 샷(또는 다운 블로 스윙)이라고 한다.

드라이버는 어퍼 블로로!

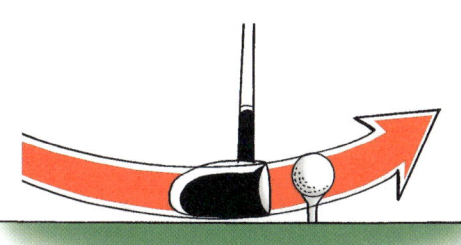

아이언은 다운 블로로!

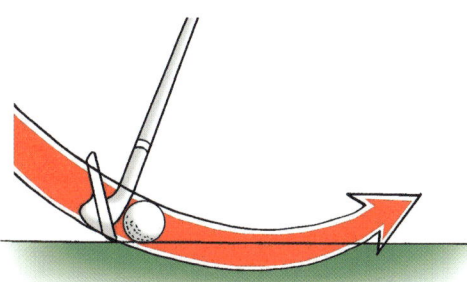

드라이버 샷은
스윙 궤도의 최하점 이후
떠오르는 시점에 임팩트가 이루어지므로
어퍼 블로 스윙이 된다.

아이언 샷은 임팩트 이후에
스윙 궤도의 최하점이 이루어지므로
다운 블로 스윙이 된다.

드라이버 샷이 다운 블로가 되는 것은 볼의 위치 때문이다

드라이버나 아이언의 스윙 궤도는 일정하다. 백스윙과 다운스윙이 일정하게 되면 스윙 궤도 역시 일정해진다. 스윙 궤도의 최하점은 클럽 헤드가 스탠스의 중앙에 왔을 때다. 따라서 최하점 이전에 임팩트가 이루어지면 어퍼 블로 스윙이 되고, 최하점에서 임팩트가 이루어지면 비로 쓸듯이 치는 쓸어치는 스윙이 되며, 최하점 이후에 임팩트가 이루어지면 다운 블로 스윙이 된다.

클럽별 임팩트와 최하점의 위치

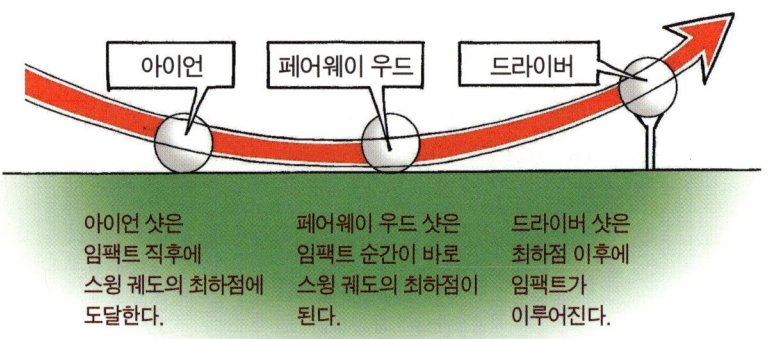

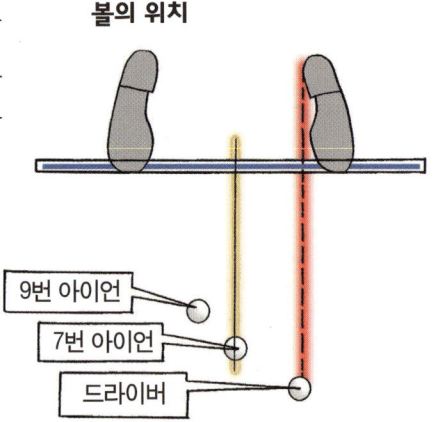

드라이버 샷이 어퍼 블로 스윙이 되는 것은 스윙 궤도의 최하점 이후에 임팩트가 이루어지기 때문이고, 그 이유는 볼이 왼발 뒤꿈치 선상에 있기 때문이다.

드라이버는 볼을 왼발 뒤꿈치 선상에 두고, 7번 아이언은 중앙에 놓는다. 드라이버는 7번 아이언보다 클럽의 길이가 길기 때문에 스탠스도 더 넓게 벌려 준다.

드라이버 샷에서 볼을 왼발 뒤꿈치 앞에 두는 방법

K자 어드레스에서 스탠스를 취하는 방법은 다음과 같다. 먼저 자연스럽게 양발을 모아 차려 자세를 취하고 볼이 양발 중앙에 오도록 하면서 클럽 페이스를 타킷 라인과 직각이 되도록 선다. 그 상태에서 오른발만 어깨 넓이보다 약간 넓게 벌려 주면 자연스럽게 왼발 뒤꿈치 선상에 볼이 오게 된다.

역K자 어드레스에서 스탠스 잡는 법

① 양발을 모아 차려 자세를 취하고 볼이 양발 중앙에 오도록 한다.
② 그 상태에서 오른발만 어깨 넓이보다 약간 벌려 주면 볼은 저절로 왼발 뒤꿈치 앞에 오게 된다.

어퍼 블로 스윙의 비결은 하체가 리드하는 다운스윙에 있다

어퍼 블로 스윙의 비결은 다운스윙에 있다. 톱스윙이 완성된 순간 하체는 이미 다운스윙이 시작되는데, 그 순서는 ① 왼발을 원위치시키면서 바닥을 지그시 밟아 주면서 체중을 실어 주고, ② 동시에 허리를 왼쪽으로 이동시키면서 회전시켜 준 뒤, ③ 손을 서서히 내리는 것이다. 이렇게 하체를 먼저 이동한 뒤 상체(팔과 어깨)가 내려오면 정확하면서도 힘이 실린 임팩트가 가능해진다.

그러나 하체 이동 없이 팔이 먼저 내려오게 되면 클럽에 힘이 실리지도 않으면서 아웃-인의 스윙이 되어 슬라이스가 된다. 다운스윙 시 다리와 허리가 먼저 원위치한 뒤에 팔이 내려온다는 것을 반드시 명심하고 스윙을 하는 습관을 지녀야 좋은 스윙을 할 수 있다.

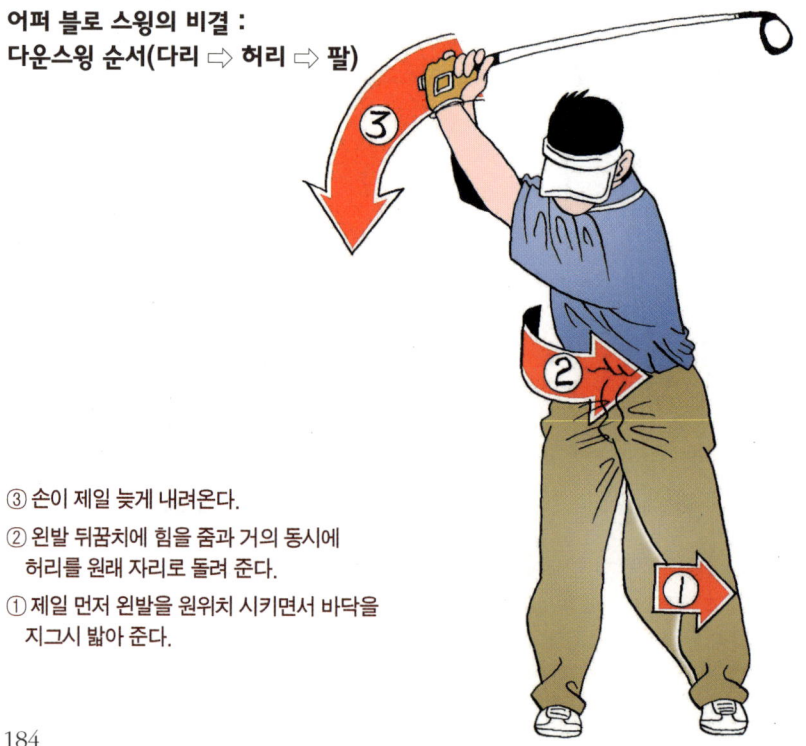

**어퍼 블로 스윙의 비결 :
다운스윙 순서(다리 ⇨ 허리 ⇨ 팔)**

③ 손이 제일 늦게 내려온다.
② 왼발 뒤꿈치에 힘을 줌과 거의 동시에 허리를 원래 자리로 돌려 준다.
① 제일 먼저 왼발을 원위치 시키면서 바닥을 지그시 밟아 준다.

3 드라이버 샷의 전략

파3홀에서 핀이 그린 왼쪽에 있는 경우의 스윙 전략

파3홀에서는 제1타로 볼을 그린에 올리는 것이 최선의 티샷이다. 파3홀에서 핀이 그린 왼쪽에 있는 경우 온 그린(On Green : 볼이 그린 위로 올라가 멈추는 것)을 목표로 그린 중앙을 노리는 것이 최선의 스윙 전략이 된다. 온 그린이 되면 2퍼팅으로 홀아웃을 노릴 수도 있으며, 최악의 경우 3퍼팅을 하더라도 보기에 그치기 때문이다. 만일 욕심을 내서 핀을

파3홀에서 핀이 좌측이나 우측에 있는 경우의 공략법

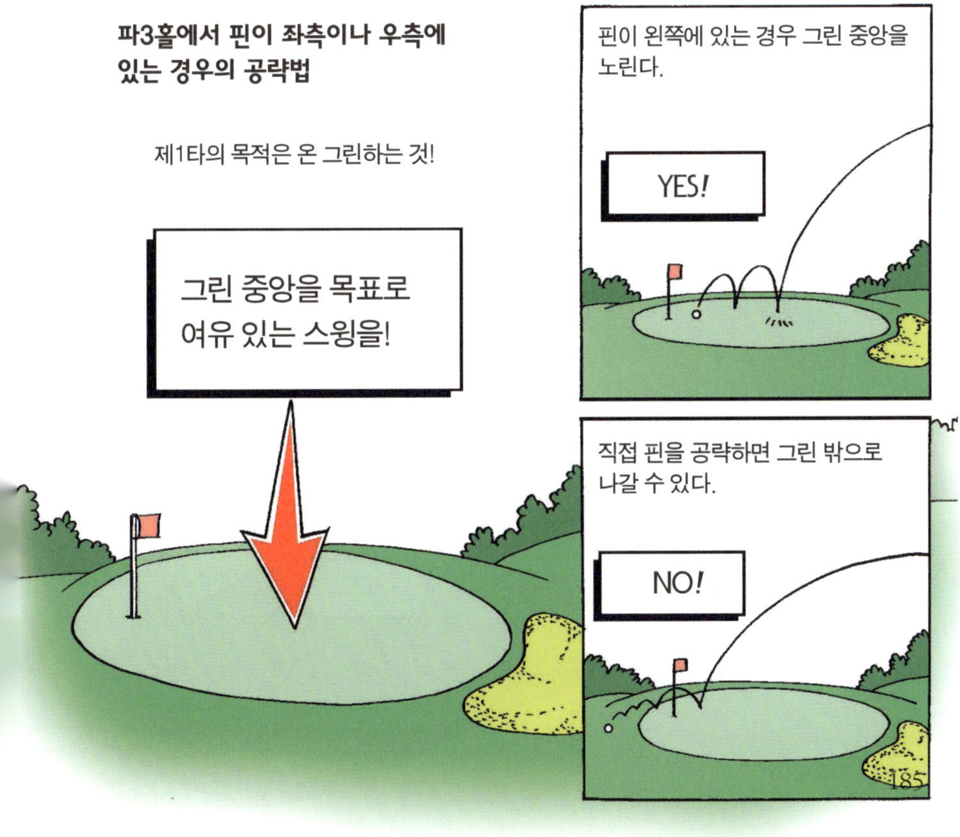

제1타의 목적은 온 그린하는 것!

그린 중앙을 목표로 여유 있는 스윙을!

핀이 왼쪽에 있는 경우 그린 중앙을 노린다.

YES!

직접 핀을 공략하면 그린 밖으로 나갈 수 있다.

NO!

직접 핀을 공략한다면 그것은 위험한 스윙 전략이 된다. 왜냐하면 볼이 그린 왼편으로 떨어지는 경우 그린 밖으로 나갈 확률이 높기 때문이다. 볼이 그린 밖으로 나가면 제2타에서 또다시 온 그린을 노려야 하므로 그만큼 타수를 줄이기 어렵다.

도그렉 홀의 스윙 전략

도그렉 홀(dogleg hole)은 티잉 그라운드에서 그린 사이가 ㄱ자로 꺾인 홀을 말한다. 오른쪽으로 굽어진 도그렉 홀의 경우 가장 짧은 루트는 당연히 오른쪽 페어웨이다. 그러나 이 경우 페어웨이 오른쪽에 페어웨이 벙커가 있기 마련이고, 직접 공략하다가는 벙커에 빠지기 쉽다.

이럴 때는 페어웨이 가운데보다도 왼쪽을 겨냥해 안전한 공격을 선택하는 것이 스윙 전략이 된다. 왼쪽으로 볼을 보내면 함정이 없는데다가 다음 샷으로 온 그린하기도 쉽다. 이처럼 도그렉 홀에서는 최단 코스에

도그렉 홀의 공략법

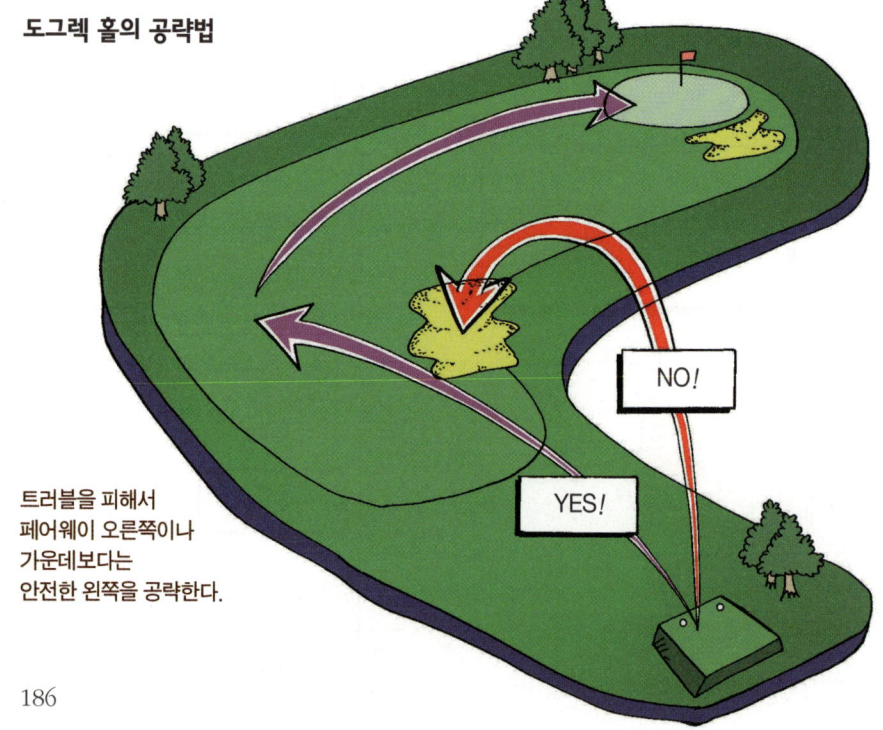

트러블을 피해서
페어웨이 오른쪽이나
가운데보다는
안전한 왼쪽을 공략한다.

벙커나 워터 해저드 혹은 OB지역이 도사리므로 세컨샷을 위해서 다소 멀더라도 트러블을 피해 공략하는 전략이 요구된다.

맞바람이 불 때의 스윙 전략

맞바람이 불 때는 탄도가 낮은 볼을 쳐야 한다. 왜냐하면 낮은 볼은 바람의 영향을 적게 받으며 날아가기 때문이다. 평소처럼 티샷을 하게 되면 맞바람의 영향으로 비거리가 적게 나온다.

 탄도가 낮은 볼을 치기 위해서는 볼을 보통때보다 안쪽에 두고 친다. 그래야만 어퍼 블로 스윙이 예방되고 쓸면서 치는 스윙이 되어 스윙이 작아지고 체중을 왼발에 많이 실을 수가 있어서 볼이 낮게 날아간다.

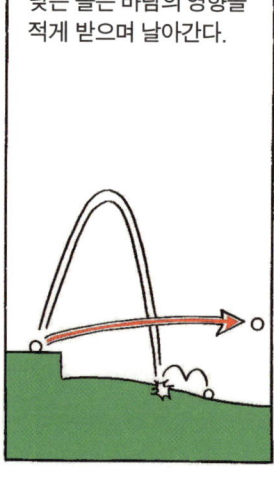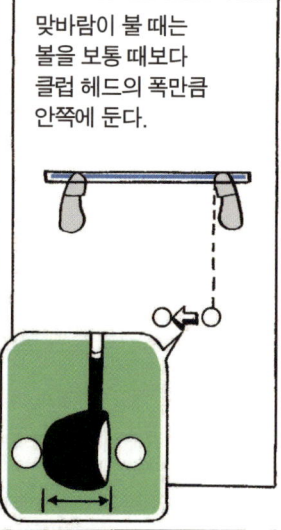

비오는 날의 티 샷

비가 오면 내리는 빗물 때문에 볼이 멀리가지 못 하므로 캐리(Carry : 볼이 공중을 나는 거리)가 짧아진다. 게다가 코스가 비에 젖어 질퍽거리는 바람에 런(Run : 볼이 지면을 구르는 것)도 짧아진다. 따라서 비오는 날에는 티샷을 할 때 런보다는 조금이라도 캐리가 많은 샷을 목표로 해야 한다.

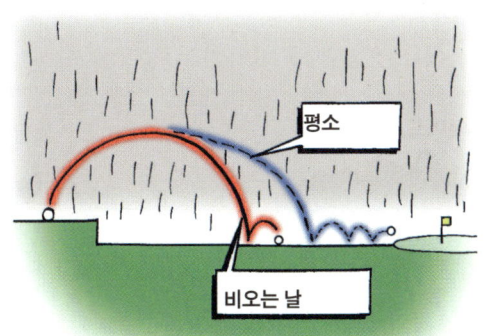

비오는 날의 캐리와 런

비오는 날은 캐리와 런이 평소보다 짧다.

먼저 티업의 높이를 평소보다 약간 높이는 것이 좋다. 티업을 높이는 것만으로도 어퍼 블로로 치기가 쉬워지고, 또한 평소보다 높은 각도로 날아가므로 캐리를 증가시킬 수 있다. 그 대신 티업을 높인 만큼 어드레스 때 오른발에 체중을 실어 어퍼 블로 스윙을 염두에 두어야 하며, 탄도가 높은 우드가 유리하다.

페이드와 슬라이스 공략법

페이드란 오른쪽으로 약하게 휘어 목표에 적중하도록 의도적으로 치는 볼을 말한다. 반면에 슬라이스 볼은 의도와는 달리 오른쪽으로 심하게 휘어 목표로부터 빗나가는 경우를 말한다.

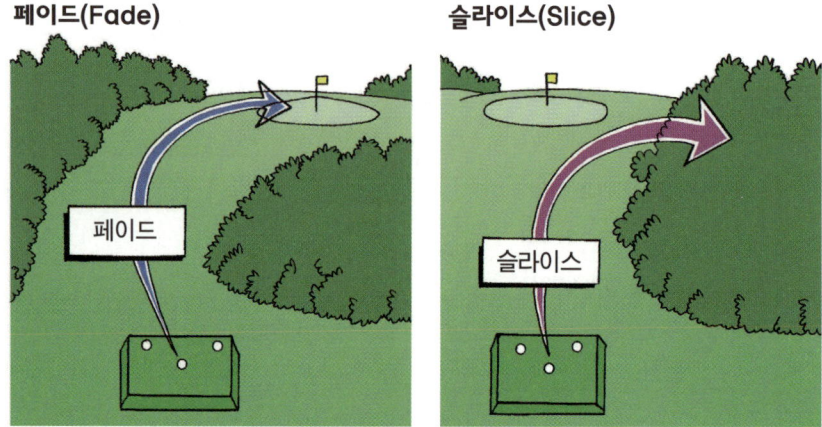

목표물 왼쪽의 장애물 때문에 슬라이스로 쳐야 하는 경우

목표물 왼쪽에 연못이나 큰 벙커 등의 장애물이 있을 때 훅이 발생하면 그야말로 낭패다. 이런 경우에는 페이드 또는 슬라이스로 쳐야 하는데 초보 주말 골퍼들에게는 보통 어려운 일이 아니다. 그러나 이때도 초보 골퍼들이 쉽게 슬라이스를 칠 수 있는 간단한 방법이 있다. 먼저 그립을 약하게 잡는다〔위크 그립〕. 위크 그립은 왼손의 손등이 클럽을 적게 덮는 그립이다. 위크 그립은 역V자가 얼굴을 향하게 된다. 스윙 시 클럽 페이스가 열려(=목표의 오른쪽을 향함) 맞으므로 슬라이스의 원인이 된다.

그립을 약하게 잡은 상태에서 오픈 스탠스로 서서 티샷을 하면 스윙 궤도가 아웃-인 궤도를 그리게 되어 클럽 페이스와 볼이 임팩트될 때 볼에 회전이 먹혀 슬라이스가 발생한다. 볼이 휘어지는 정도는 그립으로 조절이 가능하다. 페이드는 약간 약하게, 슬라이스는 좀 더 약하게 그립을 잡아 다운스윙 때 왼팔이 오른쪽으로 더 많이 틀어질 수 있도록 하면 된다.

위크 그립

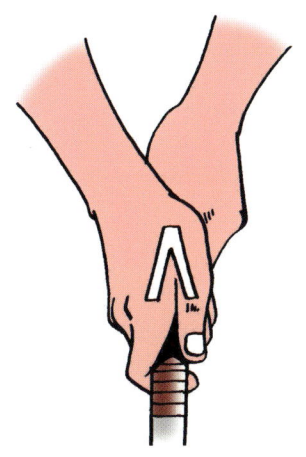

좌측의 장애물을 피하기 위해 슬라이스를 치는 법

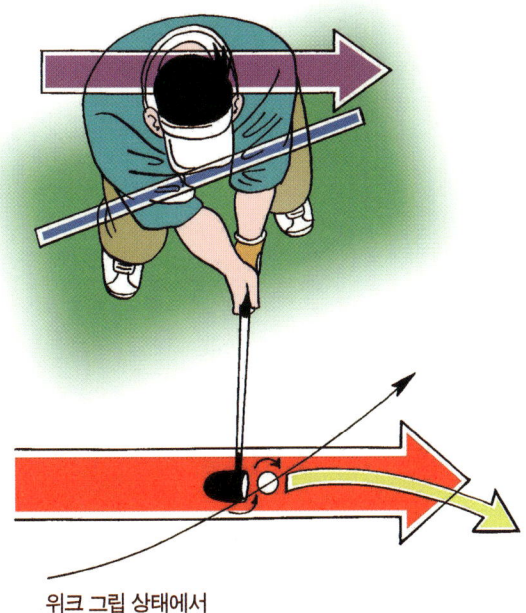

위크 그립 상태에서
오픈 스탠스로 티샷을 한다.

드로 Draw와 훅 공략법

드로 볼이란 왼쪽으로 약하게 휘어 목표에 적중하도록 의도적으로 치는 볼을 말한다. 반면에 훅 볼은 의도와는 달리 왼쪽으로 심하게 휘어 목표로부터 빗나가는 경우를 말한다.

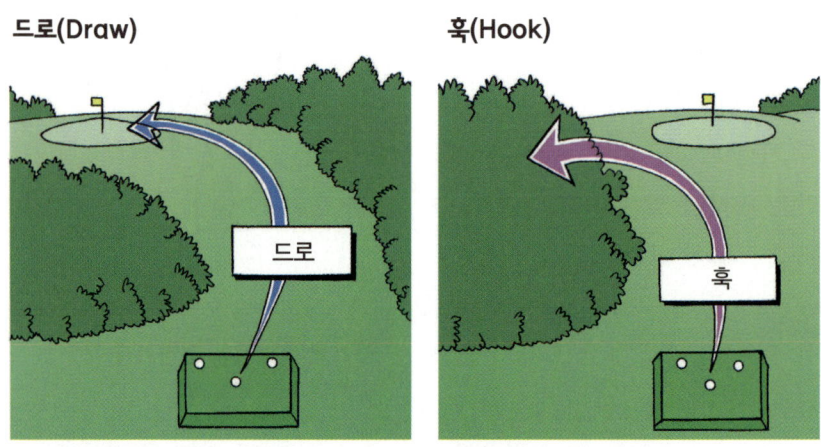

목표물 오른쪽의 장애물 때문에 드로나 훅으로 쳐야 하는 경우

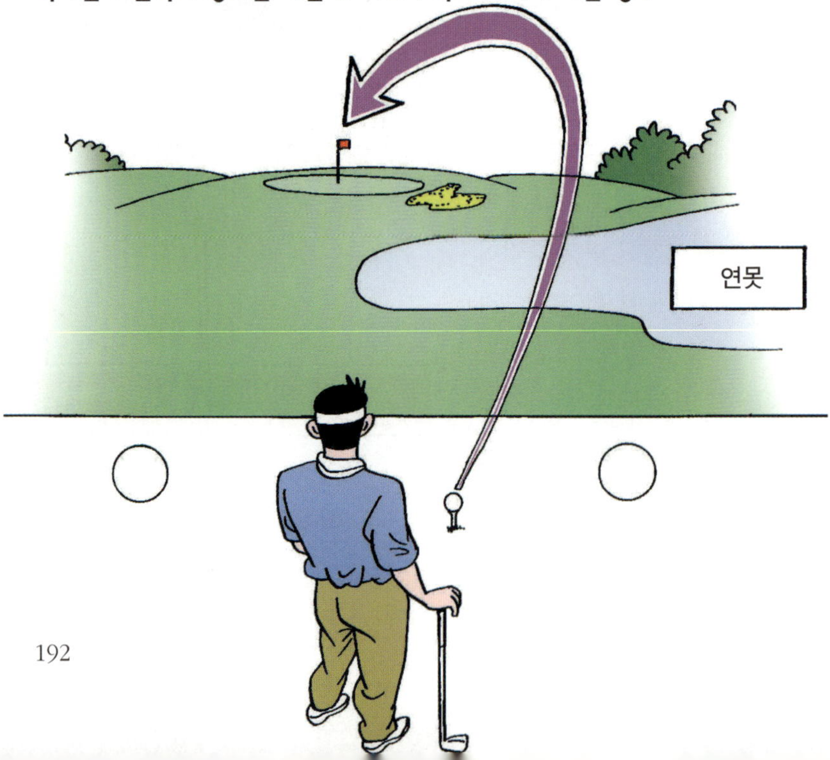

목표물 오른쪽에 연못이나 큰 벙커 등의 장애물이 있을 때 슬라이스가 발생하면 그야말로 낭패이다. 이런 경우에는 드로 또는 훅으로 쳐야 하는데 초보인 주말 골퍼들에게는 정말 어려운 요구이다.

그러나 이때에도 초보 골퍼들이 쉽게 드로나 훅을 칠 수 있는 간단한 방법이 있다. 먼저 그립을 강하게 잡는다(스트롱 그립). 스트롱 그립은 양손이 오른쪽으로 많이 돌아가는 그립이다. 스트롱 그립은 역V자가 오른쪽 어깨 밖으로 나가게 된다. 스윙 시 클럽 페이스가 닫혀(=목표의 왼쪽을 향함) 맞으므로 훅의 원인이 된다.

그립을 강하게 잡은 상태에서 클로즈드 스탠스로 서서 티샷을 한다. 그렇게 되면 스윙의 궤도가 인-아웃의 궤도를 그리게 되어 클럽 페이스와 볼이 임팩트될 때 볼에 회전이 먹혀 훅이 발생한다.

스트롱 그립

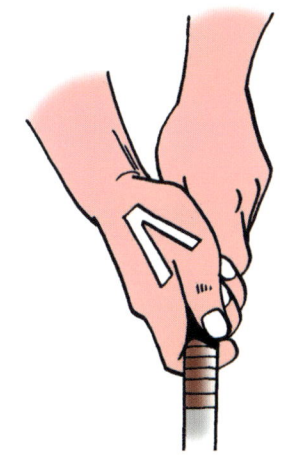

오른쪽의 장애물을 피하기 위해 드로를 치는 법

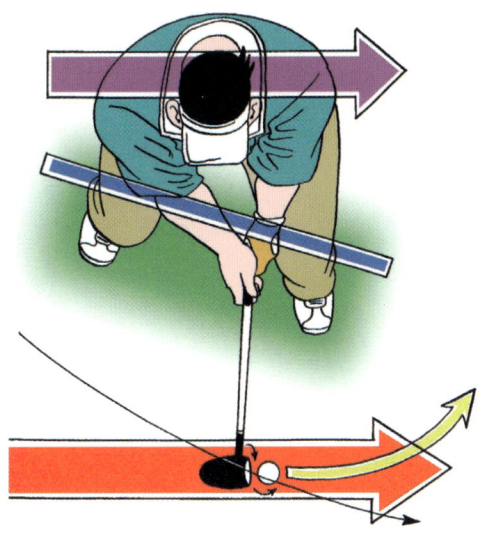

스트롱 그립 상태에서 클로즈드 스탠스로 티샷을 한다.

4 장타 비결

장타 비결 1 : 백스윙 충분히 해 주기

백스윙 시 허리와 어깨를 강력히 비틀어야(회전시켜야) 한다. 그래야만 다운스윙할 때 비틀린 태엽이 한꺼번에 풀리는 것과 마찬가지로 비틀린 몸에 축적된 힘을 한꺼번에 폭발시킬 수 있다.

몸을 비틀게 되면 등 근육에 팽팽한 긴장감이 돌게 되는데, 이때 클럽을 쥔 양손에는 힘을 주지 않는다. 그립을 최대로 세게 쥘 수 있는 힘이 10이라면 5~8 정도의 힘을 주면 된다. 손에 힘이 들어가면 헤드 스피드가 떨어져 임팩트가 약해지며 폴로스루도 충분하지 않게 된다. 초보 골

**장타 비결1 :
백스윙 충분히 해 주기**

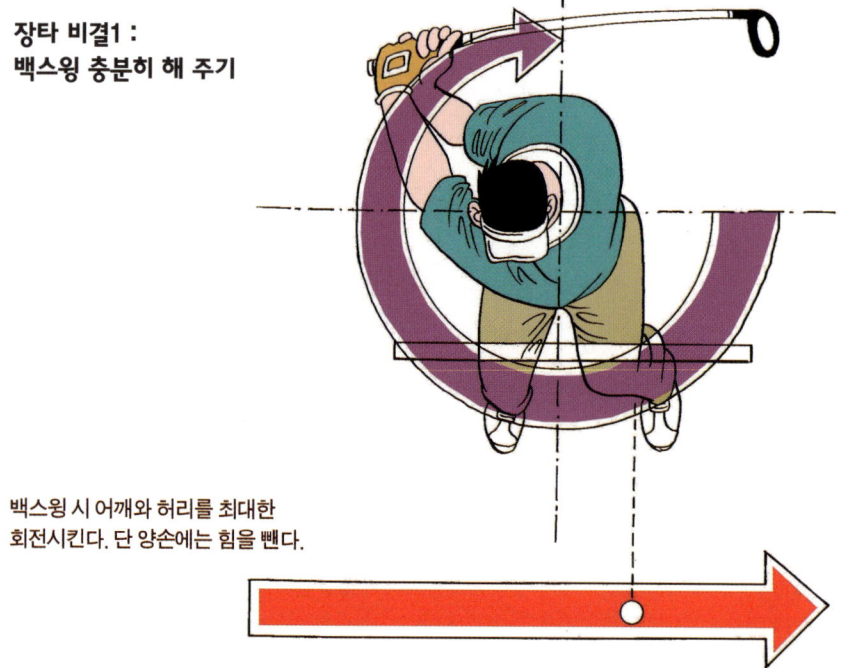

백스윙 시 어깨와 허리를 최대한
회전시킨다. 단 양손에는 힘을 뺀다.

퍼들의 경우 처음에는 그립을 한 양손에 힘을 빼도 8 정도의 힘이 들어가게 되지만, 의식적으로 힘을 빼려고 노력하다 보면 5 정도의 힘을 가지고 스윙을 할 수 있게 된다.

비만인 경우의 백스윙

몸이 굳어 있거나 배가 많이 나온 초보 골퍼들은 몸을 비튼다는 생각으로 백스윙을 하지만, 실제로는 허리 회전 없이 단순히 왼쪽 어깨만을 내리는 경우가 많다. 이렇게 하면 허리 회전 없이 백스윙을 하게 되므로 장타가 나올 수 없다.

　비만이거나 몸이 굳은 초보 골퍼들도 허리 회전을 동반한 몸의 비틀기를 할 수 있는 비결이 있다. 그것은 바로 백스윙할 때 왼발 뒤꿈치를 살짝 들어 주는 것이다. 이렇게 하면 허리 회전이 한결 쉬워지므로 백스윙을 충분히 해 줄 수 있게 된다.

**비만인 경우
백스윙 충분히 해 주기**

왼발 뒤꿈치를 들어 주면 어깨와 허리 회전이
쉬워지고, 동시에 오른쪽 다리로의 체중
이동도 충분해진다.

장타 비결 2 : 백스윙 시 코크 이용

200야드 정도의 비거리를 낼 수 있는 골퍼가 180야드밖에 내지 못한다면, 이것은 무려 20야드의 거리를 손해 보는 것이다. 이 20야드를 만회하는 방법이 있다. 그것은 바로 백스윙 시의 코크를 이용하는 것이다.

대부분의 주말 골퍼들은 다운스윙 시 지나치게 코크를 빨리 푸는 경향이 있다. 톱에서 다운스윙으로 갈 때 바로 코크를 풀게 되면 손목에 힘이 들어가게 된다. 손목이 힘이 들어가면 임팩트 이전에 헤드의 최고

주말 골퍼들의 코크

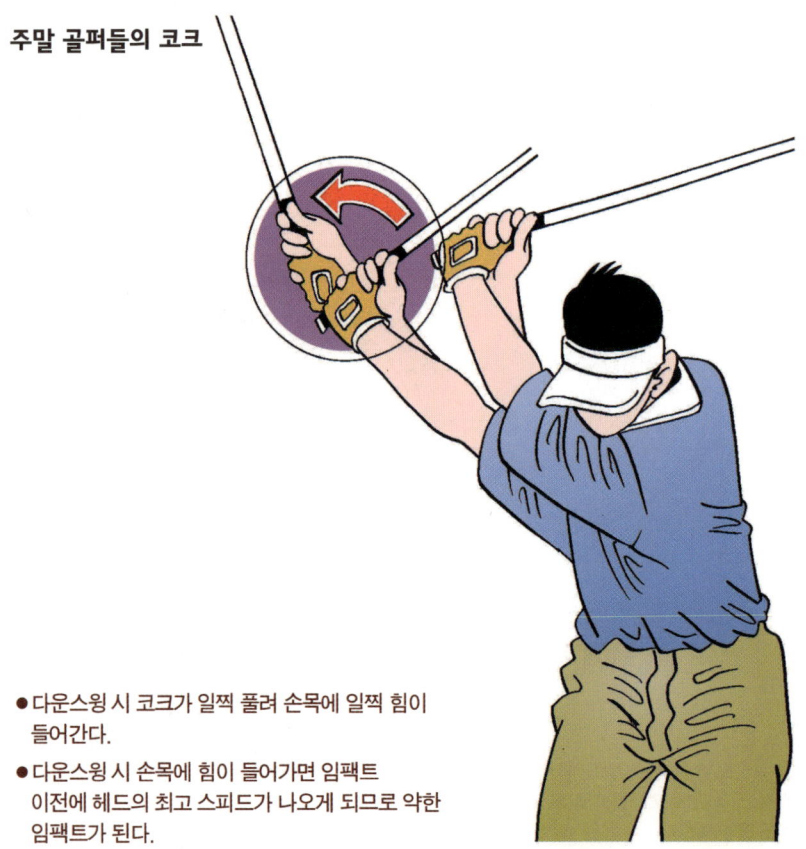

- 다운스윙 시 코크가 일찍 풀려 손목에 일찍 힘이 들어간다.
- 다운스윙 시 손목에 힘이 들어가면 임팩트 이전에 헤드의 최고 스피드가 나오게 되므로 약한 임팩트가 된다.

스피드가 나오게 되어 임팩트가 약해진다.

  강한 임팩트를 위해서는 톱에서 다운스윙으로 갈 때 코크를 풀지 않은 채 그대로 양팔을 내리는 것이다. 즉 왼손 새끼손가락으로 클럽 헤드를 끌어내린다는 느낌으로 다운스윙을 하면 된다. 이렇게 하면 양손에 힘을 넣지 않은 채 다운스윙이 이루어지므로 임팩트 직후에 헤드의 최대 스피드가 나오므로 강력한 임팩트를 할 수 있다.

**장타 비결 2 :
백스윙 시의 코크 이용**

- 코크를 풀지 않고 내려오면 강력한 임팩트를 만들 수 있다.
- 코크를 풀지 않은 채 새끼손가락으로 클럽 헤드를 끌어내린다는 느낌으로 다운스윙을 한다.

장타 비결 3 : 왼쪽 사이드의 벽

다운스윙할 때 몸이 왼쪽(목표 방향)으로 쏠리게 되면 백스윙 시 축적된 힘이 허리 방향과 클럽 헤드 방향으로 분산된다. 이렇게 되면 강력한 임팩트가 되지 않고 그저 단순히 미는 볼이 되고 만다.

강하게 치는 볼이 되기 위해서는 몸의 어딘가를 지탱점으로 해서 몸이 멈춰야 한다. 그러기 위해서는 다운스윙 시 팔을 내리기 전에 허리를 먼저 돌려 줌으로써 체중이 왼쪽 다리 안쪽으로 모이도록 해야 한다. 이렇게 하면 왼쪽 사이드에 벽이 생겨 강력한 임팩트가 가능해진다.

힘의 분산

왼쪽(목표 방향)으로 몸이 쏠림
힘이 허리 방향과 클럽 헤드 방향으로 분산된다.

힘의 집중 : 왼쪽 사이드의 벽

팔을 내리기 전에 허리를 돌려서 체중이 왼쪽 다리 안쪽에 모이면 왼쪽 사이드에 벽이 생긴다.

장타 비결 4 : 큰 폴로스루

클럽 헤드의 최고 스피드가 임팩트 직후에 나와야만 장타가 가능하다. 그러기 위해서는 톱에서 힘을 뺀 채 다운스윙을 해야 한다. 힘을 뺀 채 다운스윙을 하다가 양손이 오른쪽 어깨 위치에 왔을 때 힘을 넣어야 헤드의 최고 스피드가 임팩트 직후에 나오므로 최고로 강한 임팩트를 할 수 있다. 이렇게 하면 폴로스루도 크게 이루어진다.

큰 폴로스루를 위한 올바른 힘 넣기

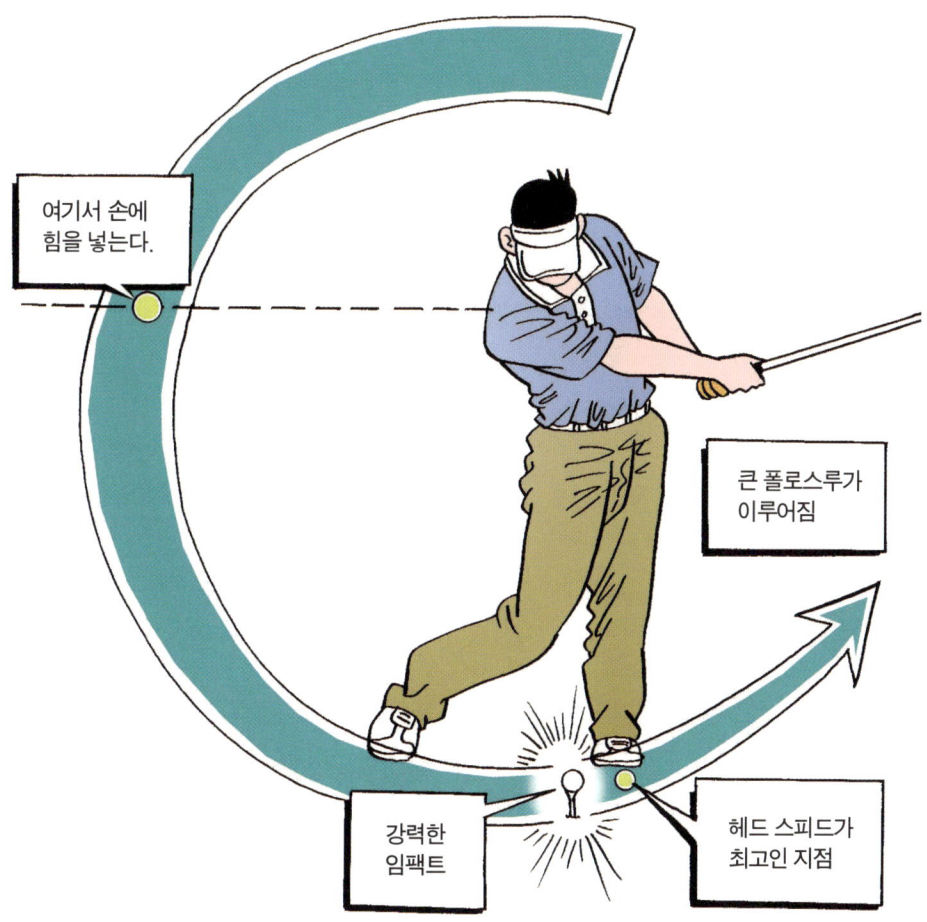

다운스윙을 시작할 때 힘을 넣으면 이미 임팩트 이전에 헤드의 최고 스피드가 나오게 된다. 이렇게 되면 결국 임팩트 순간에 헤드 스피드가 떨어지게 되어 약한 임팩트로 이어지게 되고 최종적으로 폴로스루도 약해진다. 약한 임팩트를 막기 위해서는 다운스윙 초기에 힘을 넣지 않고 스윙을 하다가 양손이 오른쪽 어깨 위치에 왔을 때 힘을 넣어야 강한 임팩트를 할 수 있고 폴로스루도 커지게 된다.

약한 임팩트를 만드는 잘못된 힘 넣기

장타 비결 5 : 톱에서의 머리 고정

톱 상태에서 머리를 고정시킨 이후에 이어지는 다운스윙·임팩트·폴로스루에 걸쳐서 그대로 머리 위치를 유지해야만 장타가 가능하다. 이때의 머리는 볼의 뒤쪽에 있으므로 볼을 보고 치는 티샷을 가능하게 해주며, 폴로스루도 마음껏 할 수 있도록 몸의 균형도 잡아 준다.

톱에서의 머리 고정

장타 비결 6 : 클로즈드 스탠스

힘이 약한 여성들이 강한 볼을 칠 수 있는 자세가 있다. 바로 어드레스 할 때 오른발을 약간 뒤로 빼서 클로즈드 스탠스를 취하는 것이다. 클로즈드 스탠스를 취하면 드라이버 스윙 시 인사이드에서 볼을 치기 쉽다.

클로즈드 스탠스로 칠 경우에는 보통 때보다 티업을 높게 한다. 이 때는 밑에서 올려치듯이 스윙을 해야 볼이 멀리 가므로 티업을 높이 해야 한다.

클로즈드 스탠스에서는 인사이드로 당기기 쉬운데다가 왼쪽 어깨가 깊이 들어가므로 충분한 톱스윙이 되는 이점이 있다. 다운스윙에서 인-아웃의 스윙이 되므로 훅 회전이 걸려 강한 훅볼이 된다. 따라서 목표보다 오른쪽을 노리고 쳐야 한다.

힘이 약한 여성들의 장타 비결

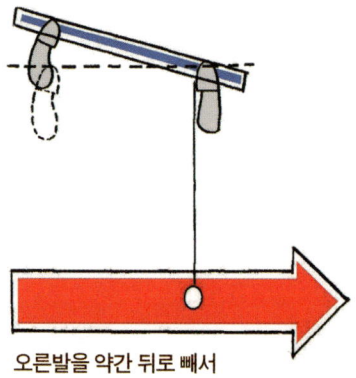

오른발을 약간 뒤로 빼서 클로즈드 스탠스를 취한다.

티업을 높이고 밑에서 올려치듯이 친다.

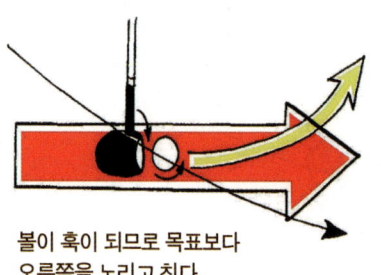

볼이 훅이 되므로 목표보다 오른쪽을 노리고 친다.

Part 02
페어웨이 우드

1 페어웨이 우드 샷의 전략

여성 골퍼에게 유용한 페어웨이 우드

페어웨이 우드는 드라이버 다음으로 긴 클럽으로 헤드 스피드가 빠르지 않은 사람도 볼을 잘 날릴 수 있는 장점이 있기에 여성골퍼에게 유용한 클럽이다. 최근에는 하이브리드 클럽을 사용하는 여성 골퍼가 늘어나는 추세다. 하이브리드 클럽은 우드와 아이언의 중간 형태로, 헤드 크기가 우드보다 작아서 볼을 치기 쉽다.

남성 골퍼들은 1번·3번·5번 또는 1번·3번 우드로 세팅하는 경우가 많다. 반면에 여성 골퍼의 대다수는 1번·3번·4번·5번 우드로 세팅하는 경우가 많다. 그만큼 파워가 부족한 여성 골퍼에게 페어웨이 우드는 스코어를 줄일 수 있는 강력한 무기가 된다.

페어웨이 우드는 롱 아이언과는 달리 솔의 폭이 넓으므로 다소 뒤땅을 친다 해도 솔면이 미끄러져 어느 정도의 비거리를 기대할 수 있다. 그러나 드라이버처럼 퍼 올리는 스윙을 하게 되면 토핑이 나기 쉽다. 왜냐하면 잔디 위에 있는 볼을 퍼올리려고 한다면

여성에게 유용한 페어웨이 우드

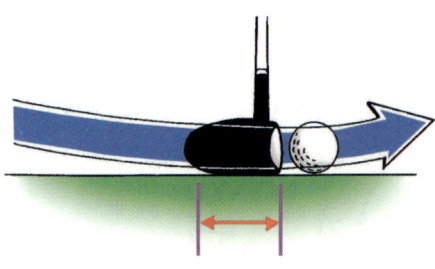

페어웨이 우드는 솔이 넓어서 지면에서 쉽게 미끄러진다.

페어웨이 우드로 퍼올리려고 하면 토핑이 나기 쉽다.

페어웨이 특유의 넓은 솔이 지면에 튕겨 올라 솔의 맨앞에 있는 리딩 에지가 떠오른 상태에서 볼을 때리기 때문이다.

페어웨이 우드 샷으로는 안전한 곳을 공략해야

여성 골퍼들이 파4홀이나 파5홀의 세컨샷에서 비거리를 목표로 샷을 할 때는 페어웨이 우드로 스윙하는 것이 유용하다. 즉 세컨샷의 거리가 많이 남았을 경우 잔디 위의 볼을 직접 치는 경우 페어웨이 우드로 샷을 하게 된다. 이때 주의할 점은 볼을 치기 전에 안전한 곳을 공략해야 한다는 것이다.

예를 들어 그린 왼편에 벙커가 있는 경우 볼이 왼쪽으로 향하면 벙커에 빠질 수 있다. 이런 경우 직접 그린의 핀을 노리기보다는 페어웨이 오른쪽의 안전한 장소를 목표로 삼는 것이 유리하다.

페어웨이 우드 스윙에서도 어드레스는 기본에 충실하면 된다. 즉 볼 뒤편에서 볼이 날아갈 비구선을 그려 보고 목표 지점을 선정한 뒤 타킷 라인에서 볼 앞 1m 지점에 표식을 보고 타킷 라인과 평행하게 어드레스를 한다.

페어웨이 우드는 안전 공략을!

페어웨이 우드로 직접 핀을 노리면 볼이 벙커에 빠질 수 있으므로 안전한 장소인 페어웨이 오른쪽을 목표로 샷을 한다.

2 페어웨이 우드의 볼 위치

볼의 위치는 왼쪽 귀 앞(드라이버 때보다 볼 1~2개 안쪽)

페어웨이 우드의 어드레스

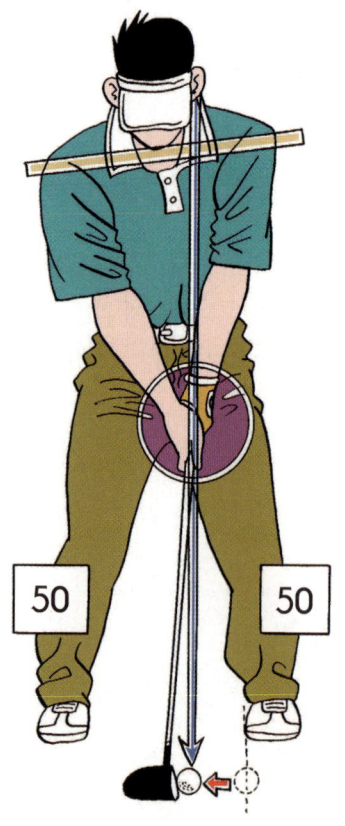

- 오른쪽 어깨가 조금 내려온다.
- 양손의 위치는 왼쪽 허벅지 안쪽이다.
- 볼은 왼쪽 귀 앞에 둔다.

페어웨이 우드의 스탠스는 드라이버보다는 약간 좁고, 미들 아이언보다는 약간 넓다. 볼의 위치는 왼쪽 귀 앞이 적당하다. 즉 드라이버 때보다 볼 1~2개 정도 안쪽에 두면 된다.

체중은 양발에 50:50으로 균등하게 두고, 클럽 페이스를 살짝 오픈시킨다. 왜냐하면 클럽 페이스를 타킷 라인과 직각으로 맞추면 클럽 솔의 뒤 수분이 들려 아이언처럼 다운 블로로 스윙이 되어 뒤땅이 발생할 수 있기 때문이다. 페어웨이 우드는 빗자루로 바닥을 쓸듯이 치는 사이드 블로 스윙을 해야 한다.

양손의 위치는 왼쪽 허벅지 안쪽 앞에 두면 된다. 양손의 위치는 드라이버·페어웨이 우드·아이언 모두 왼쪽 허벅지 안쪽 앞이다.

우드로 티샷을 할 경우의 티의 높이

우드로 티샷을 할 경우 티의 높이는 볼과 잔디 사이에 손가락 하나가 들어갈 정도이어야 한다. 드라이버로 티샷할 경우 티의 높이는 볼의 절반 정도가 클럽 헤드 위로 올라오는 높이이다.

 우드와 드라이버에서의 티의 높이가 차이가 나는 이유는 임팩트 시점이 다르기 때문이다. 우드는 스윙 궤도의 최하점에서 임팩트가 이루어지나, 드라이버는 스윙 궤도의 최하점이 지나 클럽 헤드가 올라가는 시점에서 임팩트가 이루어지기 때문이다.

우드로 티샷할 경우의 티의 높이

우드로 티샷할 경우의 티의 높이는 볼과 잔디 사이에 손가락 하나가 들어갈 정도가 적당하다.

드라이버 티샷의 티의 높이

드라이버 티샷의 경우의 티의 높이는 볼의 절반 정도가 클럽 헤드 위로 올라오는 높이이다.

3 페어웨이 우드의 스윙 궤도

페어웨이 우드는 볼을 쓸듯이 스윙한다

페어웨이 우드는 스윙 궤도의 최하점에서 임팩트가 이루어진다. 따라서 스윙을 할 때 클럽 헤드가 볼에 닿기 전부터 솔이 잔디 위로 미끄러지도록 하여 낮고 길게 밀어 주는 것이 중요하다. 이렇게 하면 클럽 헤드가 임팩트 전후로 일직선으로 움직이는 구간이 늘어나면서 미스 샷이 줄기 때문이다.

- 클럽 헤드가 볼이 닿기 조금 전부터 솔이 잔디 위로 미끄러지도록 쓸듯이 스윙한다.
- 클럽 헤드를 낮고 길게 밀어 주면 클럽 헤드의 직선 구간이 늘어나서 미스 샷이 줄어든다.

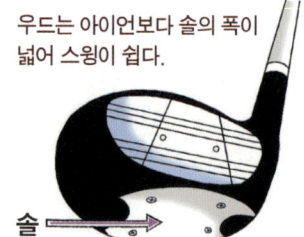

우드의 솔
우드는 아이언보다 솔의 폭이 넓어 스윙이 쉽다.

우드로 스윙할 때 볼을 쓸듯이 할 수 있는 이유는 클럽 헤드에 솔이라고 부르는 바닥면이 아이언에 비해 아주 넓기 때문이다. 따라서 볼을 옆으로 쓸어 친다는 느낌으로 스윙을 함으로써 넓은 솔이 잔디 위를 미끄러져 가면서 클럽 헤드에 가속도가 붙으면서 임팩트가 이루어진다.

넓은 솔 덕분에 클럽 헤드가 약간의 뒤땅치기나 탑이 나는 실수를 하더라도 큰 미스 샷으로 이어지지 않으므로 최대한 쓸듯이 스윙하는 것이 중요하다.

페어웨이 우드를 잘 치는 법

여성골퍼에게 페어웨이 우드는 최대의 무기이다. 그런데 우드가 전혀 맞지 않고 볼이 땅위로 굴러다니면 대책이 없다. 왜 그럴까? 그것은 바로 떠올리는 스윙을 해서 그렇다. 페어웨이 우드로 떠올리려 하면 아래서부터 퍼내듯 치게 되므로 반드시 오른쪽 어깨가 내려간다. 이렇게 되면 임팩트가 이루어지기도 전에 뒤땅을 치거나 토핑이 난다.

우드를 잘 치려면 낮은 볼을 친다는 마음으로 스윙해야 한다. 폴로스루에서도 클럽 헤드를 높게 올리지 않고 낮게 억제한다. 그러면 오른쪽 어깨가 내려가지 않아 볼을 정확하게 포착하면서 쓸듯이 칠 수 있다.

페어웨이 우드의 뒤땅 치기

볼을 떠올리려 하면 오른쪽 어깨가 내려가 뒤땅이나 토핑이 난다.

페어웨이 우드를 잘 치려면

- 낮은 볼을 친다는 생각으로 쓸듯이 스윙한다.
- 폴로스루에서도 클럽 헤드를 올리지 않고 낮게 억제한다.

Part 03
미들 아이언

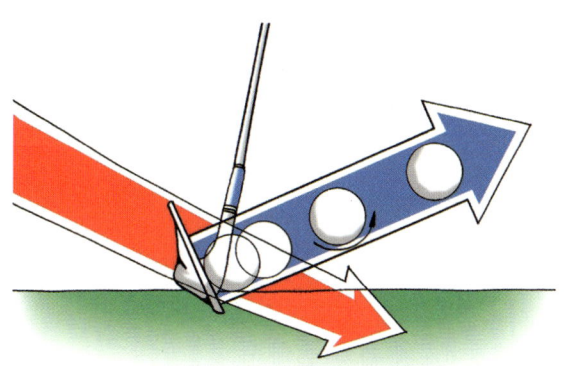

1 미들 아이언 샷의 전략

세컨샷 지점으로 이동할 때의 리듬 유지

티샷이 끝나고 세컨샷 지점으로 이동할 때, 일부 주말 골퍼들을 보면 캐디에게 바로 골프채를 건네는 모습을 종종 볼 수 있다. 그러나 이것은 바람직한 행동이 아니다. 골프는 한 타 한 타씩 끊어서 하는 게임이 아니다. 골프는 라운드 전체를 하나의 흐름으로 이어서 하는 게임이다. 따라서 샷이 끝났다고 해서 즉시 캐디에게 골프채를 넘긴다면 게임의 흐름이 끊기게 된다.

샷이 끝났다 함은 곧 다음 샷을 위한 준비 시간이 돌아왔음을 의미한다. 그 시간 동안 클럽을 들고 이동하면 스윙의 감촉을 느끼면서 다음 샷을 위한 대비를 하게 되므로 게임의 리듬이 유지된다. 특히 왼손으로 클럽을 잡고 걸으면 그립의 감촉이나 스윙 리듬을 지속하는 효과가 있어서 매우 좋다.

다음 샷으로 이동할 때

다음 샷으로 이동할 때 왼손으로 클럽을 잡고 걸으면 게임의 리듬이 지속된다.

핀 앞에 벙커가 있다면 반대편 그린을 노린다

미들 아이언(6~8번 아이언)으로 샷을 할 때는 핀의 위치와 그린 주변의 상황을 모두 확인해야 한다. 일반적으로 볼을 그린으로 올릴 때는 그린의 가운데를 노리고 치면 된다. 그린 가운데를 노리면 볼이 좌우로 약간 휘더라도 그린 가장자리에 멈출 확률이 높기 때문이다. 게다가 그린 중앙으로 볼이 온 그린할 경우 핀의 위치에 관계 없이 2퍼트 이내에서 홀 아웃(Hall Out)할 수도 있다.

그러나 핀이 좌측에 있고 그 앞에 벙커가 있다면 반대편인 오른쪽 그린을 노리는 것이 좋다.

직접 핀을 노리게 되면 벙커에 빠질 수 있는데다가 그린 중앙 역시 자칫 볼이 왼쪽으로 휘게 되면 역시 벙커에 빠질 수 있기 때문이다. 따라서 벙커가 없는 반대편 오른쪽 그린을 목표로 세컨샷을 하면 온 그린 성공률이 높아진다.

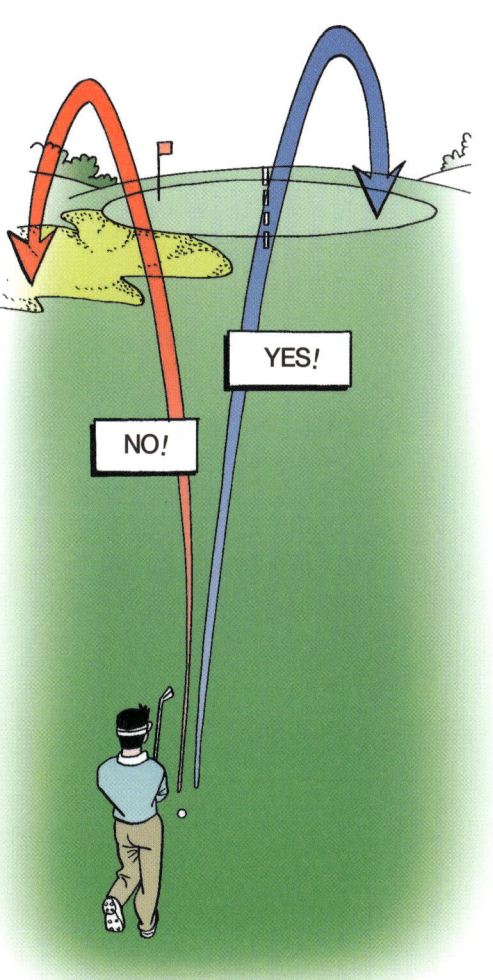

그린 앞 벙커 피하기

핀을 직접 노리면 벙커에 빠질 수 있다.
그린 한쪽에 벙커 등의 장애물이 있는 경우
그린을 이등분하여 장애물이 없는 나머지
반쪽을 목표로 하는 전략이 요구된다.

그린까지의 거리 파악

그린까지의 거리를 나타내는 표시는 각 코스에 따라 다르지만, 대부분은 그린 에지까지의 거리를 나타낸다.

예를 들어 페어웨이 내의 나무가 150야드(약 136m)를 나타낸다면 이는 나무에서 그린 에지까지의 거리가 150야드라는 것이다. 결국 실제 거리는 그린 에지에서 홀컵까지의 거리 10야드를 더해야 하므로 160야드(=150+10)가 된다. 참고로 일부 골프장은 그린 중앙까지의 거리를 측정해 계산한 경우도 있다.

또한 거리를 계산할 때는 지형의 고저 및 바람의 세기와 방향 등을 고려해서 신중히 계산해야 골프 기량의 향상을 기대할 수 있다.

그린까지의 거리 파악 방법

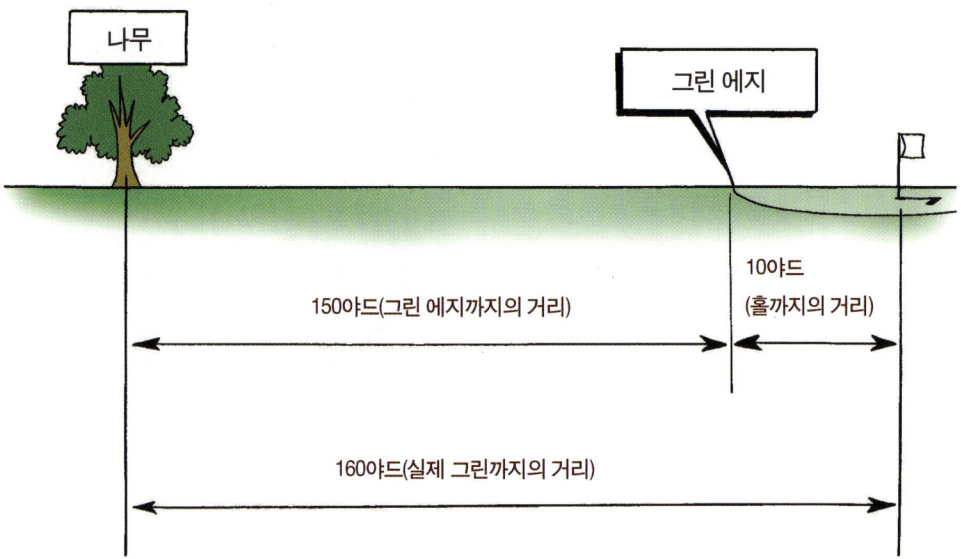

그린까지의 각도가 매우 높은 경우

그린 면이 보이지 않고 겨우 핀만 보인 정도로 각도가 높은 코스가 있다. 이런 경우에는 그린이 보이지 않으므로 의외로 숏이 나기 쉽다.

이때에는 최선을 다해 스윙을 해야 한다. 즉, 유일한 목표점인 핀에 직접 볼이 떨어지도록 쳐야 한다는 것이다.

핀에 직접 볼을 맞추기 위해서는 계산한 골프채보다도 한 클럽 위의 골프채를 선택해야 한다.

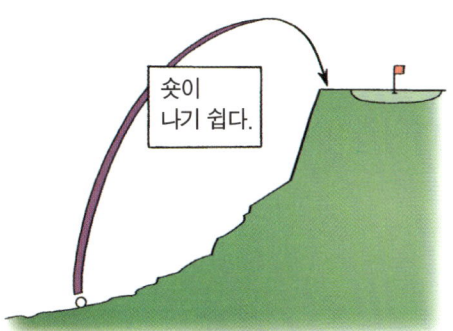

그린까지의 각도가 매우 높은 홀

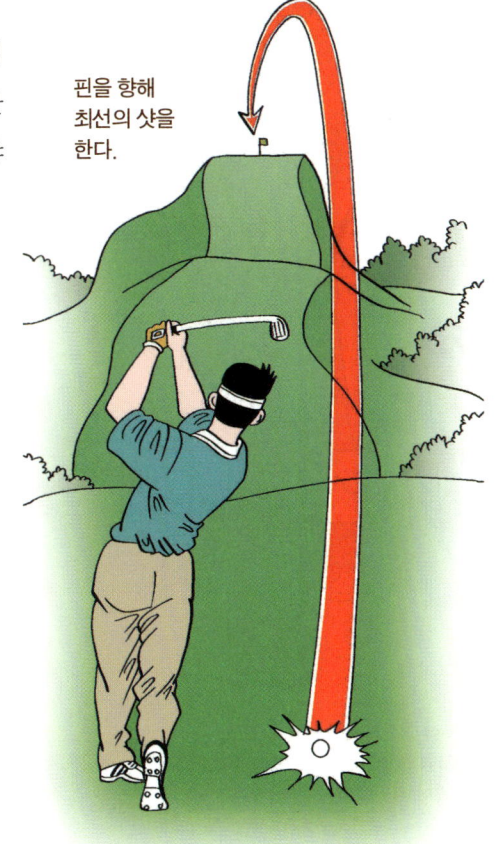

2 미들 아이언의 어드레스

아이언 어드레스

Y자형 어드레스

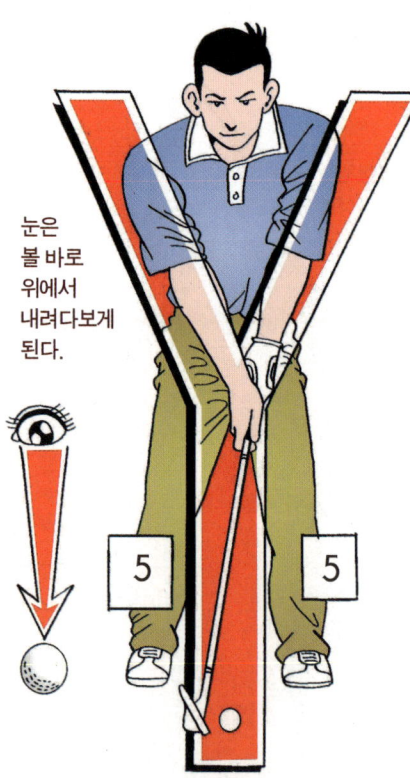

눈은 볼 바로 위에서 내려다보게 된다.

Y자형 어드레스에서는 두 어깨가 (K자형과 비교하여) 지면과 평행이 되므로 위에서 내리치기 쉬워진다.

아이언 샷은 다운 블로 스윙을 해야 볼이 로프트대로 날아간다. 그러기 위해서는 Y자형 어드레스를 해야 한다.

　Y자형 어드레스에서는 체중을 두발에 5:5로 골고루 싣고 눈은 볼을 바로 위에서 내려다봐야 한다. 체중을 왼편에 많이 실으면 임팩트 이후에 왼쪽 사이드가 막히게 되어 스윙을 제대로 할 수 없다. 또한 드라이버처럼 역K자형 어드레스를 하면 퍼 올리는 어퍼스윙이 되어 더프나 톱이 발생한다.

　Y자형 어드레스를 취하여 볼을 위에서 내려다보게 되면 두 어깨가 역K자형 어드레스와 비교했을 때 평행에 가깝게 된다.

그러나 물론 이때도 오른손이 왼손보다 낮으므로 오른쪽 어깨도 왼쪽보다 조금 내려오게 된다. 또한 볼이 스탠스 중앙에 오므로 클럽 샤프트가 지면에 비스듬히 내려온다. Y자형 어드레스를 취하면 볼을 위에서 내리치는 다운 블로할 수 있어 볼을 보다 멀리 그리고 높이 보낼 수 있다.

Y자형 어드레스에서의 스윙

- Y자형 어드레스를 하면 볼을 위에서 보게 되어 다운 블로(내리치는 스윙)로 칠 수 있다.
- 다운 블로 스윙이란 클럽 헤드가 스윙 궤도의 최하점을 지나기 전에 임팩트가 이루어지는 스윙을 말한다.

아이언 어드레스 순서

아이언 클럽을 칠 때의 어드레스 순서도 드라이버 샷에서의 어드레스 순서와 거의 비슷한다. 먼저 볼의 뒤쪽에 서서 목표를 확인한 뒤에 공이 날아갈 선을 상상한다.

그리고 나서 타킷 라인과 양발의 선이 평행이 되도록 선 뒤, 클럽 페이스가 타킷 라인과 직각이 되도록 한다.

볼의 뒤쪽에 서서 목표를 확인한 뒤 비구선을 상상한다.

페이스가 목표를 향하게 한 뒤 왼발의 위치를 정해서 디딘 뒤에 오른발을 벌려 위치를 결정한다.

페어웨이에서는 항상 방향을 정한 뒤 자세를 잡고서 스윙에 임해야 좋은 스윙을 할 수 있다.

타킷 라인과 평행이 되도록 선다.

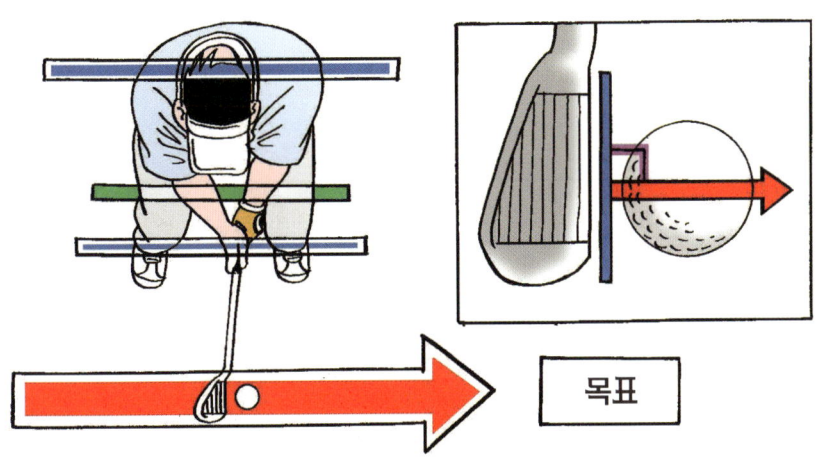

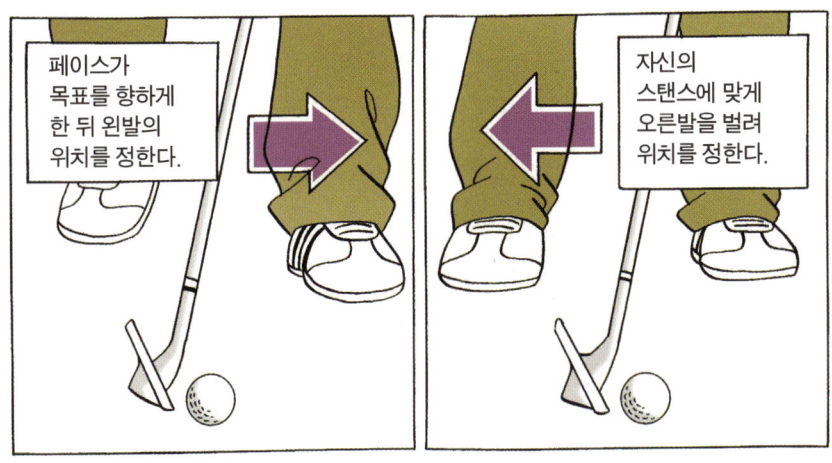

아이언 샷의 자세

초보 골퍼들이 아이언으로 어드레스 자세를 할 때 페이스를 열고 자세를 잡기 쉽다. 아이언 샷의 자세는 드라이버 때보다 볼이 안쪽에 온다. 따라서 그립을 한 양손이 볼보다 목표 방향으로 나가게 되는데, 이를 핸드 퍼스트(Hand First) 자세라고도 한다. 초보 골퍼들이 이 자세를 잡으면 페이스를 덮는 느낌이 들어 자신도 모르게 열게 된다. 그러므로 클럽 페이스를 타킷 라인과 직각 – 목표를 향하게 함 – 이 되도록 주의해야 한다.

3 아이언은 다운 블로 스윙을 한다

아이언 샷의 핵심 : 다운 블로 스윙

다운 블로 스윙

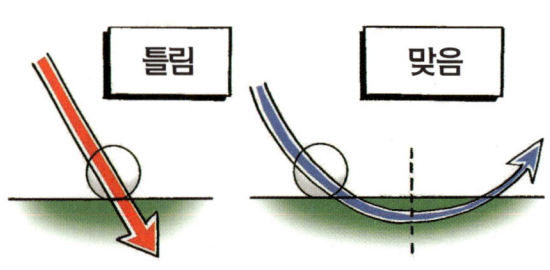

아이언 샷은 임팩트 이후에 스윙 궤도의 최하점이 온다. 즉 클럽 헤드가 아래로 내려가면서 임팩트가 이루어지므로 아이언 샷을 다운 블로 샷(또는 다운 블로 스윙)이라고 한다.

다운 블로 스윙을 하기 위해서는 양손의 위치가 왼쪽 허벅지 앞쪽에 오는 자세(핸드 퍼스트 자세)를 취한 뒤 양쪽 발에 반반씩 체중을 싣는 Y자 어드레스를 취한다.

스윙 시 억지로 헤드를 땅에 처박으려 해서 잔디를 크게 따낼 필요는 없다. 쳐야 하는 것은 잔디가 아니라 볼이기 때문이다.

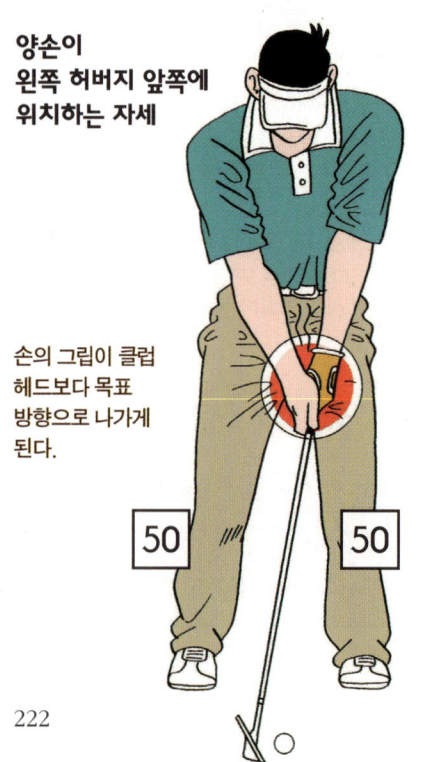

양손이 왼쪽 허벅지 앞쪽에 위치하는 자세

손의 그립이 클럽 헤드보다 목표 방향으로 나가게 된다.

볼을 날리는 것은 힘이 아니라 로프트!

주말 골퍼들 중에 롱 아이언이나 우드를 잡으면 힘이 들어가게 되어 더프가 발생하는 경우가 종종 있다.

이런 현상은 몸에 힘을 넣어야만 볼을 멀리 보낼 것 같은 느낌이 들어서이다. 그러나 이것은 매우 잘못된 생각이다. 볼을 날리는 것은 결코 힘이 아니라 클럽 헤드의 로프트 때문이다.

가장 이상적인 임팩트가 되기 위해서는 클럽 페이스에 있는 홈이 만든 줄(그루브)의 밑에서 2~3번째 부근에서 볼이 맞아야 한다. 그러면 볼이 아이언클럽의 로프트대로 날아간다.

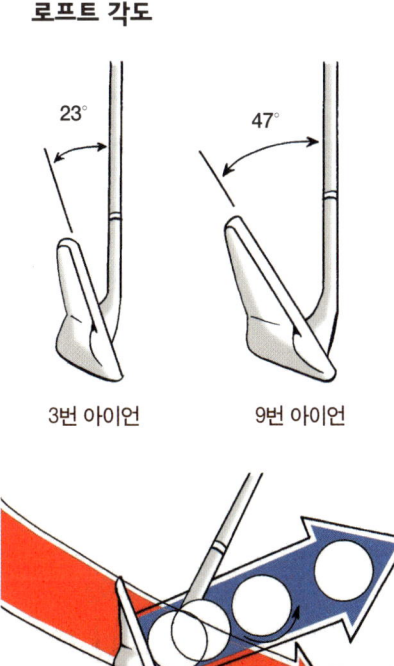

로프트 각도

3번 아이언 9번 아이언

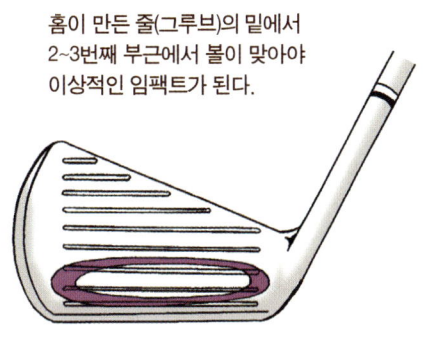

홈이 만든 줄(그루브)의 밑에서
2~3번째 부근에서 볼이 맞아야
이상적인 임팩트가 된다.

더프의 방지

더프가 나는 스윙

퍼 올리는 스윙 때문에 더프가 난다.

더프를 방지하는 다운 블로 스윙

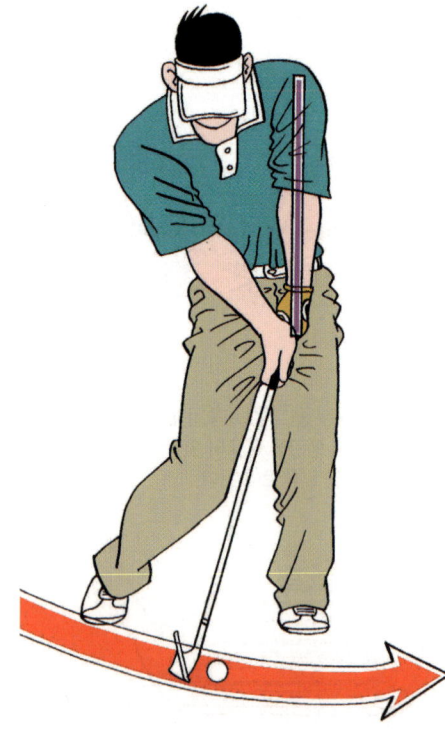

다운 블로 스윙을 하면 강력한 임팩트가 됨과 동시에 아이언의 로프트대로 볼이 날아간다.

아이언 샷에서 더프가 나는 원인은 십중팔구 퍼 올리는 스윙을 하기 때문이다.

아이언 샷에서 퍼 올리려는 의식이 강하면 어퍼 블로 스윙을 하게 되어 오른쪽 어깨가 내려온다. 이렇게 되면 볼 앞의 지면을 때리게 되어 더프가 난다.

아이언 샷에서 볼을 퍼 올리는 것은 클럽 헤드의 로프트이다. 따라서 다운 블로 스윙을 해야 클럽 헤드의 로프트대로 볼이 맞게 되어 볼이 떠오르게 된다.

아이언 샷에서 볼을 날리고 싶으면 로프트를 이용한 다운 블로 스윙을 하면 되고, 의식적으로 어퍼 블로 스윙을 하면 오히려 더프가 나는 것을 명심해야 한다.

다운 블로 스윙을 하려면 Y자형 어드레스를 하여 핸드 퍼스트 자세를 유지해야 한다.

4 슬라이스와 훅

아웃-인의 스윙과 슬라이스

드라이버 샷과 마찬가지로 아이언 샷에서도 아웃-인의 스윙은 곧바로 슬라이스로 이어진다. 따라서 슬라이스를 방지하기 위해서는 인-인의 스윙을 해야만 한다.

비록 스윙할 때 슬라이스가 자주 발생한다고 해도 실망하지 않아도 된다. 슬라이스가 나면 왜 슬라이스가 나는지 그 원인을 밝혀내고 원인을 고쳐 나가면 된다. 슬라이스의 가장 큰 원인은 아웃-인의 스윙 궤도이며, 그 밖에 임팩트 시 클럽 페이스가 열려서 맞는 경우 등이다. 특히 상체 – 어깨와 팔 – 만으로 볼을 치려고 하면, 어깨가 앞으로 나오게 되어 아웃-인의 스윙이 되어 슬라이스가 난다. 이런 경우에는 다운스윙 시 다리와 허리를 먼저 돌려주고 팔이 내려오는 스윙을 하면 인-인의 스윙이 된다.

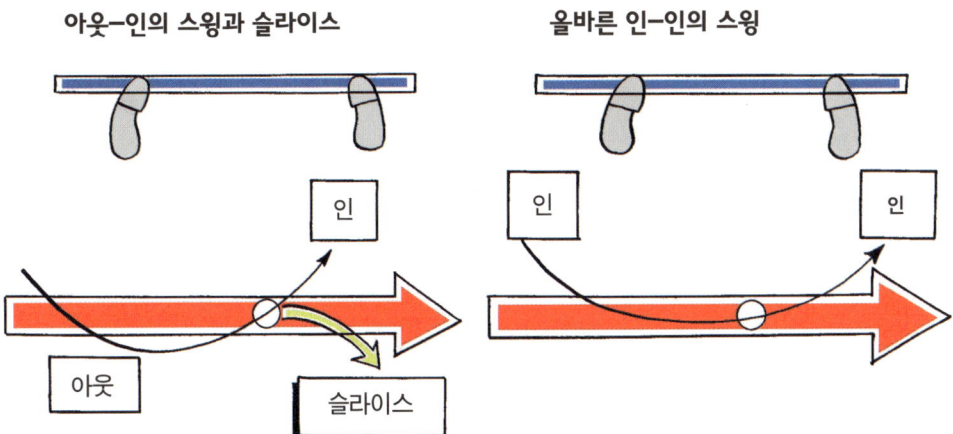

오픈 페이스와 슬라이스

백스윙에서 클럽 페이스를 열어서 올리게 되면, 페이스가 위로 향하게 되어 스윙 궤도가 낮아지게 된다. 또한 열어서 들어올린 페이스는 다운 스윙에서도 열린 채로 내려오므로 슬라이스가 발생하게 된다.

백스윙 때문에 생긴 슬라이스의 예방은 간단하다. 양손이 아니라 양 어깨로 테이크 어웨이를 하는 것이다. 이렇게 하면 페이스가 볼을 향하게 되고 스윙 궤도도 높아지게 된다.

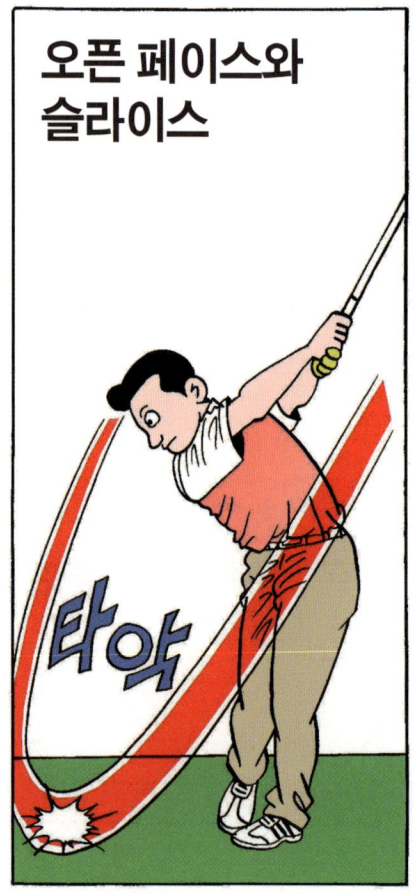

스윙 궤도의 확인 방법

인-인의 스윙을 하려고 했는데도 슬라이스가 나는 사람들은 자신의 스윙 궤도를 정확히 파악해야 한다. 그래야만 정확한 스윙 궤도를 익힐 수 있으므로 슬라이스를 예방할 수 있다.

스윙 궤도를 확인하는 방법은 의외로 간단하다. 자신의 스윙으로 생긴 디봇 자국을 살펴보면 바로 알 수 있다.

디봇 자국이 목표를 향해 파헤쳐 있으면 인-인의 스윙 궤도가 된다. 그러나 디봇 자국이 안쪽으로 나면 아웃-인의 스윙 궤도인 것이다.

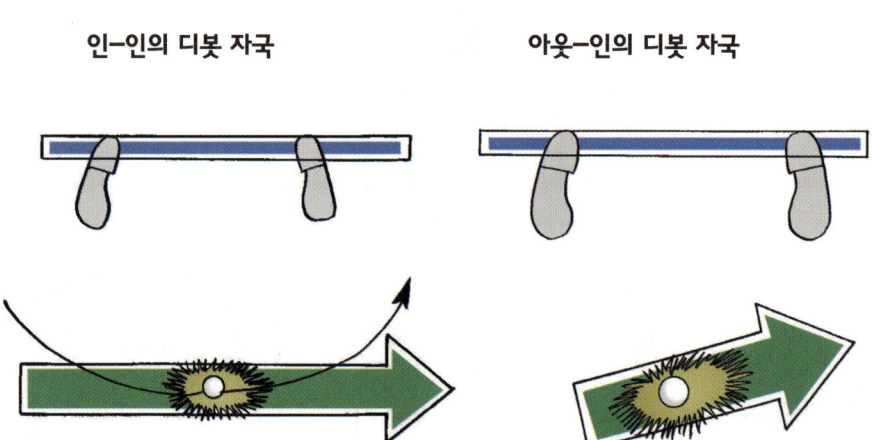

훅의 발생과 예방

아이언 샷을 할 때, 훅을 방지하려고 약간 오른쪽을 향해 쳤는데도 오히려 훅이 나는 사람들이 있다. 자신은 분명히 밀어친다고 생각했지만 실제로는 임팩트 순간에 아이언클럽을 잡아당겼기 때문에 훅이 난 것이다.

이렇게 되는 이유는 상체 즉 어깨와 팔만으로 스윙을 하기 때문이다. 다운스윙 시 손을 내리는 것보다 하체 이동 - 다리와 허리를 먼저 돌려 주는 것 - 을 먼저 해야 하는데, 하체 이동 전에 클럽을 쥔 팔이 먼저 내려오기 때문이다.

이렇게 되면 더프가 날 수 있으며, 더프가 나지 않는 경우에는 임팩트 순간에 손목이 뒤집어지면서 볼에 훅스핀(왼쪽으로 휘는 회전)걸린다.

손목이 뒤집어지면서 왼쪽으로 잡아당기는 스윙이 되면 결국 볼은 훅이 나므로 왼쪽으로 휘어 나가게 된다.

훅의 발생

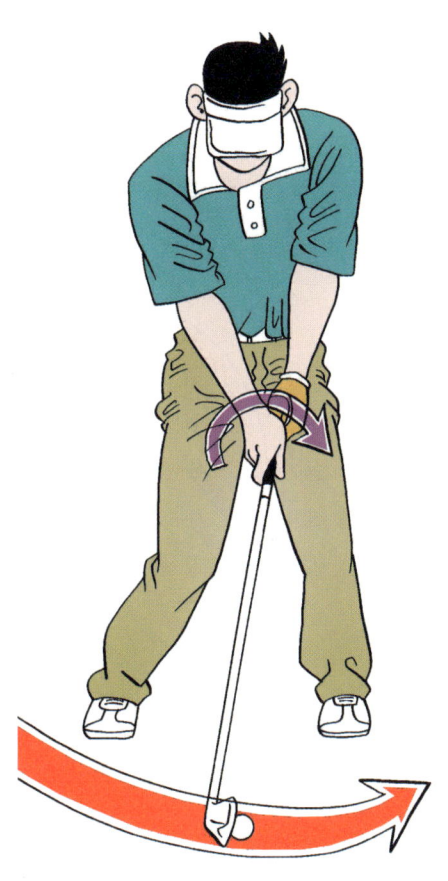

하체 이동 없이 상체만으로 스윙을 하면 손목이 뒤집어진다.

훅을 방지하기 위해서는 다운스윙을 할 때 다리와 허리가 먼저 회전한 다음에 손이 내려와야 한다. 톱스윙 상태에서 다운스윙으로 갈 때의 순서는 ① 왼발로 바닥을 밟고, ② 허리를 원상태로 돌려 주고, ③ 클럽을 쥔 팔이 내려오는 것이다.

이렇게 되면 볼이 왼쪽으로 휘는 훅볼이 될 것 같지만, 실제로는 인-인의 스윙이 되면서 임팩트 시 손목이 돌아가지 않으므로 볼은 똑바로 날아가게 된다. 또한 하체가 리드하는 스윙이 되면서 강하고 정확한 임팩트가 되므로 비거리를 높일 수 있다.

다운스윙 시 : 하체가 리드하는 스윙

③ 허리를 따라 손을 내린다.
② 허리를 왼쪽으로 돌려 원위치시켜 준다.
① 왼발로 바닥을 밟으면서 다운 스윙을 시작한다.

5 펀치 샷

방향성을 중시하는 펀치 샷

그린 좌우에 장애물이 있는 경우에는 정확한 샷이 요구된다.

이런 경우에 풀샷을 하면 볼이 높이 솟아 올라가므로 슬라이스나 훅이 나기 쉬우며, 또한 바람의 영향을 받아 원치 않는 방향으로 갈 수 있다. 따라서 이때에는 컨트롤 샷으로 볼을 낮게 쳐야 한다. 볼이 낮게 날아가는 샷을 펀치 샷이라고 하는데, 바로 이 펀치 샷을 쳐야 한다.

그린 좌우에 장애물이 있는 경우

펀치 샷의 개념

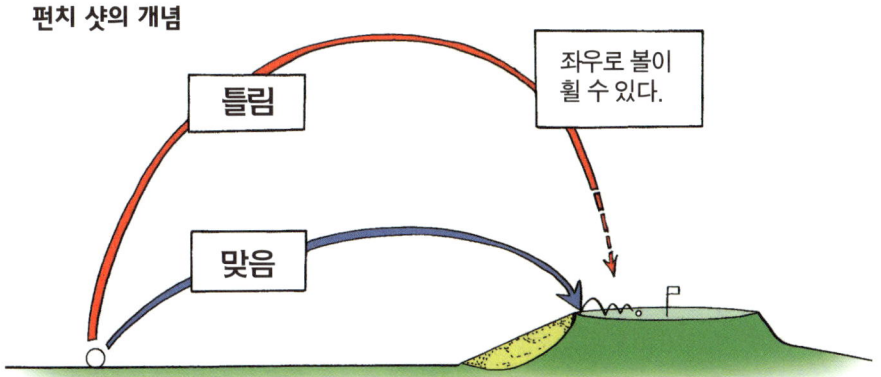

펀치 샷의 핵심

펀치 샷은 비거리보다 볼의 방향성을 중요시한다. 따라서 백스윙도 크게 하지 않고, 보통 백스윙의 70% 정도로 해 준다. 폴로스루도 짧게 하며, 클럽 헤드가 볼을 맞추면 끝낸다는 정도의 스윙이어야 한다. 폴로스루가 크면 볼이 올라가므로 방향이 흐트러지기 쉽기 때문이다.

펀치 샷의 비결

- 보통 백스윙의 70% 정도로 해 준다.
- 폴로스루도 짧게 잡는다. 클럽 헤드가 볼을 맞추면 끝낸다는 정도의 스윙이어야 한다.
- 폴로스루가 크면 볼이 올라가므로 방향이 흐트러지기 쉽다.

펀치 샷에서 임팩트 이후 왼쪽 팔 뻗어 주기

펀치 샷은 백스윙이 짧아서 볼을 맞추기가 쉽다. 그러나 이 샷에서 주의할 점은 임팩트 이후에 있다. 임팩트 이후에 왼팔을 타킷 방향으로 뻗어 주는 것이다. 왼쪽 팔꿈치가 지면을 향하게 해야 손목이 뒤집어지지 않으므로 클럽 페이스의 방향이 임팩트 순간과 동일하게 유지될 수 있다.

펀치 샷의 비결

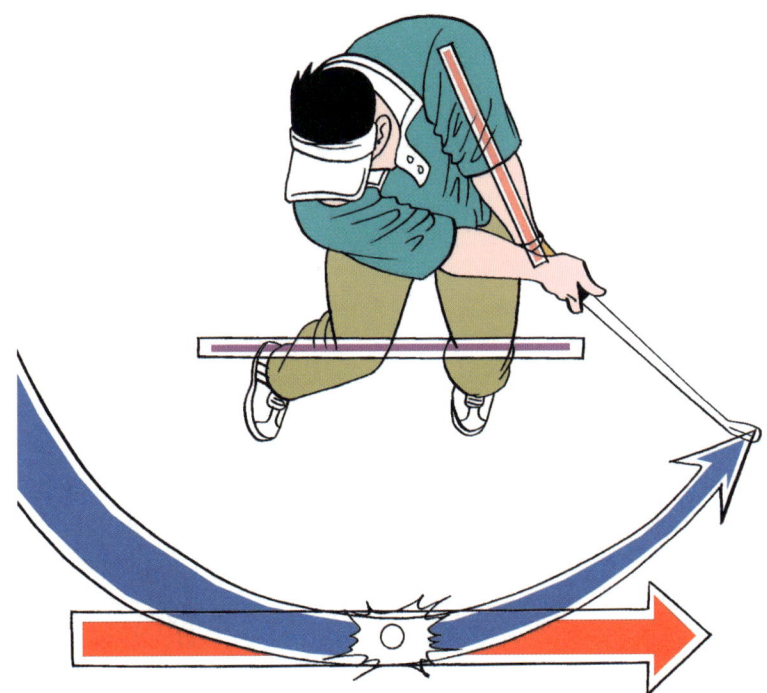

- 왼쪽 팔꿈치가 지면을 향하면 손목이 뒤집어지지 않으므로 클럽 페이스가 목표를 향한 채 피니시를 맞이할 수 있다.
- 단 왼쪽 팔은 뻗어 준다.
- 클럽 페이스가 목표를 향함

펀치 샷과 하체

펀치 샷은 꽤 고도의 기술이므로 기본적인 스윙이 갖춰지지 않은 상태에서는 터득이 불가능하다. 왜냐하면 펀치 샷은 손만으로 치는 것이 아니기 때문이다. 펀치 샷은 스윙의 폭이 작으므로 단단한 하체의 힘을 이용할 때 볼이 목표한 곳으로 정확히 간다. 특히 다운스윙 시 하체가 리드하는 스윙 - 왼발과 허리를 원위치한 뒤에 팔을 내리는 다운스윙 - 을 할 줄 알아야만 펀치 샷이 가능하다.

**펀치 샷의 요건 :
하체가 리드하는 스윙**

- '펀치 샷은 허리로 치는 샷' 이라는 말이 있을 정도로 하체가 무척 중요한 샷이다.
- 펀치 샷에서의의 스윙은 클럽 헤드를 볼에 맞추는 것으로 끝나질 않고, 클럽 페이스가 목표를 향한 채 멈추어야 한다. 이를 위해서는 하체가 리드하는 스윙을 해야 한다.

Part 04
숏 아이언

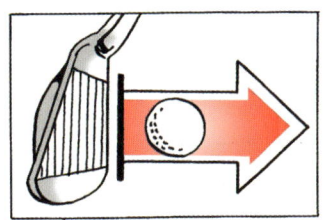

1 숏 아이언 샷의 전략

핀을 직접 공략한다

숏 아이언은 9번 아이언과 웨지(어프로치웨지·샌드웨지·피칭웨지)를 말한다. 미들 아이언(6~8번 아이언)으로 제2타를 쳤는데도 온그린(On Green)하지 못했을 때 사용하는 클럽이 바로 숏 아이언이다.

따라서 숏 아이언은 지점을 노리는 클럽이라고 할 수 있다. 그린에 올리는 것이 일차 목표이지만 경우에 따라서는 좀 더 적극적으로 핀을 공략하기도 하는 클럽이다.

볼과 핀까지의 거리가 가까울수록 거리와 정확성이 요구된다. 따라서 연습장에서 연습할 때 9번 아이언과 웨지의 비거리가 어느 정도인지 확실하게 파악해 두어야 한다.

숏 아이언은 직접 핀을 목표로!

숏 아이언은 상황에 따라 직접 핀을 공략할 수 있다.

숏 아이언에서 중요한 것은 일정한 거리감과 방향성이다

9번 아이언은 샤프트가 가장 짧지만 로프트가 가장 커서 샷을 하면 볼이 반드시 위로 올라간다. 볼이 높이 뜨는 만큼 비거리가 짧다. 즉 풀 스윙을 하더라도 130야드밖에 나오질 않는다. 그러므로 9번 아이언과 피칭웨지는 목표를 100야드 표지판으로 제한하여 샷을 하면 된다.

숏 아이언에서 중요한 것은 볼이 원하는 거리와 방향으로 가는 것이다. 거리와 방향을 정확히 하기 위해서는 스윙의 템포가 중요하다. 스윙의 템포는 숏 아이언 샷뿐만 아니라 골프 전체에 있어서 매우 중요하다.

비록 아무리 느린 템포로 스윙을 한다 해도 느린 스윙으로 생기는 실수는 거의 없다. 반면에 빠른 스윙은 거의 실수로 이어진다. 스윙이 빠르면 거리감을 헤드에 전하기 어려우며, 또한 헤드가 볼을 제대로 붙잡지 못해 방향이 바뀌게 된다.

서두르는 것은 좋지 않다. 천천히 호흡을 가다듬으며 하는 스윙템포야말로 좋은 스윙의 원천이다.

스윙의 템포

스윙 템포는 숏 아이언 샷뿐만 아니라

골프 전체에 있어서도 매우 중요하다.

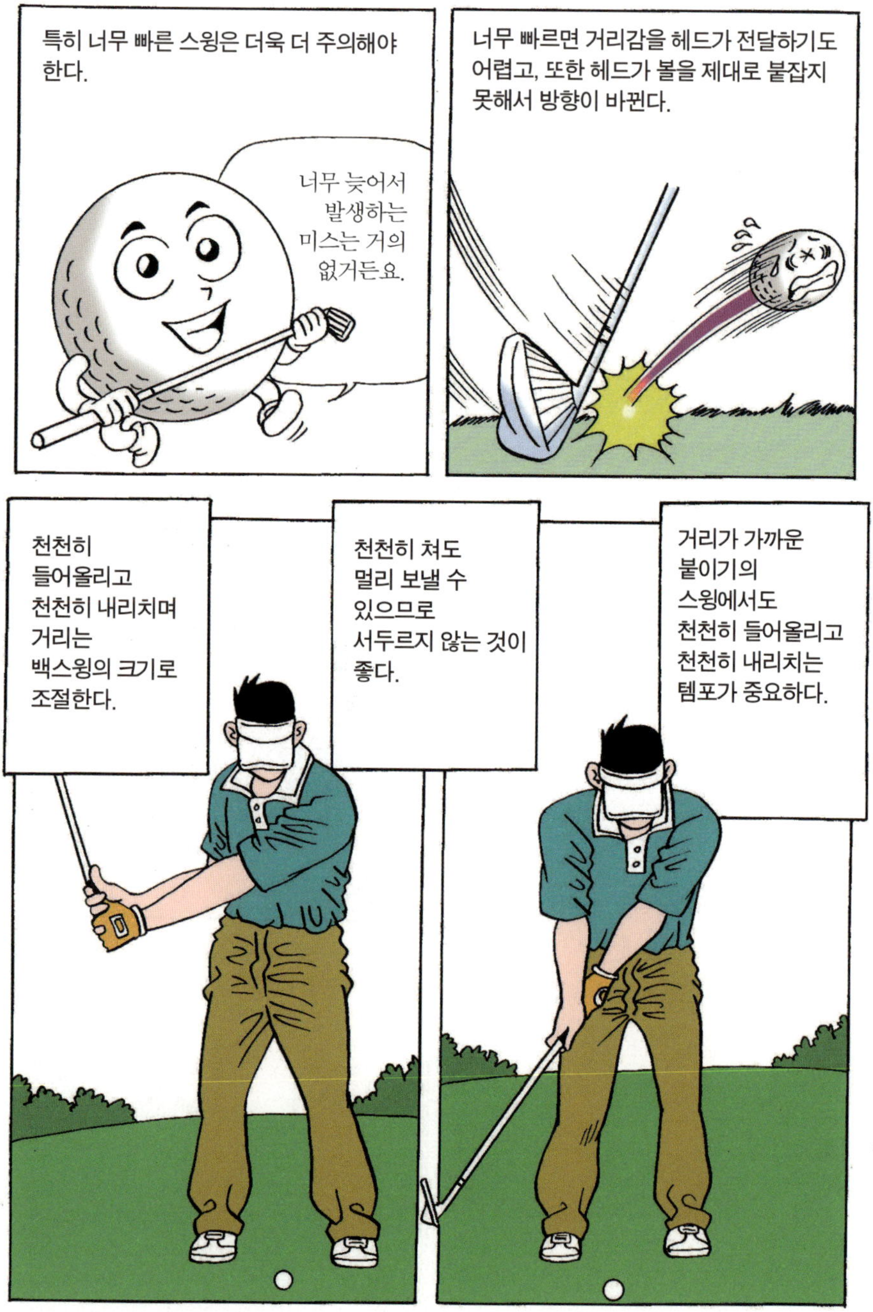

특히 너무 빠른 스윙은 더욱 더 주의해야 한다.

너무 늦어서 발생하는 미스는 거의 없거든요.

너무 빠르면 거리감을 헤드가 전달하기도 어렵고, 또한 헤드가 볼을 제대로 붙잡지 못해서 방향이 바뀐다.

천천히 들어올리고 천천히 내리치며 거리는 백스윙의 크기로 조절한다.

천천히 쳐도 멀리 보낼 수 있으므로 서두르지 않는 것이 좋다.

거리가 가까운 붙이기의 스윙에서도 천천히 들어올리고 천천히 내리치는 템포가 중요하다.

2 숏 아이언의 어드레스

볼의 위치는 스탠스 중앙에서 오른쪽으로 가까워진다

숏 아이언처럼 클럽의 길이가 짧을수록 스탠스가 어깨 넓이 보다 좁아지고, 볼은 스탠스 중앙에서 오른발 쪽에 가까워진다. 양손의 위치는 언제나 왼쪽 허벅지 안쪽 앞이다.

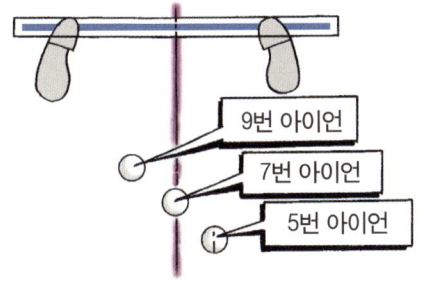

볼의 위치

9번 아이언
7번 아이언
5번 아이언

9번 아이언은 7번 아이언보다 클럽의 길이가 짧기 때문에 스탠스도 더 좁게 벌려 준다.

왼팔과 클럽 샤프트를 일직선으로 유지

숏 아이언은 클럽의 길이가 짧은 만큼 볼과 가깝게 자세를 취하며, 이때 양팔은 다른 클럽과 마찬가지로 자연스럽게 늘어뜨린다.

숏 아이언에서는 볼이 왼발에 가까이 위치하므로 어드레스때 왼팔과 클럽이 일직선이 된다.

숏 아이언 어드레스 자세

어드레스 때 왼팔과 클럽을 일직선으로 만든다.

3 간결한 백스윙과 피니시

80%의 힘으로 3/4 스윙을 한다

숏 아이언은 핀을 노리는 클럽이라고 할 수 있다. 따라서 숏 아이언은 풀 스윙하는 클럽이 아니라 타수를 줄이는 것이 목표인 클럽이다. 거리를 내는 클럽이 아니라 컨트롤을 위주로 하는 클럽이다.

이를 위해서는 미들 아이언보다 스윙을 간결하게 하는 것이 좋다. 즉 80%의 힘으로 3/4 스윙(어깨는 90도 회전시키지만 백스윙톱의 높이를 평소보다 3/4 높이로 낮게함)을 기본으로 하면 된다. 다만 간결한 스윙이라 하더라도 손으로만 클럽을 휘둘러서는 안 되며, 하체(왼발과 허리)가 리드하는 스윙이어야 한다.

어드레스에서의 손목 각도를 유지하면서 3/4 백스윙을 하고, 피니시 역시 백스윙과 마찬가지로 3/4 정도로 억제해 줌으로써 볼을 그린으로 안전하게 운반한다는 느낌과 리듬으로 스윙하면 된다.

숏 아이언 샷의 백스윙

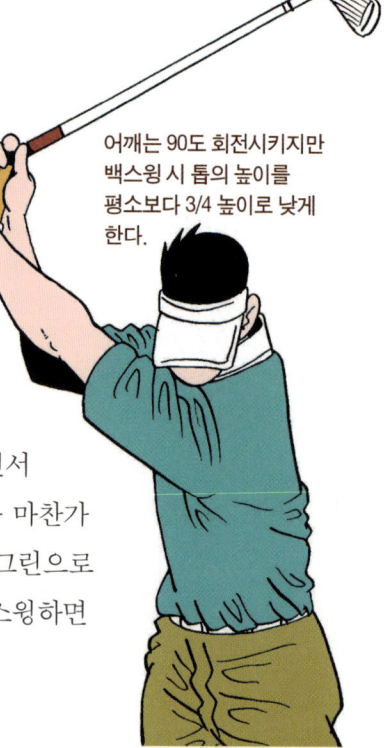

어깨는 90도 회전시키지만 백스윙 시 톱의 높이를 평소보다 3/4 높이로 낮게 한다.

거리와 백스윙

핀까지의 거리가 가까워서 가볍게 친 공이 오히려 핀을 오버하는 경우가 종종 있다. 이런 때는 거의 백스윙의 크기에 문제가 있다. 자신은 가볍게 친다고 쳤지만 백스윙이 크기 때문에 임팩트 때 힘이 강하게 들어갔기 때문이다.

 퍼팅과 마찬가지로 어프로치 샷은 백스윙의 크기로 거리를 맞추어야 안정된 스윙을 할 수 있다. 이때 백스윙의 크기와 피니시의 크기는 같게 해줘야 한다.

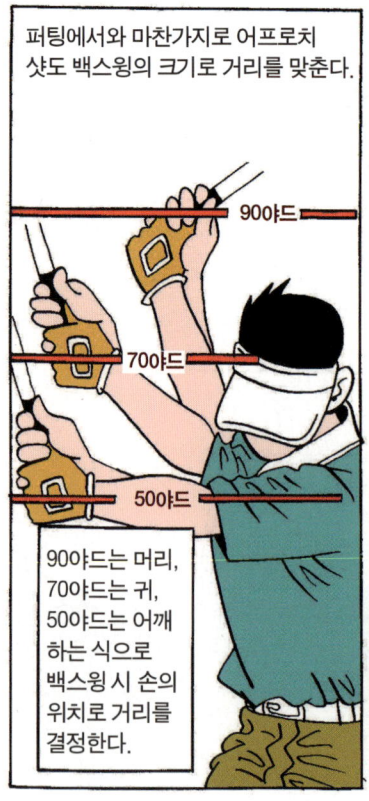

4 숏 아이언 샷도 다운 블로 스윙을 한다

임팩트 직후에 스윙 궤도 최하점이 이루어진다

아이언 샷은 볼을 직접 때리는 다운 블로 스윙이어야 한다. 이것은 숏 아이언 샷에서도 마찬가지다. 따라서 숏 아이언 샷도 다운 블로 스윙을 하면 된다.

많은 주말 골퍼들이 뒤땅을 치고 있다. 게다가 연습장에서 아이언 샷을 하면서 '퍽' 하고 자주 매트 치는 소리를 내는 골퍼들도 있는데, 이런 연습은 백해무익하며 뒤땅치기를 하고 있다는 증거이다. 매트에서는 약간 뒤땅을 쳐도 볼이 어느 정도 나가지만, 실전 라운딩을 하는 풀 위에서는 전혀 비거리가 나오지 않는 것을 명심해야 한다.

숏아이언 샷도 미들아이언과 마찬가지로 임팩트 직후에 스윙 궤도의 최하점이 오는 다운 블로 스윙을 해야 한다.

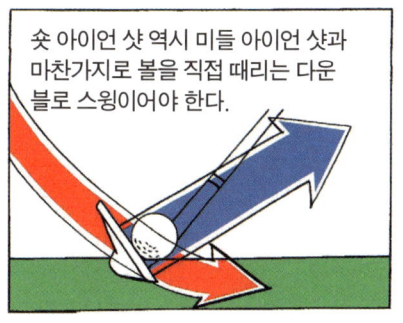

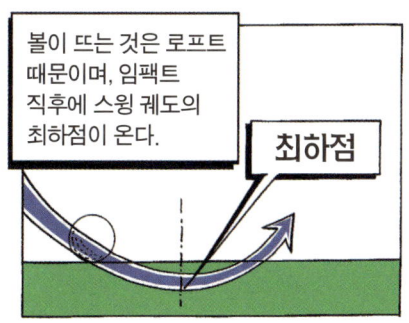

Part 05
숏게임

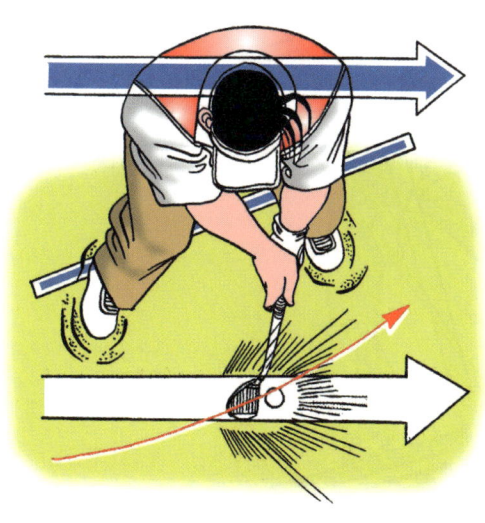

1 경사면 샷과 트러블 샷

왼발 내리막 라이(다운 힐 라이)의 어드레스

왼발 내리막의 어드레스

왼발 내리막 경사면은 스윙 시 폴로스루 방향이 낮기 때문에 조금이라도 힘을 주면 균형이 깨지기 쉽다. 따라서 스탠스를 안정시키는 어드레스가 특히 중요하다.

체중을 왼발에 싣고 양쪽 어깨선을 경사면과 평행으로 맞춘다. 왼발 내리막은 평지보다 클럽의 로프트가 선다. 7번 아이언의 로프트가 5~6번 아이언의 로프트가 되므로 볼이 낮게 날아가고 런도 많다.

따라서 평소보다 한 단계 작은 클럽(평소 7번이면 8번 아이언을 선택)을 선택하여 그린을 노리면 된다.

- 체중은 왼발에 싣고, 양어깨를 경사면과 평행으로 맞춘다.
- 왼발 내리막은 평지보다 클럽의 로프트가 선다. 즉 7번 로프트가 5~6번 로프트가 된다. 따라서 평소보다 한 단계 작은 클럽(7번이면 8번 아이언 선택)을 선택한다.

왼발 내리막 라이의 타법

왼발 내리막의 경사면은 볼을 띄우기가 어렵다. 그 이유는 클럽의 로프트가 서는 것과 위에서 아래로 휘두르는 스윙 궤도 때문이다.

　왼발 내리막에서는 백스윙 시 무릎의 높이를 유지하는 것이 중요하다. 그러기 위해서는 오른발을 고정한 채(= 체중을 왼발에 그대로 실음)로 상체만을 회전하면서 클럽을 업라이트하게 올려야 한다. 이때 비거리에 대한 욕심을 버리고 평소 스윙보다 적은 힘(3/4 백스윙)으로 스윙을 한다. 다운스윙 시에는 머리 높이를 고정한 채 상체만으로 경사면을 따라 클럽을 휘두르면 된다. 스윙 시 오른발로 체중이 이동되면 더프가 발생할 수 있으므로 어드레스에서 왼발에 체중을 실은 자세 그대로 체중 이동이 없이 스윙을 해야 한다.

왼발 내리막 라이의 타법

- 비거리에 대한 욕심을 버리고 평소 스윙보다 작은 힘(3/4 백스윙)으로 스윙을 한다.
- 스윙을 하는 동안 체중 이동을 하지 않고 왼발에 실은 채 상체만으로 휘두른다.
- 다운 힐 라이에서의 샷은 슬라이스가 나기 쉬우므로 목표보다 약간 왼쪽을 겨냥한다.

왼발 오르막 라이(업 힐 라이)의 어드레스

업 힐 라이는 왼발 쪽이 높은 라이를 가리킨다. 업 힐 라이의 경사면 역시 다운 힐 라이와 마찬가지로 발판이 불안정하므로 하반신을 단단히 고정시키고 어드레스를 하며, 스윙 중에도 다리(특히 무릎)을 고정시킨 채 스윙을 해야 한다. 체중을 오른발에 싣고, 양어깨면을 경사면과 평행으로 맞춘다.

 스윙은 체중 이동을 하지 않고 상체(팔)만으로 하며 풀샷이 아닌 3/4 스윙을 해야 한다. 훅이 나기 쉬우므로 목표의 오른쪽을 겨냥하고 친다. 보통 때보다 로프트가 커지므로 7번 아이언으로 맞는 거리라면 로프트가 한 단계 작은 6번 아이언으로 바꾸어 스윙을 하면 스윙이 편안해진다.

왼발 오르막 라이의 어드레스

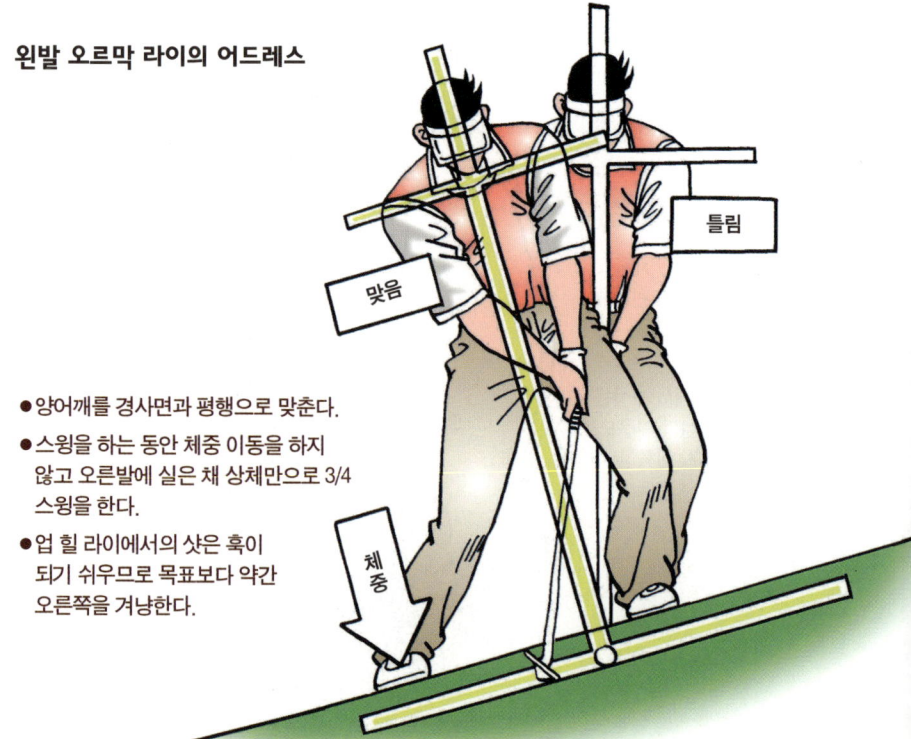

- 양어깨를 경사면과 평행으로 맞춘다.
- 스윙을 하는 동안 체중 이동을 하지 않고 오른발에 실은 채 상체만으로 3/4 스윙을 한다.
- 업 힐 라이에서의 샷은 훅이 되기 쉬우므로 목표보다 약간 오른쪽을 겨냥한다.

발끝이 내려가는 경사면

발끝이 내려가는 경사면에서의 볼은 평소보다 낮게 위치하므로 스윙 시 무릎이 펴지게 되면 볼의 윗부분을 때리는 톱이 나기 쉽다. 이러한 미스 샷을 방지하기 위해서는 스윙할 때 두 무릎의 높이를 구부리고 어드레스를 한 뒤 스윙이 끝날 때까지 머리를 고정한 채 무릎의 높이를 바꾸지 않는 것이다.

　어드레스 시 체중을 뒤꿈치에 싣고 엉덩이를 내리며 무릎을 구부리고 평상시보다 앞으로 숙인다. 클럽을 길게 잡고 하체를 고정시킨 채 3/4 스윙을 한다.

발끝이 내려가는 라이의 타법

- 양무릎을 구부리고 어드레스를 한 뒤 스윙이 끝날 때까지 무릎의 높이를 바꾸지 않는다.
- 양무릎을 안정시키기 위해서는 스윙이 끝날 때까지 머리를 절대로 들지 않는다.
- 팔만으로 3/4스윙을 한다. 헤드가 볼을 치면 스윙이 끝났다고 생각해야 폴로스루가 커지지 않는다.

발끝이 올라가는 경사면

발끝이 올라가는 경사면에서는 볼이 평지보다 높이 올라와 있으므로 평소처럼 스윙을 하면 하체가 움직이게 되면 볼을 정확히 볼 수 없다. 그렇게 되면 더프가 나거나 톱이 나기 쉬워져 미스 샷이 된다. 이러한 미스 샷을 방지하기 위해서는 스윙할 때 하체와 머리를 고정한 채 상체만으로 스윙을 하는 것이다.

어드레스 때 체중을 발끝에 모으고 평상시보다 그립을 짧게 잡고 업라이트로 자세를 잡는다. 1클럽 짧게 잡고 하체를 고정시킨 채 3/4 스윙을 하며, 스윙은 옆에서 치듯이 하므로 야구 스윙에 가깝다.

발끝이 올라가는 라이와 타법

- 체중을 발끝에 모으고 그립을 짧게 잡고 업라이트 자세로 어드레스한다.
- 비거리 욕심을 버리고 하체를 고정시킨 뒤 상체(팔)만으로 스윙을 해야 한다.
- 볼이 목표 지점보다 왼쪽으로 날아가는 훅이 나므로 목표 지점보다 오른쪽을 겨냥한다.

숲속 탈출 ① : 안전한 탈출구 선택하기

티샷을 빽빽한 나무 숲으로 날려 낭패를 보는 경우가 있다. 이 경우 초보 골퍼들은 허둥대기 십상인데, 이때는 당황하지 말고 어떻게 하면 안전하게 탈출할 수 있는가를 먼저 판단해야 한다.

　이때는 두 가지 방법 가운데서 하나를 택해야 한다. 첫째는 나무 사이의 좁은 탈출구를 이용해 그린을 직접 공략하는 '슈퍼 샷'이고, 둘째는 그린까지 다소 거리가 있더라도 제3타를 치기 쉬운 페어웨이를 공략하는 '안전한 샷'이다. 첫번째 슈퍼 샷의 경우 A급 프로들도 성공을 장담하기 어렵다. 그런데 주말 골퍼들은 대개 티샷을 만회하기 위해 어려운 '슈퍼 샷'을 선택하는 경우가 많고 그래서 상황을 더욱 어렵게 만든다.

　'급할수록 돌아가라.'는 속담처럼 이럴 때는 '안전한 샷'을 선택하는 지혜가 필요하다. 그러면 '슈퍼 샷'을 선택했을 때보다도 더 빨리 그린에 도달하게 된다.

숲속에서는 안전한 탈출이 우선

볼이 숲속에 들어간 경우에는
①번의 무리한 선택보다는
②번의 안전을 선택하는 지혜가 필요하다.

숲속 탈출 ② : 숲속에서는 낮은 볼을

볼이 숲속에 들어갔을 때에는 난감하기 그지없다. 이때는 낮은 볼을 쳐서 숲속의 나무 사이를 탈출해야 한다. 높은 볼을 치게 되면 나뭇잎과 가지에 걸려 볼은 얼마 못 날아가서 떨어진다.

이때에는 골프채를 짧게 잡고 오픈 스탠스를 취한 뒤에 볼을 오른발 쪽에 두고 어드레스를 취하면 로프트가 작아진다. 이 자세에서 볼을 향해 헤드클럽을 위에서 내리치면 낮은 볼이 된다.

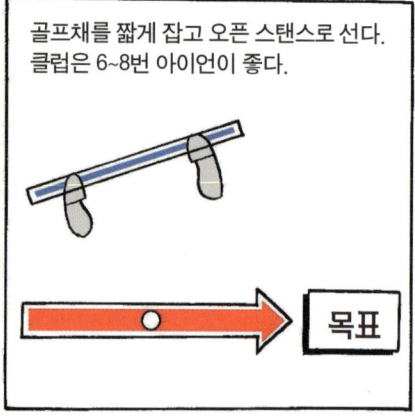

러프에서의 탈출 방법

러프에 빠진 볼

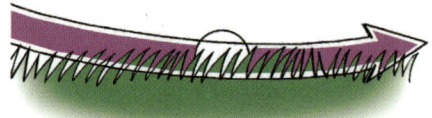

보통 스윙을 하면 잔디에 쓸리면서 헤드 스피드가 떨어진다.

러프에서의 스윙

위에서 내리쳐야 잔디에 쓸리지 않으므로 탈출이 가능하다.

위에서 내리치는 스윙

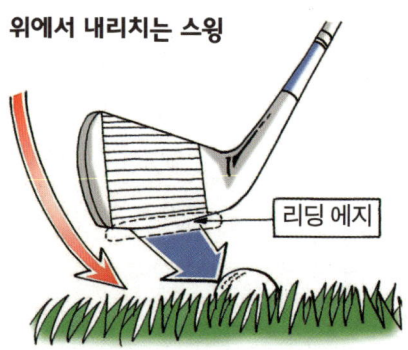

클럽을 예각으로 넣는다.

러프에 빠진 볼을 칠 때는 보통 때의 스윙으로는 안 된다. 왜냐하면 클럽 페이스와 볼 사이의 거친 잔디가 클럽 헤드의 스피드를 죽이기 때문이다.

깊은 러프에서는 헤드를 위에서 강하게 내리쳐야만 탈출이 가능하다.

위에서 내리치는 스윙이란 클럽 헤드의 리딩 에지가 볼의 중간을 가격(볼과 잔디 사이를 직접 가격)하도록 클럽을 예각으로 넣는 것이다.

볼이 러프의 잔디 위에 어떤 상태로 있느냐에 따라 클럽과 스윙 방법이 바뀐다.

볼이 러프에 떠 있다면 기본적으로 어떤 클럽이라도 가능하다.

그러나 볼이 반 정도 빠져 있다면 7번 아이언보다는 긴 클럽은 피하는 것이 좋다. 특히 볼이 반 정도 빠진 상태에서는 '플라이'가 생기기 쉽다. 플라이는 임팩트 때 클럽 페이스와 볼 사이에 풀이 끼여 스핀이 걸리지 않는 것을 말하고, 플라이가 되면 노스핀(No-Spin) 때문에 평소보다 런이 많아져 지나치게 거리가 많이 난다. 7번보다 로프트가 작은 클럽(롱 아이언 등)은 플라이가 나기 쉬우므로 금물이다.

볼이 러프에 깊이 파묻혀 거의 보이지 않는 경우에는 남은 거리가 200야드라 해도 피칭웨지나 샌드웨지만 가능하다.

러프 상태에 따른 클럽 선택

볼이 러프에 떠 있는 경우

기본적으로 어떤 클럽이나 가능하다.

볼이 반 정도 빠져 있는 경우

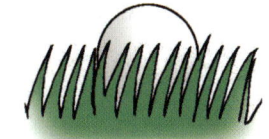

7~9번 아이언으로 가능하다.

볼이 푹 빠져 있는 경우

피칭웨지나 샌드웨지만 가능하다.

위에서 내리치는 스윙을 하기 위해서는 재빨리 코크를 해서 골프채를 업라이트로 올리고 스윙 궤도가 V자가 되도록 내리치는 것이다. 이 때 폴로스루는 크게 잡지 않는 것이 요령이다. 단, 러프에서는 그립이 약하면 클럽의 솔이 잔디에 튕겨 톱이 될 수 있으므로 평소보다 그립을 단단히 잡고 스윙해야 한다.

볼이 반 정도 빠져 있을 때는 7번이나 8번 아이언을 사용하여 플라이 방지를 위해 의식적으로 위에서 내리친다. 즉 예각으로 찔러 넣는다.

러프에서의 탈출

- 재빨리 코크해서 골프 클럽을 업라이트로 올린다.
- 폴로스루는 크게 하지 않는다.
- V자 스윙 궤도가 되도록 한다.

디봇에서의 탈출 방법

디봇은 아이언 샷에 의해 파헤쳐진 잔디를 말한다. 주말 골퍼들에게 있어서 디봇에 들어간 볼은 보통 힘든 게 아니다. 디봇에 빠진 볼은 치기도 어렵지만 거리 맞추기도 매우 어렵기 때문이다. 이때는 벙커 샷과 비스하다고 생각하면 된다.

　오픈 스탠스로 자세를 잡고, 볼을 오른발에 가까이 둔다. 그 자세에서 백스윙을 재빨리 코크를 해서 올린 뒤 다운스윙은 위에서 내리치는 V자 스윙을 한다. 이때 폴로스루는 무리해서 잡지 않는다.

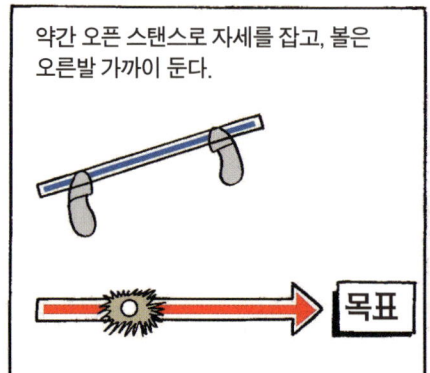

약간 오픈 스탠스로 자세를 잡고, 볼은 오른발 가까이 둔다.

목표

이 자세에서는 로프트가 작아지면서 클럽 페이스가 세워지게 됩니다.

백스윙은 재빨리 코크를 해서 비구선을 따라 올려 준다.

틀림

맞음

다운스윙은 위에서 내리치는 V자 스윙을 한다.

폴로스루는 무리해서 잡지 않는다.

2 어프로치 샷

어프로치 샷의 의의와 종류

어프로치 샷이란 그린까지의 거리가 100야드(91m) 이내인 지점에서 핀을 향해서 치는 샷을 말한다. 치는 방법도 남은 거리에 따라 여러 가지인데, 크게 나누어 러닝 어프로치(Running Approach)·피치 앤드 런(Pitch & Run)·피치 샷(Pitch Shot)의 3가지가 있다.

러닝 어프로치는 그린 에지에서 핀까지 볼을 굴려서 보내는 샷을 말한다. 러닝 어프로치를 칩 샷이라고도 한다. 피치 앤드 런은 볼을 쳐 올려서 70%는 띄우고 30% 정도는 굴리는 샷을 말한다. 피치 샷은 핀 앞에 벙커가 있거나 또는 거리가 긴 경우에 하는 샷으로서, 위로 띄운 뒤 지면에 닿는 즉시 멈추도록 치는 샷을 말한다.

어프로치 샷의 종류

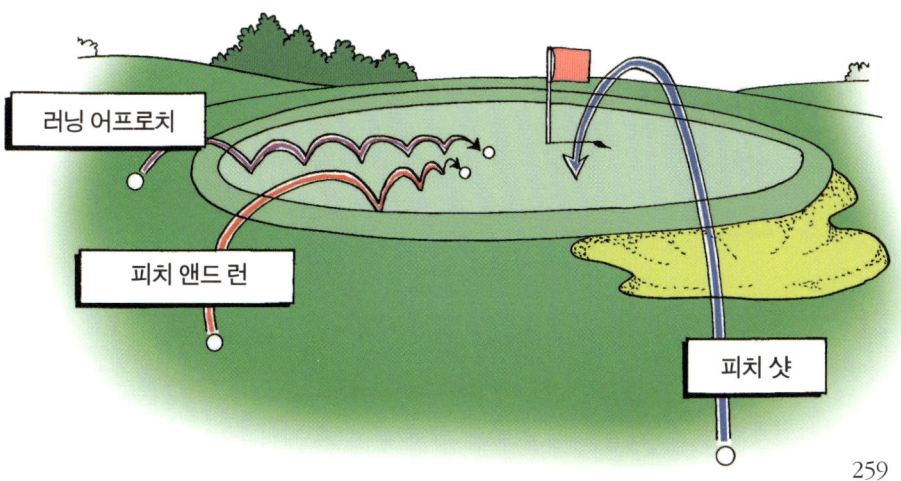

짧은 어프로치 샷의 어드레스 : y자형 어드레스

그린 주변에 와서 짧은 어프로치 샷을 실패하는 것만큼 속상한 것도 없다. 주말 골퍼들의 이러한 실패 원인은 대부분 잘못된 어드레스에 있다. 어프로치 샷은 비거리를 낼 필요가 없으므로 큰 자세를 잡을 필요가 없다. 스탠스도 좁게 하고 몸도 좁게 해서 자세를 잡아야 한다.

y자형 어드레스

짧은 어프로치 샷에서의 어드레스는 y자형 어드레스이다. 스탠스는 좁게 하고 체중을 왼발에 6:4로 싣고 눈은 볼을 바로 위에서 내려다봐야 한다.

y자형 어드레스 자세를 유지한 채 스윙을 할 때는 하체를 움직이지 않고 어깨와 팔만으로 하며, 볼을 위에서 그대로 내리치는 게 핵심이다. 예를 들어 백스윙을 하프 스윙으로 했다면 다운스윙 역시 하프 스윙만 하는 것이다. 즉 들어 올렸다가 내리치는 것뿐이니까 실수가 적고 거리를 맞추기도 쉽다.

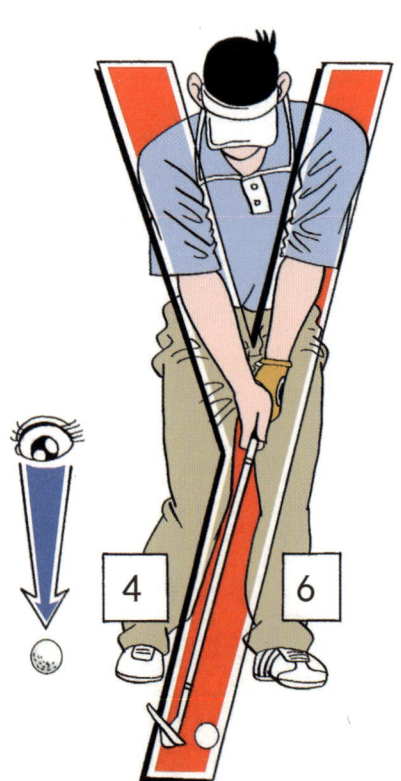

y자형은 스탠스를 좁게 하고 체중은 왼발에 많이 싣고, 눈은 볼을 바로 위에서 내려다보는 형태다.

러닝 어프로치(칩 샷)

러닝 어프로치는 그린 에지에서 핀까지 볼을 굴려서 보내는 샷으로, 칩 샷이라고도 한다. 그린까지 남은 거리가 짧고 도중에 러프가 없는 좋은 라이에서 친다.

러닝 어프로치, 즉 칩 샷은 클럽을 짧게 쥐고 왼팔과 샤프트가 일직선이 되게 하고 스탠스를 좁게 해서 가벼운 오픈 스탠스를 취한다. 이때 체중을 왼발에 실리도록 어드레스를 한다. 볼의 위치는 스탠스의 중심에 위치하고 양발은 타킷 라인과 약 15도 정도 오픈한다. 클럽 페이스는 스퀘어로 한 채 손목을 사용하지 않고 양어깨의 회전만으로 스윙한다.

그린 에지 등 잔디가 짧은 곳에서는 퍼터를 사용하며, 그 외의 곳에서는 6번이나 7번 아이언 등 로프트가 아주 크지 않은 아이언으로 공을 살짝 굴리듯 스윙을 한다.

러닝 어프로치의 어드레스

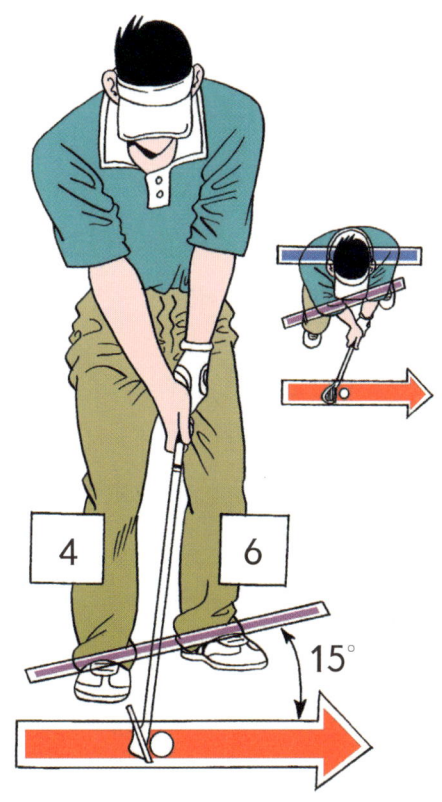

손목을 사용하지 않고 양어깨의 회전만으로 스윙한다.

러닝 어프로치는 볼을 굴려서 핀에 붙이는 샷이다. 이때 볼에 백스핀(역회전)이 걸리면 그린에서 굴러가는 거리가 일정하게 되지 않으므로, 퍼팅에서와 마찬가지로 헤드를 낮게 들어 빗자루로 쓸듯이 쳐야 한다. 손목을 사용하지 않고 양어깨의 회전만으로 '천천히' 클럽을 끌어 그대로 공에 맞추어 임팩트를 해야 한다. 폴로스루 역시 임팩트의 탄성으로 완성하면 된다. 클럽에 따라 캐리와 런의 비율이 다르므로 주의해야 한다.

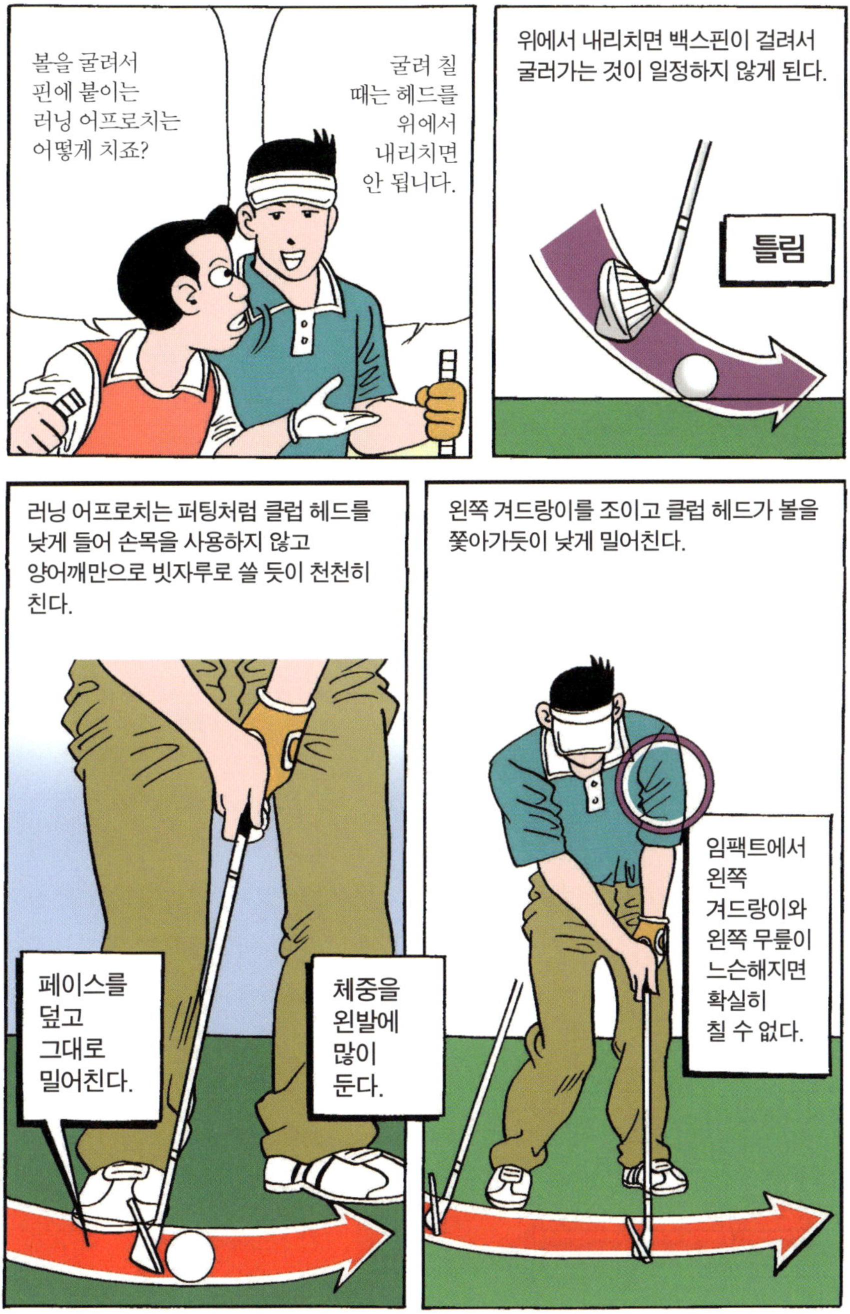

피치 앤드 런

피치 앤드 런은 가장 많이 사용되는 어프로치 샷이다. 볼을 쳐 올려서 그린 위로 떨어뜨린 다음에 핀까지 굴러가게 하는 샷이다. 피치 앤드 런은 볼과 그린 사이에 잔디가 있거나 그린 위쪽까지 경사가 진 경우에 사용한다.

피치 앤드 런은 왼팔과 샤프트가 일직선이 되게 하고 스탠스를 좁게 해서 가벼운 오픈 스탠스를 취한다. 이때 체중은 왼발에 더 실리도록 한다. 볼의 위치는 스탠스의 중심에 위치하고 양발과 몸의 라인은 약 15도 정도 오픈한다. 오픈 스탠스를 취했어도 상체(어깨와 허리)는 타킷 라인과 평행을 이루어야 한다. 클럽 페이스는 스퀘어로 한다.

9번 아이언이나 피칭웨지는 로프트가 크므로 볼을 쉽게 띄울 수가 있다. 9번 아이언의 경우 2/3이 캐리, 1/3이 런이므로 이를 염두에 두고 볼을 떨어뜨릴 위치를 판단하면 된다.

피치 앤드 런은 피칭웨지나 9번 아이언이 다루기 쉽다. 샌드웨지의 경우에는 클럽 헤드가 무거워 초보 골퍼들이 다루기 어렵다. 체중은 왼발 쪽에 더

피치 앤드 런의 어드레스

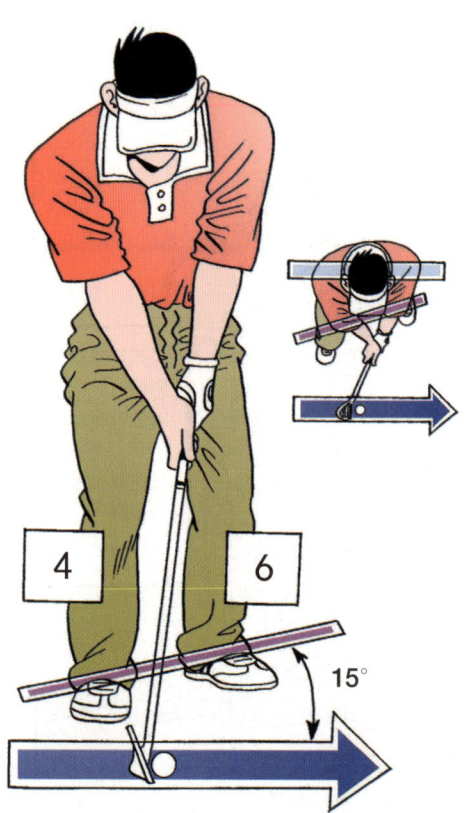

두고 스탠스를 좁게 하고 선다.

  백스윙에서 손목은 별로 사용하지 않는다. 손목을 너무 쓰면 백스핀이 걸려 볼이 굴러가는 거리가 일정치 않게 된다. 손목을 의식하지 않고 양어깨의 회전으로 클럽을 들어올린다. 다운스윙 시 손등과 함께 쳐낸다는 느낌으로 친다. 퍼팅과 마찬가지로 피치 앤드 런은 백스윙의 크기로 거리를 맞추어야 안정된 스윙을 할 수 있다. 이때 백스윙의 크기와 피니시의 크기는 같게 해 줘야 한다.

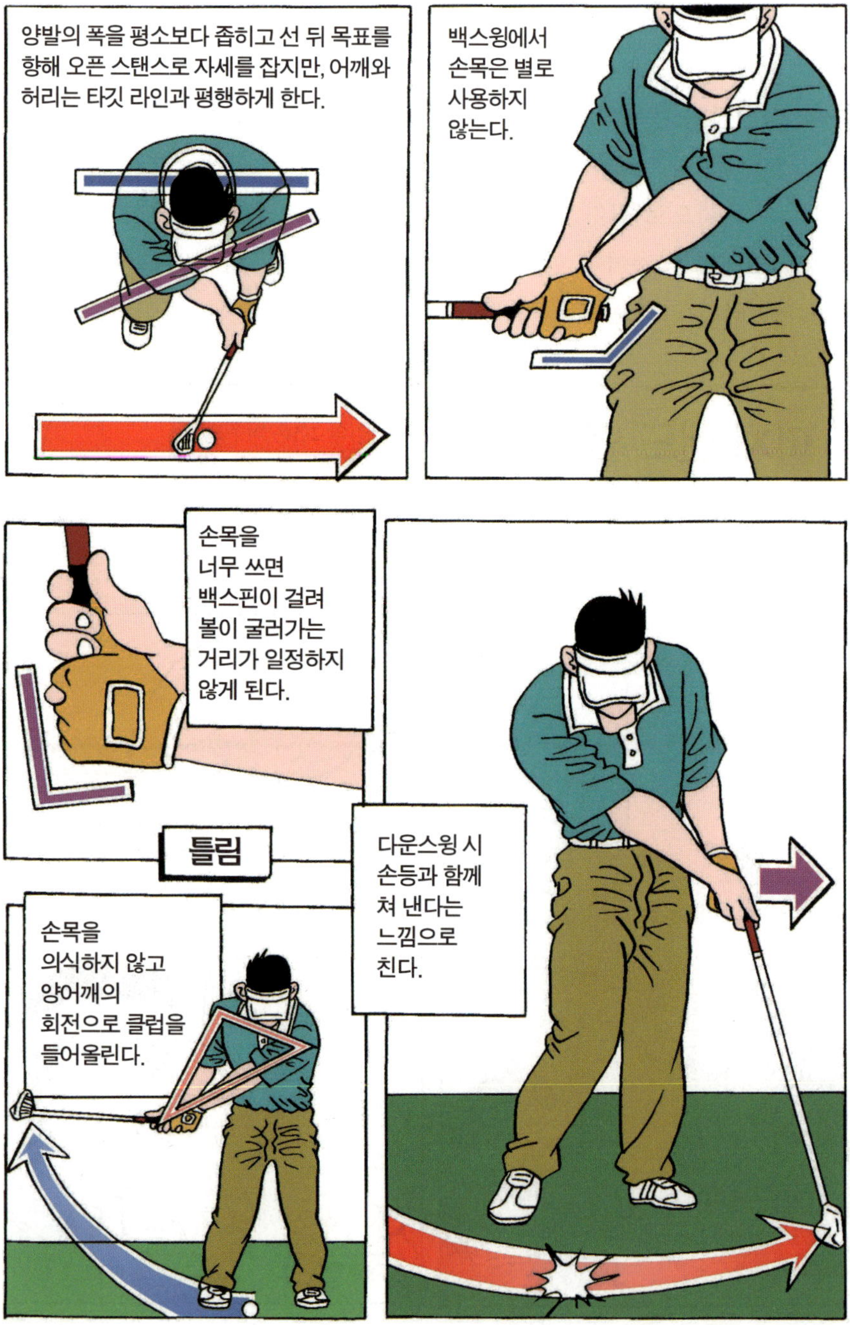

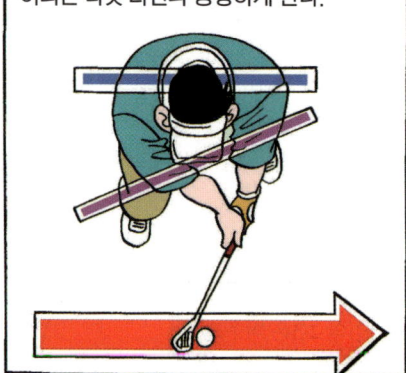

피치 샷

피치 샷(Pitch Shot)은 볼을 위로 띄운 뒤 지면에 닿는 즉시 멈추도록 하는 샷을 말한다. 피치 샷은 러닝 어프로치나 피치 앤드 런에 비해 남은 거리가 길거나 그린 앞에 벙커가 있는 경우에 사용한다. 피칭웨지나 샌드웨지를 사용하여 백스핀을 주어 공을 멈추게 하는 샷인데, 풀 스윙이 가능한 거리에서는 그다지 어렵지 않은 기술이다.

피치 샷은 왼팔과 샤프트가 일직선이 되게 하고 스탠스를 좁게 해서 가벼운 오픈 스탠스를 취한다. 이때 체중은 왼발에 더 실리도록 한다. 볼의 위치는 스탠스의 중심에서 오른발 쪽에 위치하고 양발은 타깃 라인은 약 15도 정도 오픈한다. 클럽 페이스는 스퀘어로 하며, 거리의 조절은 스윙의 폭으로 조정한다.

피치 샷은 피칭웨지를 사용하며, 백스윙 시 양어깨의 회전으로 클럽을 들어올리고, 다운스윙 시 볼을 클럽 페이스에 얹어 살짝 치고 빼는 느낌으로 임팩트를 한 뒤 폴로스루를 낮고 길게 취하는 기분으로 클럽을 휘둘러 뒤로 빼나간다.

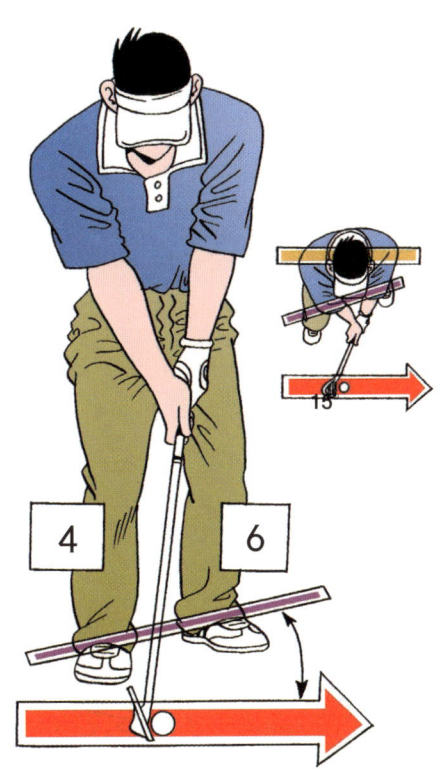

피치 샷의 어드레스

손목을 사용하지 않고 양어깨의 회전만으로 스윙한다.

3 벙커 샷

벙커 샷의 의의

벙커 샷(Bunker Shot)이란 글자 그대로 벙커 안에서 볼을 치는 샷을 의미한다. 벙커는 코스 안에 조성된 모래 웅덩이를 뜻하는데, 그린 벙커(Green Bunker)와 크로스 벙커(Cross Bunker : 일명 60야드 벙커)의 2가지가 있다.

그린 벙커는 그린 주변에 조성된 벙커로서, 이때의 벙커 샷은 볼 바로 앞의 그라운드(모래)를 쳐서(익스플로죤 샷) 모래의 폭발력을 이용하여 볼을 밖으로 밀어낸다. 일반적으로 벙커 샷이라고 하면 그린 벙커에서 하는 벙커 샷을 말한다.

크로스 벙커(60야드 벙커)는 페어웨이 중간에 조성된 벙커로서, 이때의 벙커 샷은 볼을 직접 쳐야 한다.

그린 벙커에서의 샷

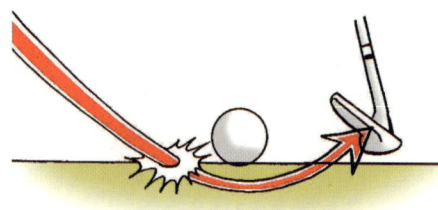

그린 벙커에서는 볼 앞의 지점에 골프 클럽을 처박아서 그 폭발력으로 볼을 쳐 올려야 한다.

크로스 벙커(60야드 벙커)에서의 샷

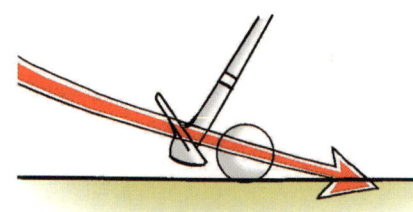

크로스 벙커에서는 그린벙커와 달리 직접 볼을 쳐야 한다.

벙커 샷의 기본

주말 골퍼들이 어렵게 생각하는 그린 주변의 벙커 샷도 기본을 알면 쉽게 쳐낼 수 있다. 벙커 샷은 불안정한 모래 위에 서서 볼 앞의 지점에 골프채를 처박아서 그 폭발력으로 쳐 올리는 특수한 샷이다.

스탠스를 넓게 하고 오픈으로 서지만, 양어깨는 타킷 라인과 평행을 유지하고 선다. 백스윙은 오픈 스탠스에 맞게 아웃-인의 궤도가 되며, 다운스윙 역시 백스윙과 마찬가지로 오픈 스탠스를 이용한 아웃-인의 커트 타법을 이용한다.

벙커 샷의 어드레스

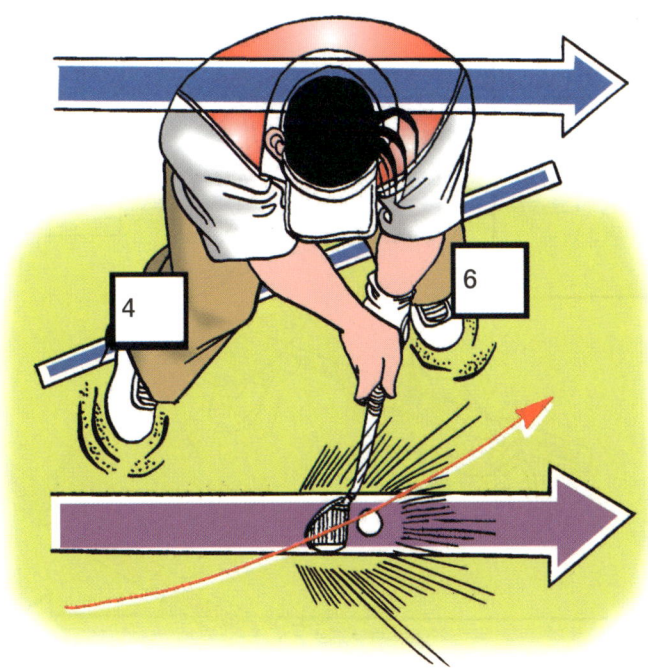

- 그린 벙커에서는 모래를 옮긴다는 생각으로 타격을 한다.
- 발을 단단히 고정하고 오픈 스탠스를 하나, 양어깨는 타킷 라인과 평행을 유지한다.

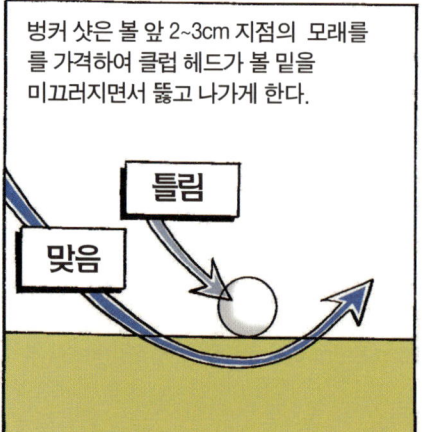

벙커 샷은 볼 앞 2~3cm 지점의 모래를 가격하여 클럽 헤드가 볼 밑을 미끄러지면서 뚫고 나가게 한다.

틀림
맞음

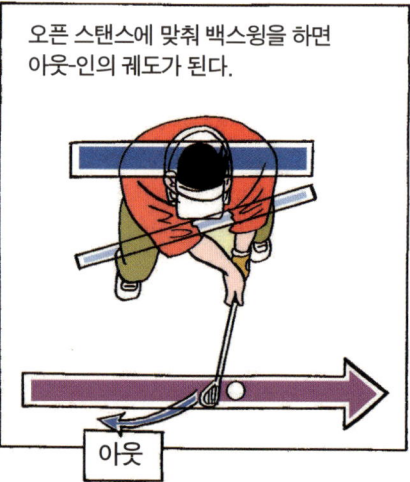

오픈 스탠스에 맞춰 백스윙을 하면 아웃-인의 궤도가 된다.

아웃

다운스윙의 궤도 역시 백스윙과 마찬가지이므로 아웃-인으로 내리치면 된다. (아웃-인의 커트 타법이 된다.)

양어깨와 타킷 라인이 평행하므로 볼은 목표를 향해 날아간다.

벙커 샷과 코크

벙커 샷은 일반 샷과는 다른 특징이 있다. 그것은 바로 볼 앞 2~3cm 정도 되는 지점을 노리고 클럽 헤드를 처박아야 한다는 것이다. 그러기 위해서는 골프 클럽을 세워야 하는데, 이를 위해 코크를 이용해야 한다. 코크를 할 때는 왼손 엄지를 위로 세우면 된다.

코크를 사용하려면 왼손 엄지를 위로 세운다. 이때 왼손 엄지가 앞을 향하지 않고 위를 향하게 한다.

맞음 틀림

- 코크를 이용해서 클럽을 세워서 올리면 목표점(볼 앞 2~3cm 정도)에 헤드를 처박기 쉽다.
- 목표점을 칠 수 있음

프라이드 에그 Fried Egg

프라이드 에그란 벙커에 들어간 볼이 모래에 파묻혀 마치 계란 프라이처럼 된 상태를 말하며, 그만큼 모래가 부드럽다는 증거다. 프라이드 에그는 벙커 샷 중에서도 제일 어려운 샷이다.

　오픈 스탠스 상태에서 볼을 두 발의 중앙에 오도록 한다. 부드러운 모래일수록 저항이 강하므로 양발을 확실히 모래 속에 둔다. 보통의 경우가 볼 앞 2~3cm 정도 앞이라면, 프라이드 에그에서는 5~6cm 정도 앞을 과감히 치면 된다. 모래의 폭발력만으로 볼을 쳐내야 하므로 그립을 단단히 쥐고서 폴로스루 없이 모래 속에 깊이 처박는다. 즉 '임팩트 = 폴로스루'라는 마음으로 샷을 한다.

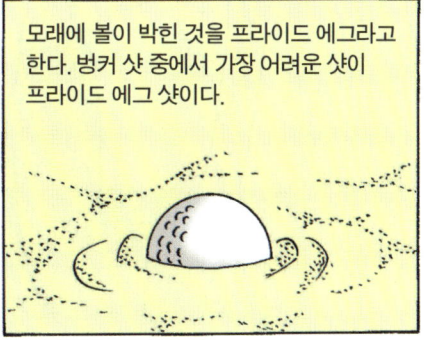

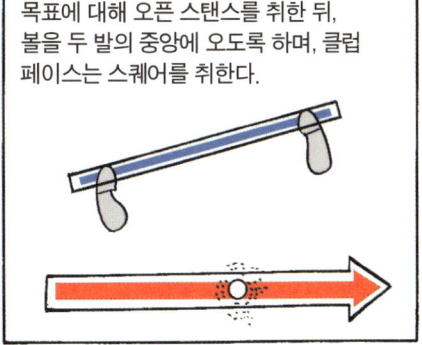

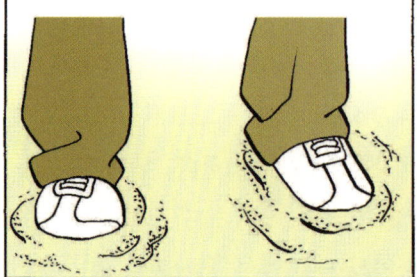

부드러운 모래일수록 저항이 강하므로 양발을 확실히 모래 속에 둔다.

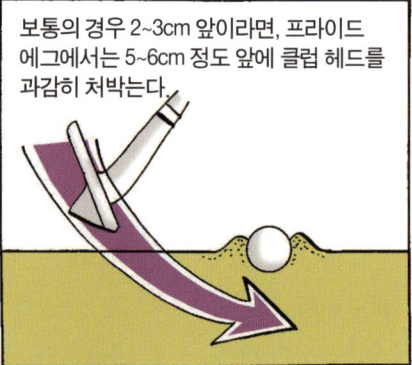

보통의 경우 2~3cm 앞이라면, 프라이드 에그에서는 5~6cm 정도 앞에 클럽 헤드를 과감히 처박는다.

- 왼발에 체중을 싣고서 - 왼발 대 오른발의 체중 비율은 60 : 40 - 코크를 사용해 위에서 강하게 내리친다.
- 모래의 폭발력으로 볼을 쳐내야 하므로 폴로스루 없이 모래 속에 클럽 헤드를 깊이 처박는다.

60야드 벙커 샷의 스윙

60야드 벙커 샷(크로스 벙커 샷)은 오픈 스탠스 상태에서 볼을 오른발 끝에 두고 피칭웨지로 쳐야 한다. 양손은 왼쪽 허벅지 앞이므로 로프트가 작아지게 된다.

 백스윙 시 양어깨와 팔이 만드는 삼각형을 유지한 채 양어깨만으로 코크 없이 클럽을 들어올린다. 다운스윙 시 삼각형을 유지시키면서 오직 클린 히트(Clean Hit)만을 목표로 한다. 폴로스루를 의식하지 않고 볼을 치며, 스윙 이후 볼에 런이 많이 발생하므로 미리 런을 계산해야 한다.

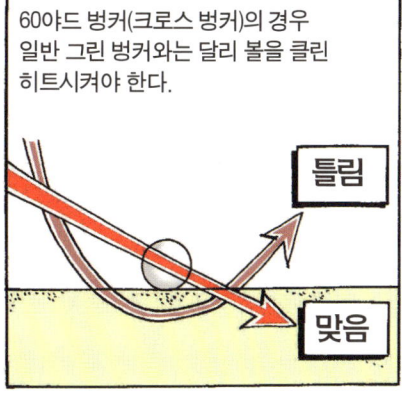

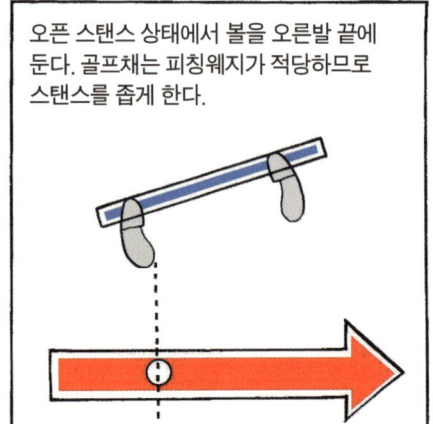

오픈 스탠스 상태에서 볼을 오른발 끝에 둔다. 골프채는 피칭웨지가 적당하므로 스탠스를 좁게 한다.

손은 왼쪽 허벅지 안쪽 앞에 오므로 피칭웨지의 원래 로프트보다 작아진다.

이 자세에서 코크 없이 어드레스 때 만든 삼각형을 유지하면서 양어깨만으로 백스윙을 한다.

다운스윙 때에도 삼각형을 유지하면서 클린 히트를 노린다.

폴로스루는 의식하지 않고 치는데, 런이 많이 발생하므로 미리 런을 계산한다.

4 퍼팅

퍼팅 라인의 경사도

퍼팅(Putting)이란 그린 위에 놓인 볼을 홀컵에 넣기 위해 굴려 치는 것을 말한다. 퍼팅은 스코어와 직결되므로 매우 중요한 플레이다. 적은 타수로 홀 아웃하려면 퍼팅의 방향과 거리를 확실히 알아야 하며, 특히 퍼팅 라인의 경사도를 잘 볼 줄 알아야 한다.

퍼팅 라인은 기본적으로 오르막 라인, 내리막 라인, 슬라이스 라인, 훅 라인의 4가지가 있다. 오르막 라인은 홀컵이 볼보다 높은 곳에 있는 경우이고, 내리막 라인은 홀겁이 낮은 곳에 있는 경우이다. 슬라이스 라인은 퍼팅한 볼이 오른쪽으로 흐르는 경우이고, 훅 라인은 왼쪽으로 흐르는 경우이다.

퍼팅 라인의 경사도 4가지

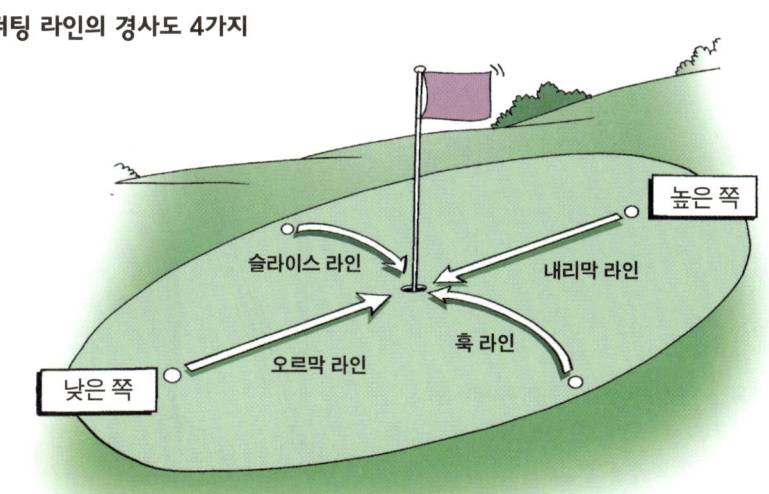

볼의 위치는 왼쪽 눈의 수직 아래

퍼트(Putt)란 그린 위로 올라간 볼을 홀컵을 향해 쳐서 굴리는 것을 말한다. 다른 말로는 퍼팅(Putting)이라고도 한다. 퍼팅은 크게 롱퍼트(Long Putt)와 숏퍼트(short Putt)의 두 가지로 나뉜다. 롱퍼팅은 홀컵까지의 거리가 10m 이상 되는 긴 퍼팅을 말하고, 숏퍼팅은 거리가 1m 정도 되는 짧은 퍼팅을 말한다.

롱퍼팅과 숏퍼팅에 있어서 제일 중요한 것은 자세이다. 스탠스에서 양발 라인이 퍼팅 라인과 평행을 유지해야 하며, 특히 왼쪽 눈은 볼 위를 수직선으로 보아야만 한다.

퍼팅의 기본

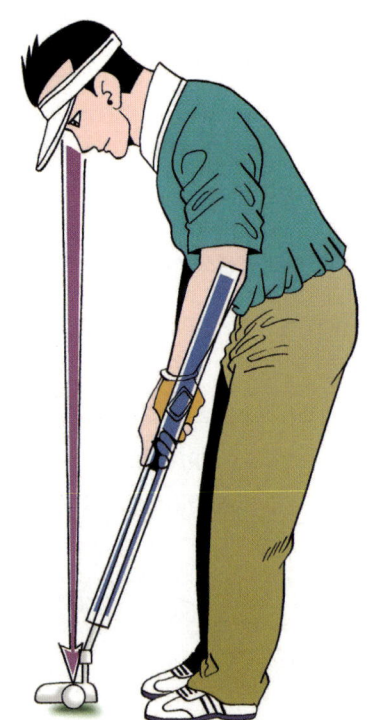

- 왼쪽 눈 아래 수직선상에 볼이 있어야 한다.
- 팔꿈치부터 손과 퍼터가 일직선이 되도록 한다.
- 양무릎은 거의 구부리지 않는다.

어깨-팔-그립으로 5각형 만들기

왼쪽 눈과 볼이 일직선상에 오도록 함과 동시에 양어깨와 양팔 및 그립의 모양이 5각형을 이루어야 한다. 이 5각형 각도는 퍼팅에 있어서 안정된 스트로크(Stroke : 클럽으로 볼을 때리는 것)를 가능하게 해 주므로 매우 중요하다.

  퍼팅 때에 5각형 구도가 무너지면 볼이 제대로 홀컵을 향해 굴러가지 않게 된다. 5각형 구도를 유지하기 위해서는 시계추가 왔다 갔다 하듯이 퍼팅이 이루어져야 한다.

퍼팅의 기본

- 양어깨와 양팔 및 그립이 5각형을 이루어야 한다.
- 이처럼 원호를 그리듯 스트로크한다.

롱퍼트에서의 거리 맞추는 퍼팅 방법

중심과 중심 맞추기

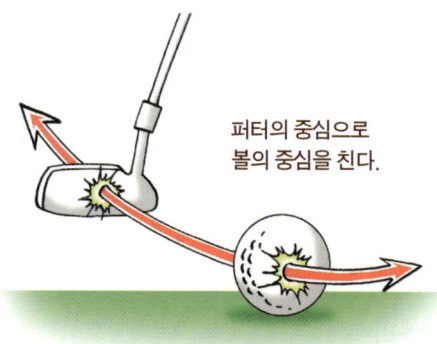

퍼터의 중심으로 볼의 중심을 친다.

롱퍼트에서 거리를 맞추기 위해서는 퍼터의 중심으로 볼의 중심을 정확히 쳐야만 한다.

 퍼팅을 연습할 때 볼을 홀컵에 넣는 것도 중요하지만, 더 중요한 것은 퍼터의 중심으로 볼의 중심을 맞추는 것을 연습하는 것이다.

 정확한 퍼팅을 위해서는 일반 스윙과 마찬가지로 원호(시계추 운동)를 그려야 하며, 이때 양손 그립은 양어깨와 지면을 잇는 수직선의 범위를 벗어나지 않도록 한다. 그래야만 5각형을 유지하면서 일정한 시계추 운동이 가능해진다.

양손 그립의 범위

양손 그립이 양어깨와 지면을 잇는 수직선의 범위를 벗어나지 않도록 한다.

롱퍼트에서의 자세

숏퍼트(1m 이내)에서는 방향성이 중요하므로 퍼팅 시 흔들림이 없어야 한다. 따라서 몸을 다소 숙이고 숨을 죽인 채 퍼팅에 임해도 되지만, 롱퍼트(10m 내외)에서는 거리감이 중요하므로 가능하면 몸을 세워서 시야를 넓게 만들어야 한다.

  롱퍼트에서는 볼을 목표에 밀듯이 퍼터를 밀어내면서 팔로우를 길게 잡으면 거리를 맞출 수 있다.

경사면에서의 롱퍼트

오르막 경사의 롱퍼트인 경우에는 볼이 굴러가는 가상 라인을 상상해야 한다. 그러나 실제 퍼팅 라인은 가상 라인보다 안쪽으로 쳐야 한다. 왜냐하면 오르막이므로 볼을 강하게 쳐야 볼이 똑바로 가다가 컵 근처에서 휘어져 들어갈 수 있기 때문이다.

내리막 경사면의 경우에는 가상 라인보다 바깥쪽으로 쳐야 한다. 내리막에서는 볼이 천천히 굴러가도록 쳐야 한다. 왜냐하면 내리막에서는 천천히 굴러가다가 마지막 단계에서 구부러져 홀컵에 들어가기 때문이다. 따라서 내리막에서는 가상 라인보다 바깥쪽에 실제 퍼팅 라인이 되도록 볼을 쳐야 한다.

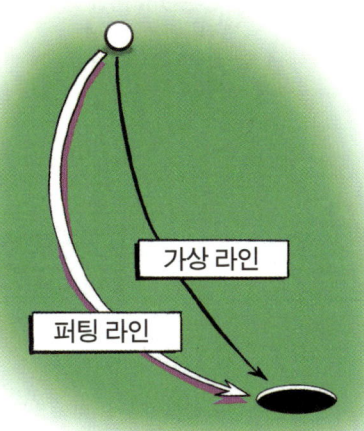

숏퍼트는 귀로 본다

숏퍼트할 때 반드시 명심해야 할 명언이 있다. 바로 "숏퍼트에서는 볼이 들어가는 소리를 왼쪽 귀로 들어라."라는 말이다. 이는 숏퍼트할 때 머리를 빨리 들지 말라는 뜻이다.

주말 골퍼들이 숏퍼트에서 실패하는 가장 큰 이유는 조급해 하면서 퍼팅 결과를 빨리 보려고 헤드 업을 하는 것이다. "볼이 들어가는 소리를 왼쪽 귀로 들어라!"라는 명언을 명심하자.

숏퍼트에서의 머리 고정

숏퍼트에서는 볼이 들어가는 소리를 왼쪽 귀로 듣는다.

숏퍼트에서는 폴로스루는 짧게 하라

숏퍼트에서 폴로스루를 크게 하면 왼쪽 팔이 뜨게 되어 클럽 페이스의 방향이 바뀌어 버린다.

숏퍼트에서 쓸데없는 폴로스루를 잡지 않기 위해서는 왼쪽 겨드랑이를 조이고, 왼쪽 팔꿈치를 지탱점으로 고정시킨 뒤 오른손으로 밀어내듯 친다. 그러면 정확한 임팩트를 할 수 있고, 또한 불필요한 폴로스루도 방지하게 되어 임팩트 이후에도 페이스의 방향이 바뀌지 않는다.

숏퍼트에서 큰 폴로스루는 금지

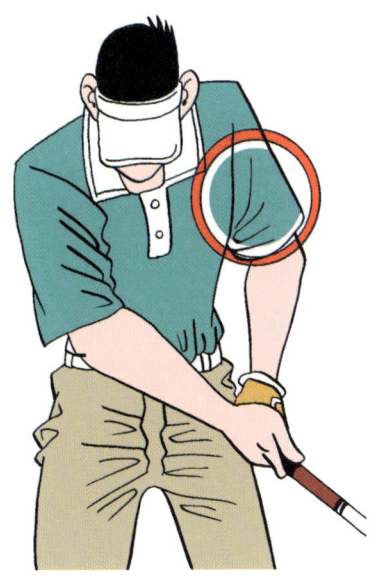

숏퍼트에서 폴로스루를 크게 하면 페이스의 방향이 바뀐다.

폴로스루를 짧게 하는 방법

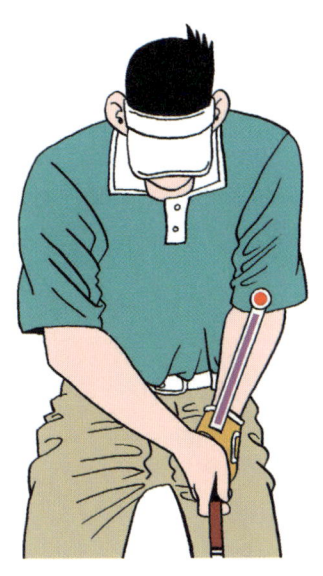

왼쪽 겨드랑이를 조이고 왼쪽 팔꿈치를 축으로 고정시킨다.

숏퍼트에서는 홀컵 중앙을 겨냥하라

주말 골퍼들이 어렵게 생각하는 숏퍼트지만, 숏퍼팅을 잘하는 비결이 있다. 그것은 바로 '홀컵 중앙을 겨냥'하는 것이다.

  1m 내외의 거리이므로 어지간한 경사는 무시하고 오로지 홀컵 중앙만을 목표로 하여 평소보다 강하게 때린다. 왜냐하면 볼이 조금 강하게 굴러가야 경사의 영향을 덜 받기 때문이다.

초보 골퍼의 경우, 비록 볼과 컵과의 거리가 1m 내외라 하더라도 경사면의 각도와 거리를 정확히 파악하기는 불가능하다. 그러므로 1m 내외에서는 경사를 무시하고 오직 홀컵 중앙만을 겨냥하여 스트로크하는 것이 효과적이다.

숏퍼팅 잘하는 비결

숏퍼트에서는 홀컵 중앙을 겨냥해서 스트로크한다.

골프 용어

A

Ace 에이스 | 티 박스에서 단 한 번 스윙으로 홀에 집어넣는 것. '홀인원'이라고도 알려져 있다. 만약 공이 깃대에 기대어져 있을 때는 깃대를 조심스레 움직여서 공이 구멍 안으로 들어갈 수 있게 치울 수 있다.

Address 어드레스 | 공을 치는 자리에 서서 공을 치기에 앞서 클럽을 조정하는 것을 말한다.

Albatross 알바트로스 | 규정 타보다 3타 적은 수로 홀인하는 경우.

Apron 에이프론 | 짧게 깎은 풀로 이루어진 그린 둘레를 말함.

B

Back nine 백 나인 | 18홀 골프 코스에서 두 번째 코스를 말한다. 대부분의 골프 코스에서 첫 번째 9홀은 클럽 하우스로부터 곧바로 펼쳐져 있다. 그리고 나서 플레이어는 방향을 바꿔 다시 돌아 들어온다.

Back spin 백 스핀 | 볼의 역회전. 언더 스핀이라고도 한다. 로프트가 있는 클럽으로 바르게 친 볼은 백 스핀으로 나간다.

Back swing 백 스윙 | 샷을 위해 클럽을 뒤로 스윙하는 모션.

Back stroke 백 스트로크 | 샷을 위해 클럽을 뒤로 스윙하는 모션.

Ball 볼 | 골프 공. 미국 사이즈는 직경 1.68인치보다 작지 않고 무게는 1.62온스보다 무겁지 않은 것. 영국 사이즈는 1.62인치보다 작지 않고 무게는 1.62온스보다 무겁지 않은 것. 이 2가지가 공식 볼로 인정되어 있다.

Baseball Grip 베이스 볼 그립 | 오버래핑 또는 인터로킹이 아닌 야구 배트를 쥐는 형태의 그립.

Birdie 버디 | 한 홀의 규정 타수보다 하나 적은 타수로 홀인하는 것.

Bisk 비스크 | 사전상으로는 약한 쪽에 주는 1점(1스트로크)의 핸디캡이라는 뜻으로 골프에서는 핸디캡 홀을 스스로 선택할 경우에 이것을 비스크(bisk)라고 한다.

Blade 블레이드 | 아이언 클럽의 칼날형으로 된 부분.

Blade putter 블레이드 퍼터 | 평평한 면의 금속으로 된 경타용 골프채.

Blast 블래스트 | 벙커에서 모래를 폭발시키듯 크게 치는 것으로 익스플로우젼 샷과 같다.

Blow 블로 | 강타. 힘을 넣어 치는 것.

Bogey 보기 | 파보다 하나 더 친 타수로 홀인하는 것을 말한다.

Bogey player 보기 플레이어 | 1홀 평균 스코어가 보기로서 오르는 골퍼를 말한다. 즉 1라운드 90전후의 사람으로 애버리지 골퍼와 같은 뜻이다.

British open 브리티시 오픈 | 1860년에 개설

했으며, 세계에서 가장 오래된 역사를 자랑하는 오픈 선수권.

Bunker 벙커 | 웅덩이를 파서, 흙 또는 모래 등을 깔아 놓은 장애물. 경우에 따라서는 잡초가 깔려 있는 웅덩이도 이 범위에 속하며, 그래스 벙커(Grass Bunker)라고 부른다.

Bunker rake 벙커 레이크 | 벙커를 고르게 하는 고무래.

Bunker shot 벙커 샷 | 벙커 안에 떨어진 공을 그린 또는 페어웨이로 쳐내는 타법으로, 벙커에서 샷을 할 때는 클럽이 모래에 닿게(sole) 되면 벌타가 부과된다.

Buried lie 베리드 라이 | 볼이 부드러운 잔디나 모래에 떨어져 거의 시야에서 사라져 버렸을 때 일어나는 불운한 상황.

C

Caddie 캐디 | 플레이의 진행을 돕는 사람. 룰 상으로는 플레이어의 유일한 원조자가 되는 셈이며, 캐디의 조언을 받아도 무방하다.

Carpet 카펫 | 페어웨이 또는 퍼팅 그린을 말함.

Carry 캐리 | 사전상으로는 볼이 날아간 거리, 사정 거리라는 뜻으로 골프에서는 볼이 공중을 나는 거리를 말한다.

Cart 카트 | 캐디 백을 실어 나르는 수레를 캐디 카트 또는 골프 카트라고 한다. 1백용, 2백용의 손으로 끌고 다니는 수레, 4백용의 전동 캐디 카트도 있고, 타고 다니는 캐디 카트도 있다.

Casual water 캐주얼 워터 | 사전상의 의미는 코스의 장애로, 일부러 만든 것이 아니고 비 따위로 괸 물이라는 뜻. 골프에서는 코스 내에 우연히 생긴 일시적인 습지로 워터 해저드와는 구별된다.

Center of gravity 센터 오브 그래비티 | 골프채의 헤드 무게를 배분한 중심점. 그 위치가 낮고 깊을수록 볼은 잘 떠오른다.

Center weight 센터 웨이트 | 뒤쪽과 앞쪽의 중심 이론과는 전혀 반대가 되는 입장을 주장하는 골프 이론으로 헤드의 중심을 센터에 집중시킨다. 중심으로 명중시켰다면 힘이 최대한으로 발휘되지만 명중이 안 되면 관성 모멘트가 작기 때문에 큰 미스 샷을 내게 된다.

Centrifugal Force 원심력, 遠心力 | 원 또는 곡선상에서 원 또는 원호를 따라가는 것이 아니라 계속 직선 방향으로 가려는 물체의 힘으로 커브 길을 주행하는 차가 직진하려는 관성적인 힘을 말한다. 원심력은 질량(무게)에 비례하고 속도의 제곱에 비례하며 곡률 반경에 반비례한다. 예를 들면 차가 커브 길을 돌 때 원만(곡률 반경이 大)할수록 원심력이 작고, 차속이 빨라질수록 원심력이 커지는 것을 알 수 있다.

Champion course 챔피언 코스 | 공식 선수권 경기를 할 수 있는 정규의 설비를 갖춘 코스로 홀 수는 18홀. 전장은 6,500야드 이상으로 규정되어 있다.

Chip and run 칩 앤드 런 | 4, 5번 아이언과 같은 짧은 로프트를 가진 클럽으로 치는 샷. 그린의 가장자리나 러프에서 주로 사용하며, 칩 샷으로 꺼낸 볼은 연이은 퍼팅으로 홀 컵에 집어넣는다. 대체로 그 비율은 1/3은 칩 샷에, 2/3는 퍼팅 즉, 런(run)에 할애된다.

Chip in 칩 인 | 칩 샷으로 볼이 홀에 들어가는 것.

Chip shot 칩 샷 | 사전상으로는 손목만 사

용해 볼을 짧게 친다는 뜻. 어프로치 샷의 일종으로 단거리에서 핀을 치는 샷.

Choke 초크 | 맥을 못 추다. 압박에 약하다는 뜻. 클럽을 짧게 잡는 것도 초크한다고 함.

Closed face 클로즈드 페이스 | 어드레스했을 때 골프채의 타면 방향이 왼쪽일 때. 스윙 도중 톱 스윙에서 골프채의 타면이 거의 곧장 위로 향할 때. 우드 클럽으로 슬라이스를 막기 위해 헤드를 직각보다 왼쪽으로 향하게 할 때.

Closed stance 클로즈드 스탠스 | 기본이 되는 스탠스의 일종으로 볼의 비행선과 평행한 가정선에서 오른발을 약간 뒤쪽으로 끌어 딛고 서는 스탠스.

Club 클럽 | 골퍼가 볼을 치기 위해 사용하는 골프채의 머리 부분. 골프 용구일 경우 14개 이상의 클럽을 가지고 라운드하는 것은 허용되지 않는다.

Club face 클럽 페이스 | 클럽 헤드의 볼을 치는 면. 타구면.

Club head 클럽 헤드 | 클럽의 선단을 말함. 클럽 헤드의 볼을 치는 면. 타구면.

Cocking 코킹 | 손목의 꺾임.

Coil 코일 | 백 스윙 시 상체를 코일처럼 돌려 트는 것. 다운 스윙은 돌려 튼 코일을 단숨에 되푸는 것. 그 축적된 힘으로 볼을 친다.

Concede 컨시드 | 매치 플레이 시 상대방 볼이 원 퍼트로 넣을 수 있다고 생각되는 경우에 홀을 주는 것.

County club 컨트리클럽 | 원래는 전원 클럽이란 뜻이지만 지금은 대부분의 멤버제 골프 클럽에 이 명칭이 붙어 있다.

Course 코스 | 골프 코스의 생략, 골프 플레이를 위해 만든 지역 전체를 말한다. 코스에는 퍼블릭 코스(Public course), 컨트리클럽 멤버십 코스(Country membership course), 리조트 코스(Resort course), 세미 퍼블릭 코스(Semi-public course) 등이 있다.

Course rate 코스 레이트 | 기준이 되는 플레이어의 플레이를 기준으로 해서 그 코스의 여러 가지 조건을 고려해서 정한 코스의 난이도.

Course record 코스 레코드 | 각 코스에서 공식으로 인정한 최저 스코어의 기록.

Cross bunker 크로스 벙커 | 페어웨이 옆으로 비스듬하게 끊어 만든 벙커.

Cross hand grip 크로스 핸드 그립 | 퍼팅의 그립 시 오른손을 위로, 왼손을 아래로 하고 클럽을 잡는 것.

Cut shot 커트 샷 | 4번부터 웨지(wedge)에 이르는 모든 아이언 클럽을 사용해 치는 샷.

D

Decending blow 디센딩 블로 | 클럽을 스윙해서 내리는 것. 다운 블로와 같다.

Die 다이 | 퍼팅한 볼이 구르지 않고 멈추는 것.

Dimple 딤플 | 볼 표면에 꾸민 움푹한 모양. 볼을 떠올리는 힘이나 방향을 잡아 날아가는 데 크게 작용한다. 딤플이 없으면 볼 뒤에서 공기의 소용돌이가 생겨 속도가 줄게 된다.

Divot 디봇 | 볼을 쳤을 때 잔디나 흙이 클럽 헤드에 닿아 패인 곳.

Dogleg 도그렉 | 꺾인 페어웨이.

Double bogey 더블 보기 | 어떤 홀에서 파보다 2타 많은 타수.

Double eagle 더블 이글 | 파5홀을 2타로

넣을 때를 말하며, 알바트로스와 같다.
Down blow 다운 블로 | 톱 오브 스윙에서 내려친 클럽 헤드의 중심이 최저점에 이르기 전에 볼을 치는 것.
Down hill lie 다운 힐 라이 | 내려가는 사면에 볼이 정지해 있는 상태.
Down swing 다운 스윙 | 톱 스윙에서 임팩트까지 쳐 내리는 스윙.
Draw 드로 | 조를 짜다. 무승부가 되다. 샷이 떨어지는 순간에 왼쪽으로 볼이 흐르는 것.
Dribble putt 드리블 퍼트 | 퍼팅 때 숏 퍼트를 계속하는 것.
Driver 드라이버 | 최장 거리를 치기 위해 클럽에서 가장 길고 수직에 가까운 로프트의 페이스를 갖고 있는 우드 1번 클럽.
Driving range 드라이빙 레인지 | 드라이버에 의한 타구 범위 또는 200야드 이상이 넘는 연습장.
Drop 드롭 | 경기 중 볼을 잃어버렸거나 장애 지역 또는 도저히 경기가 불가능한 위치에 볼이 놓여 있을 때, 경기가 가능한 위치에 볼을 옮겨 놓거나 새로운 볼을 다시 놓는 것.
Duff 더프 | 실패한 타격. 타구 시 볼 뒤의 지면을 때리는 것.

E

Eagle 이글 | 파(기준 타수)보다 2개 적은 타수로 홀인하는 것.
Edge 에지 | 홀, 그린, 벙커 등의 가장자리 또는 끝. 아이언의 가장자리.
Even 이븐 | 스트로크 수가 같을 때 또는 승패가 서로 우열을 가리기 어려울 때를 말한다. 이븐 파라고 하면 파와 동수인 것이다.
Explosion shot 익스플로전 샷 | 볼이 벙커에 떨어졌을 때 모래와 함께 강타해서 그 압력으로 볼을 모래와 함께 벙커에서 탈출시키는 샷.
Eye off 아이 오프 | 볼을 맞힐 때 눈이 볼에서 떨어지는 것. 머리를 들게 되면 눈이 볼에 멀어지기 때문에 옳지 못한 샷의 원인이 된다. 시선을 든다는 룩 업(look up)도 같은 의미다.

F

Face 페이스 | 골프채의 타면.
Fade 페이드 | 볼이 떨어지기 직전에 속도가 둔해지면서 오른쪽으로 도는 것.
Fairway 페어웨이 | 티 그라운드와 그린까지의 잘 손질된 잔디 지대.
Fat 펫 | 볼 대신 볼 앞의 그라운드를 치는 것.
Finish 피니시 | 타구 완료의 자세 또는 경기 최후의 홀을 끝내는 것.
Flag 플랙 | 깃대 상단에 붙어 있는 깃발 또는 홀에 꽂혀 있는 핀.
Flip Shot 플립 샷 | 로프트가 큰 클럽으로 높게 올려 쳐 그린에 부드럽게 떨어지는 샷.
Follow through 팔로 스루 | 타구 때 클럽 헤드의 움직임이 정지되지 않고 비구선을 따라서 스윙되는 것.
Fore 포어 | 앞쪽의 플레이어나 코스의 인부 등에게 지금부터 볼을 친다고 하는 것을 알리기 위해 지르는 구호.
Foreteen club rule 포틴 클럽 룰 | 골프 경기에서 14개 이내의 클럽만을 갖고 쓸 수 있게 된 현행의 규칙.

Four somes 포섬 | 4명이 2명씩 조를 짜서 각 조가 1개의 볼을 교대로 쳐 나가는 게임 방식.

Foward pressing 포워드 프레싱 | 백 스윙을 행하기 직전에 탄력을 갖도록 하는 예비 동작.

Fried egg 프라이드 에그 | 벙커에 빠진 볼이 모래 속으로 파고 들어서 눈알 같은 상태가 된 것.

Fringe 프린지 | 그린에 인접해 있는 외곽 지역의 짧은 잔디.

Front nine 프론트 나인 | 코스 전반의 9홀. 아웃 코스라고도 한다.

Full set 풀 세트 | 클럽을 14개 갖추는 것. 보통 우드 3개, 아이언 1개, 퍼터 1개.

G

Gallery 갤러리 | 골프 시합을 관전하러 온 관중.

Give 기브 | 쌍방의 볼이 홀 가까이 비슷한 지점에 놓여 있을 때 상대방에게 컨시드를 요구하는 소리로, 주로 숏 퍼팅에 약한 골퍼들이 자주 쓰는 말이다.

Give me 또는 gimme 기브 미 | 퍼팅 때 OK라는 뜻. 홀 컵까지 더 말할 여지없이 1퍼트로 성공시키는 거리일 때 상대가 허용하는 상황.

Golf 골프 | 15세기 중에 스코틀랜드의 동쪽 해안가에서 하던 게임에서 유래됨. "Guys Only, Ladies Forbidden"의 약어임.

Golf course 골프 코스 | 골프 경기를 하기 위해 만들어진 그라운드로, 보통 20~30만 평의 넓이를 차지한다.

Grain 그레인 | 그린 위에서 자라는 잔디의 방향 또는 잔디결. 이것은 퍼팅에 있어서 홀 컵에 접근시키는 데 막대한 영향을 미친다.

Grand slam 그랜드 슬램 | 원래는 압승 또는 대승을 뜻하는 말로, 골프에서는 특별히 한 해 동안 US 오픈, 브리티시 오픈, 마스터즈, 미국 PGA 선수권 등 4개 주요 경기의 챔피언을 모두 따내는 압승을 말한다.

Graphite fiber 그래파이트 파이버 | 카본의 샤프트가 되는 소재의 섬유.

Grass bunker 그래스 벙커 | 벙커의 모양을 한 구덩이로, 모래는 없고 길게 자란 풀이 덮여 있다. 룰에서는 모래가 깔린 벙커가 아니기 때문에 해저드가 안 된다. 따라서 어드레스 때 클럽의 바닥을 땅이나 풀에 대도 위반이 아니다.

Green 그린 | 보통은 퍼팅을 하는 장소. 경기 규정에서는 플레이하는 홀에서 해저드를 제외하고 20야드 이내의 퍼팅을 하기 위해 정비되어 있는 구역을 말한다.

Green jacket 그린 재킷 | 마스터즈 우승자에게 주어지는 윗옷. 마스터즈 경기는 이색적으로 우승자에게 우승컵 대신 재킷을 수여하고 있다.

Greenie 그리니 | 그린 위에 먼저 볼을 올려놓은 자가 이기게 되는 내기 경기. 기준 타수가 3인 홀에서는 티 샷을 한 이후 홀 컵에 가장 가까이 볼을 날린 자가 이기게 된다.

Grip 그립 | 샤프트의 윗부분으로 가죽이나 고무로 감겨져 있어 양손으로 쥐게 되는 부분 또한 샤프트를 쥐는 동작.

Groove 그루브 | 스윙의 옳은 궤도 또는 골프채의 타면에 새겨진 홈.

H

Handicap 핸디캡 | 실력이 다른 두 플레이어가 동등한 조건에서 경기를 할 수 있도록 배려하는 허용 타수. 이것은 각자의 기량과 코스의 기준 타수와의 평균치로 정해지며, 보통 1개월 사이에 있는 3~5회의 경기 성적을 핸디캡 위원에게 제출하면 위원회에서 이것을 기초로 핸디캡을 산출한다. 핸디캡에는 공인과 비공인 2가지가 있다.

Hazard 해저드 | 벙커나 바다, 못, 내, 연못, 개울 등의 워터 해저드를 포함한 장애물. 래터럴 워터 해저드란 플레이선에 병행해 있는 워터 해저드다. 벙커 주변 벙커 안에 풀이 자란 곳 등은 해저드가 아니다.

Hole 홀 | 그린에 만들어진 볼을 넣는 구멍.

Hole in one 홀인원 | 티 그라운드에서 1타로 볼이 홀에 들어가는 것. 에이스라고도 한다.

Hole out 홀 아웃 | 볼이 홀 속에 명중하고 그 홀의 경기를 끝내는 것.

Home course 홈 코스 | 자기가 소속한 클럽의 골프 코스.

Home hole 홈 홀 | 18번 홀을 말하는 것. 마지막 홀이라는 뜻. 18번 홀의 그린을 홈 그린이라고도 한다.

Honor 오너 | 티 그라운드에서 제일 먼저 볼을 칠 권리를 오너 또는 타격 우선권이라고 한다. 이것은 이전 홀에서 가장 좋은 점수를 기록한 자에게 주어진다.

Hook 훅 | 시계 반대 방향으로 도는 볼의 회전으로 오른쪽에서 왼쪽으로 휘어지는 좌곡구를 말한다. 오른손잡이인 경우 타구가 볼의 비행선보다 왼쪽으로 도는 것을 말한다.

Hook spin 훅 스핀 | 좌회전. 볼이 오른쪽에서 왼쪽으로 되는 옆회전이 걸리는 것. 볼의 궤도는 왼쪽으로 꺾여 나가는 훅볼이 된다.

Horse shoes 호스 슈즈 | 두 플레이어가 각기 두 개의 볼을 사용해 각기 두 번의 퍼팅으로 승부를 겨루는 퍼팅 게임. 홀인원은 3점, 가장 가까이 홀 컵에 근접한 볼에 1점씩을 각기 부과해 종합 21점을 먼저 따내는 사람이 승리하게 된다.

Hosel 호젤 | 아이언 클럽 헤드를 샤프트에 고정할 때 가운데 공간 부분.

I

In bound 인 바운드 | 플레이가 가능한 구역, 즉 경기가 가능한 지역을 IB라 한다. 반면 그라운드에 표시는 흰색 표식을 경계로 외곽을 플레이 금지 구역, 즉 OB라고 한다.

In course 인 코스 | 18홀 중 후반의 9홀을 가리키는 말. '인'이라고도 함.

Inside out 인사이드 아웃 | 볼과 목표 지점을 연결하는 볼의 비행선 안쪽(즉, 목표를 바라보았을 때 비행선 왼쪽)으로부터 볼에 닿도록 바깥쪽(비행선 오른쪽)으로 스윙하는 스윙 경로를 말함.

Insurance for hole 인슈어런스 포 홀 | 골프 보험의 일종. 가입자가 홀인원을 하면 계약금 내에서 축하의 비용을 준비해 주는 보험.

Interlocking grip 인터로킹 그립 | 그립을 잡는 한 방법으로 손이 적은 사람이나 비교적 힘이 약한 사람이 사용한다.

Iron club 아이언 클럽 | 헤드의 부분이 금속으로 되어 있는 클럽.

L

Ladies tee 레이디스 티 | 여성 전용 티 그라운드. 일반적으로 티 마크로 표시한다.
Late hit 레이트 히트 | 다운 스윙 때 클럽 헤드의 되돌아오는 동작을 늦춰서 순발력을 폭발시키는 타법.
Lateral water hazard 래터럴 워터 해저드 | 홀이 병행해 있는 물웅덩이 등의 장애 지역.
Launch angle 런치 앵글 | 볼이 클럽 헤드에 접촉한 뒤 클럽 헤드를 떠날 때의 각도.
Lay off 레이 오프 | 플레이어가 백 스윙의 톱 동작에서 실수로 손목 관절을 다쳤을 때 손목이 나올 때까지 '출입하는 골프장에서 일시 해고당했다'라고 표현한다.
Lay out 레이 아웃 | 코스의 설계.
Lay up 레이 업 | 라이가 좋지 않거나 해저드에 있을 때 거리를 짧게 쳐서 빠져나오는 것.
Leader board 리더 보드 | 스코어 보드와는 별도로 파를 기준으로 각 경기 선수 그룹 선수들의 성적을 표시하는 게시판.
Leading edge 리딩 에지 | 골프채 헤드의 타면과 밑바닥의 경계선 즉 날. 골프채 타면의 맨 끝의 가장자리.
Lie 라이 | 낙하된 볼의 상태나 위치.
Lie angle 라이 앵글 | 골프채를 땅에다 어드레스했을 때, 샤프트와 선과 지면과의 사이에서 생기는 뒤쪽의 각도.
Links 링크스 | 골프 링크스의 생략으로 보통은 골프 코스를 의미한다.
Local rule 로컬 룰 | 각 코스의 특수 조건에 맞게 코스별로 설정하는 특수 규칙.
Loft 로프트 | 클럽 페이스의 각도 또는 경사.
Lonesome 론섬 | 혼자서 코스를 플레이하는 골퍼.
Long iron 롱 아이언 | 보통 1, 2, 3번 아이언.
Loose impediment 루스 임페디먼트 | 코스 내에 있는 자연적인 장애물, 홀에 부착해 있지 않은 것으로 땅속에 박혀 있지 않은 돌, 나뭇잎, 나뭇가지를 말한다. 이것은 플레이할 때 제거해도 좋은 것으로 되어 있다.
Lost ball 로스트 볼 | 분실구. 경기 중 잃어버린 볼.
Low handicap 로우 핸디캡 | 핸디캡이 적은 상급 플레이어.
line 라인 또는 선 | 방향을 정하기 위해 볼과 목표물을 연결하는 가상선을 말한다. 예) 퍼팅 라인, 슬라이스 라인, 훅 라인 등.

M

Marker 마커 | 스트로크 플레이에서 플레이어의 스코어를 기록하기 위해 위원으로 선임된 자. 마커는 심판이 아니다. 흔히 캐디나 동반 플레이어가 채점자가 되는 경우가 많다. 볼을 집어들 때 볼의 위치를 표시하기 위해서 놓게 되는 동전이나 동전과 유사한 표식을 말하기도 한다.
Master eye 주로 쓰는 눈 | 경기를 할 때 주로 많이 쓰는 쪽의 눈을 말한다.
Masters 마스터즈 | 1934년 어거스타 내셔널 토너먼트 초청 경기로 시작한 최초·최장수 토너먼트 경기. 로버트 존스의 제안으로 골프의 명수, 즉 master가 되자는 뜻에서 마스터즈라는 이름이 붙게 되었다. 1934년 제1회 대회에서는 호톤 스미스가 우승을, 크레이그 우드가 준우승을 차

지했으며, 2회 대회에서는 장 사라센이, 3회는 다시 호튼 스미스, 4회에는 바이론 넬슨 등이 우승을 하면서 그야말로 세계 골프의 금자탑으로서 세계 골프 역사를 장식해 오고 있다. 이 대회 최다 우승은 잭 니클라우스가 기록한 5회(63, 65, 66, 72, 75년)이며, 미국인이 아닌 외국인 우승자로는 게리 플레이어(61, 74, 78년), 시베리아도 발레스테로스(80년), 그리고 85년도 우승자인 버나드 랭거가 있다. 특히 이 대회는 우승자에게 우승컵 대신 그린 재킷을 주어 '그린 마스터즈'라고도 불린다.

Match play 매치 플레이 | 경기의 일종으로 홀 매치라고도 한다. 2인 또는 2조로 나뉘어 각 홀별 타수로 승패를 정한다.

Medalist 메달리스트 | 매치 플레이의 예선 경기는 스트로크 플레이에서 상위 16명으로 제한하는데 그 수위에 있는 사람을 메달리스트라고 한다.

Medium iron 미디엄 아이언 | 4·5·6번 아이언. 러프나 숲속, 또는 맨땅에서 탈출할 때 또는 페어웨이의 패인 홈에 있는 볼을 칠 때도 미들 아이언을 사용한다. 안전하고 거리를 어느 정도 잘 낼 수 있는 편리한 골프채다.

Mental hazard 멘탈 해저드 | 아무리 해도 빠져나가기 힘든 심리적인 장애물을 말한다. 대부분 어려운 벙커나 수면 장애물에 오면 샷이 잘 되지 않는 지역.

Moment of inertia 모멘트 오브 이널티어 | 골프채의 경우에는 스윙을 했을 때 샤프트, 그립, 클럽의 헤드 3가지에서 관성 모멘트가 생긴다. 중요한 것은 헤드의 무게가 중심으로 작용하는 관성 모멘트인데, 헤드가 길쭉하고 둥글수록 관성 모멘트가 커져서 잘 날리게 된다.

Mulligan 멀리건 | 최초의 샷이 잘못되어 벌타 없이 주어지는 세컨드 샷.

N

Natural grip 내추럴 그립 | 야구 배트를 쥐듯이 쥐는 그립의 한 방법으로. 열 손가락으로 그립하는 것으로, 일명 '베이스 볼 그립'이라고도 한다.

Neck 넥 | 클럽 헤드가 샤프트와 연결되는 부분.

Net score 네트 스코어 | 1라운드 총 타수에서 자기 핸디캡을 뺀 스트로크 수.

Never up never in 네버 업 네버 인 | 홀에 오지 않은 볼은 홀에 결코 들어가지 않는다는 뜻으로 퍼트는 홀에 가고도 남도록 볼을 쳐야 한다는 말이다.

Nineteenth 19th hole 나인틴스 홀 | 골프장의 식당. 18홀을 끝낸 다음 한잔하는 장소를 말함.

Nose 노즈 | 골프채 헤드의 맨 앞.

O

OB 오비 | Out of bounds(아웃 오브 바운즈)의 약자. 코스 밖 또는 안에서 플레이하는 것을 금지하고 있는 지역. 룰에서는 아웃바운드로 표현한다. 볼이 OB로 날아가 빠졌을 때는 1벌타이고 전의 위치에서 다시 치게 된다. 다시 치는 타수는 제3타가 된다. OB 말뚝은 보통 흰 것으로 표시한다.

On green 온 그린 | 볼이 그린에 이르는 것.

One on 원 온 | 1타로 볼을 그린에 올려놓는 것.

One piece swing 원 피스 스윙 | 전체 기능

이 일체화된 백 스윙.

One putt 원 퍼트 | 그린에 한 번 쳐서 퍼팅을 명중시키고 끝내는 것.

One round 원 라운드 | 코스를 한 바퀴 도는 것. 18홀을 플레이하는 것.

Open championship 오픈 챔피언십 | 각기 남녀별로 나뉘어 프로와 아마추어의 구별 없이 누구든 일정한 출전 자격이 있으면 참가할 수 있는 선수권 경기를 말한다.

Open face 오픈 페이스 | 클럽 페이스를 수직보다 조금 벌어진 기분으로 놓아두는 것.

Open game 오픈 게임 | 아마추어와 프로가 라운드를 해서 기술을 겨루게 되는 경기.

Open stance 오픈 스탠스 | 기본적으로 3가지 스탠스 중 하나로 오른발을 왼발보다 조금 볼 쪽으로 내놓고 목표를 향해 취하는 발 자세.

Open tournament 오픈 토너먼트 | 지역적으로 열리는 오픈 경기.

Outside in 아웃사이드 인 | 타구 시 클럽 헤드가 볼이 날아가는 선의 바깥쪽으로부터 안쪽으로 비스듬하게 들어가는 것.

Over 넘어가다 | 볼이 목표한 그린 또는 홀을 넘어서 멀리 떨어지는 것을 말한다. 또는 타수가 기준 타수보다 많을 때도 사용한다. 후자일 경우에는 몇 오버 파라고 한다.

Over clubbing 오버 클러빙 | 목표 거리에다 날려 보낼 때 필요한 골프채보다도 약간 높은 번호의 골프채를 선택하는 것.

Over spin 오버 스핀 | 볼에 역회전을 주어 볼이 날아가는 방향으로 회전하게 하는 것. 볼의 중심부보다 조금 위를 치면 오버 스핀이 된다. 반대는 백 스핀.

Over swing 오버 스윙 | 스윙의 톱 동작에서 지나치게 클럽을 휘둘러 필요 이상 치켜드는 것.

Overlapping grip 오버래핑 그립 | 일반적으로 가장 많이 사용하는 그립 방법으로 오른손 새끼손가락을 왼손 집게손가락 위에 갈퀴와 같이 걸어잡는 방법을 말한다. 해리 바든(Harry Vardon)이 고안해 보급했다고 해서 '바든 그립(Bardon Grip)'이라고도 한다.

P

PGA 피지에이 | 프로골프협회(Pro Golf Association)의 약자.

Palm grip 팜 그립 | 샤프트를 손바닥으로 쥐는 것과 같이 양손의 손바닥으로 쥐게 되는 그립. 내추럴 그립이라고도 한다.

Par 파 또는 기준 타수 | 티를 출발해 홀을 마치기까지의 정해진 기준 타수를 말한다. 이때 그린 위에서의 퍼팅은 2번으로 기준했다. 보통 3, 4, 5타를 기준 타수로 정하고 있으며, 여성 골퍼의 경우 6타의 홀까지 있다. 홀당 남녀별 정확한 거리 및 기준 타수를 보면 다음과 같다. 파3 : (남)~250야드(여)~210야드, 파4 : (남) 251~471야드(여)211~400야드, 파5 : (남)471야드 이상, (여)401~575야드, 파6 : (여)576야드 이상

Par break 파 브레이크 | 버디 이상의 스코어를 내는 것.

Partner 파트너 또는 짝 | 포섬 경기에서 한편이 되는 경기자. 현재는 동반 경기자라는 의미로도 쓰이고 있다.

Penalty 페널티 | 벌타 또는 벌칙. 규칙에 의해 부과된다.

Penalty stroke 페널티 스트로크 | 규칙 위반에 대해 타수로 벌을 주는 것.
Pin 핀 | 홀을 표시하기 위해 꽂혀지는 깃대 또는 핀.
Pitch 피치 | 그린 근처에서 또는 그린으로부터 얼마 떨어져 있지 않은 지점으로부터 볼을 공중에 띄워 그린으로 쳐 보내는 것으로 어프로치 샷의 일종.
Pitch and run 피치 앤 런 | 볼이 낙하 뒤에 구르도록 치는 타법으로 어프로치 샷의 일종.
Pitch shot 피치 샷 | 타면의 각도가 큰 숏 아이언으로 볼을 높이 날려서 그린이나 핀을 겨냥하는 것. 연못 넘기기, 벙커 넘기기에 잘 이용되는 샷이다.
Pitching wedge 피칭 웨지 | 피치 샷용으로 만들어진 웨지로 로프트가 많고 무게도 가장 무겁다.
Pivot 피봇 | 허리의 회전 및 허리를 비트는 허리 틀기.
Plateau green 플레튜 그린 | 포대 그린. 포대 그린을 겨냥할 때는 부드러운 피치 샷으로 볼을 떠 올리든가 러닝으로 튀어 오르게 하는 방법이 있다. 어떤 방법으로 할지는 그린 주변의 상황에 따른다.
Practice tee 프랙티스 티 | 골퍼들이 백에 있는 모든 클럽을 가지고 샷 연습을 할 수 있는 연습 그라운드.
Pronation 프로네이션 | 임팩트 뒤 왼손이 제쳐지는 것. 잘못된 왼손의 내전은 왼쪽으로 꺾어 나가는 샷이나 더 심한 훅 볼이 난다.
Provisional ball 프로비저널 볼 | 볼이 분실되었거나 OB, 워터 해저드에 들어갔다고 생각될 때 플레이어가 그 위치에서 대신 치는 볼.

Public course 퍼블릭 코스 | 컨트리클럽이나 골프 코스처럼 회원제가 아니고 일반 대중에게도 개방된 코스. 골프 대중화에 있어서 가장 필연적으로 따라야 할 시설이기도 하다.
Pull 풀 | 바깥쪽에서 안쪽으로 스윙을 해 그 결과 볼이 왼쪽으로 날아가는 샷.
Punch shot 펀치샷 | 주먹으로 치다, 힘을 말함. 손목을 잘 써서 치는 것을 펀치 샷이라고 한다. 약간 오른쪽으로 보낸 볼을 누르듯이 위로부터 골프채로 쳐 내리고 팔로 스루를 없애는 샷. 쳐 날린 볼은 낮게 튀어 나가고 땅에 떨어진 다음에 바로 멎는다. 아이언의 컨트롤 샷 때 잘 이용된다.
Push shot 푸시 샷 | 다운 블로로 볼을 낮게 뜨게 치는 방법. 아이언에 의한 타법의 일종으로 역풍에 효과가 있다.
Putt 퍼트 | 그린 위에서 볼을 홀로 향해서 굴려 치는 플레이.
Putter 퍼터 | 퍼트용의 아이언 클럽 그린 위에서 직접 핀을 쏘는 클럽으로 T,D,L형의 3종이 있다. L형 퍼트는 클럽 헤드의 모양이 L형인 것이고, D형은 주먹형, T형은 페이스의 방향을 정하기 쉽게 만든 것.
Putting 퍼팅 | 그린 위에서 볼을 홀에 넣기 위해 퍼터로 스트로크를 하는 것.
Putting line 퍼팅 라인 | 그린 위의 볼과 홀을 직선으로 이은 선으로 퍼팅 시 공격선을 말함.

Q

Qualify 퀄리파이 | 예선을 통과하는 것. 미국에서 말하는 커트 라인(cut line)과 같은 뜻이다.

Quarter swing 쿼터 스윙 | 백 스윙을 풀 스윙의 1/4 정도로 하는 것.

R

R & A 알앤에이 | 영국 골프협회(Royal and Ancient golf club)의 약자.
Range 레인지 | 타석을 가지런히 해 놓고 치는 드라이빙 연습장.
Recovery shot 리커버리 샷 | 실책을 한 뒤 그것을 만회하기 위한 샷.
Referee 레프리 | 심판원. 골프에서는 원칙적으로 플레이어 자신이 심판원이다.
Roll over 롤 오버 | 볼을 친 뒤 클럽을 쥔 양손을 앞으로 돌리는 것.
Rough 러프 | 그린 및 해저드를 제외한 코스 내의 페어웨이 이외의 부분. 풀이나 나무 등이 그대로 있는 지대.
Round 라운드 | 골프 코스는 클럽 하우스에서 시작해서 circular pattern으로 클럽 하우스로 돌아오는 형태로 되어 있기 때문에 골프 게임을 골프 라운드라고도 한다.
Run 런 | 볼이 굴러가는 것. 투 피스 볼은 고무 실로 말아서 만든 볼보다 땅에 떨어진 뒤에 굴러가는 거리가 멀다.
Running approach 러닝 어프로치 | 어프로치 샷의 한 방법으로, 비교적 로프트가 적은 아이언으로 볼을 멀리 구르게 해서 홀에 접근시키는 것.

S

Sand 샌드 | 샌드 그린, 샌드 트랩(벙커), 샌드 웨지 등 모래에 연유되는 말이 많다.
Sand box 샌드 박스 | 티잉 그라운드 옆에 흔적을 메우는 용도의 흙으로 모래 통이 준비되어 있다.
Sand trap 샌드 트랩 | 흔히 벙커라고 하는 샌드 해저드를 말한다.
Sand wedge 샌드 웨지 | 벙커 샷용으로 특별히 고안된 클럽. 로프트를 크게 가지기 위해 낮은 각도의 클럽 페이스와 볼 아래에 있는 모래와 함께 클럽이 미끄러지도록 클럽 바닥에 플랜지를 가진 클럽.
Save 세이브 | 볼이 그린을 벗어나 벙커나 그린 옆의 러프 지역에 떨어졌기 때문에 파 플레이가 의심스러운 경기.
Scoop 스쿠프 | 아이언 클럽으로 볼을 높이 떠내듯이 쳐 올리는 것. 벙커에서 높은 그린으로 쳐 올리는 것.
Scramble 스크램블 | 스코틀랜드식 포섬 경기. 멤버 4명 전원이 티 샷을 하고 이 가운데 세컨드 샷이 가장 유리한 티 샷을 선택해 그 볼을 그 위치에서 다시 4명 전원이 세컨드 샷을 하고, 다시 서드 샷에 유리한 볼을 택해 다시 공격하는 방식.
Scratch 스크래치 | 상대편에게 핸디캡을 붙이지 않는 것 또는 핸디캡이 0인 것.
Set up 셋 업 | 어드레스와 같은 뜻. 볼을 치기 위해 자세를 잡는 것.
Shaft 샤프트 | 골프 클럽의 자루. 현재는 거의 스틸이나 합금의 샤프트이며 경도도 몇 개의 단계가 있다.
Shank 섕크 | 샷할 때 볼이 클럽 샤프트의 목 부분에 맞는 것으로 실패 타의 하나.
Short game 숏 게임 | 어프로치에 속한 단거리 플레이 방법. 6번 이하의 아이언 클럽 사용.
Short hole 숏 홀 | 거리가 짧은 250야드 이하, 즉 파3홀을 말함.
Short iron 숏 아이언 | 7, 8, 9번의 짧은 아

이언 클럽의 총칭. Shot(샷) 클럽으로 볼을 치는 것.
Shot approach 숏 어프로치 ㅣ 가까운 거리의 어프로치. 웨지나 샌드의 최대 비거리 이내의 거리로 힘 조절에 의한 테크닉이 필요한 경우.
Side blow 사이드 블로 ㅣ 볼 옆을 쳐서 튕겨 보내듯이 치는 것.
Side bunker 사이드 벙커 ㅣ 페어웨이 옆에 있는 벙커.
Side spin 사이드 스핀 ㅣ 볼이 옆으로 회전하는 것.
Single 싱글 ㅣ 경기에서 2인이 라운드하는 것 또는 핸디캡이 9이하 1까지의 골퍼를 의미함.
Skinsgame 스킨스 게임 ㅣ 3~4명의 골퍼들이 경기를 해 가장 낮은 스코어를 기록한 플레이어가 이기게 되는 내기 경기.
Slice 슬라이스 ㅣ 오른손잡이 골퍼의 경우 볼이 오른쪽으로 스핀해서 전체적으로 비구선보다 오른쪽으로 휘는 볼.
Slope 슬로프 ㅣ 비탈진 곳.
Snap 스냅 ㅣ 볼을 친 순간에 손목에 힘을 세게 주어 탄력을 갖게 한다.
Sole 솔 ㅣ 클럽 헤드에서 지면에 닿는 부분.
Spin 스핀 ㅣ 볼을 날린 결과 볼에서 생기는 회전.
Spoon 스푼 ㅣ 3번 우드 클럽.
Spot 스폿 ㅣ 볼 뒤에 동전 등의 마크를 놓아 그린 위 볼의 위치를 표시하는 것.
Spot putting 스폿 퍼팅 ㅣ 퍼팅 그린의 불완전한 상태나 바탕색과 다른 빛깔을 식별해 퍼팅선을 가늠한 다음 그 일정 지점을 퍼팅 공략에 이용하는 퍼팅.
Square face 스퀘어 페이스 ㅣ 어드레스했을 때 채의 타면이 비구선에 대해 직각이 되게 치는 페이스.
Square stance 스퀘어 스탠스 ㅣ 스탠스(자세)의 기본이 되는 3가지 가운데 하나로 양쪽의 발끝이 비구선과 평행이 되도록 발의 위치를 정하는 것.
Stance 스탠스 ㅣ 볼을 향해서 위치를 정하고 타구 자세를 취하는 것, 즉 발을 놓는 위치, 스퀘어, 클로즈드, 오픈의 3가지 기본 스탠스가 있다.
Strong grip 스트롱 그립 ㅣ 왼손을 깊이 쥐고, 오른손은 얕게 샤프트 밑으로부터 쥐는 그립.
Sudden death 서든 데스 ㅣ 메달 토너먼트나 2인 이상의 동점자가 나와 토너먼트를 쳐리야 할 때 채택하는 연장전의 한 방식.
Sway 스웨이 ㅣ 스윙할 때 몸 중심선을 좌우 또는 상하로 이동시키는 것.
Sweep off 스위프 오프 ㅣ 클럽 헤드의 원심력을 써서 쓸어 내듯이 볼을 치는 것.
Sweet spot 스윗 스폿 ㅣ 클럽 페이스에서 볼을 쳐야 하는 중심점.
Swing balance 스윙 밸런스 ㅣ 클럽이 좋고 나쁜 것은 이 밸런스의 좋고 나쁨에 관계가 있다. 밸런스의 좋고 나쁨은 클럽의 좋고 나쁨을 결정하는 요인이다.
Swing plane 스윙 플랜 ㅣ 스윙 시 클럽과 손과 팔 그리고 엉덩이 등이 그리게 되는 궤적을 말하며, 이는 스윙 포물선과 함께 스윙을 좌우하는 중요한 열쇠이다.
Swing through 스윙 스루 ㅣ 클럽을 중도에 멈추지 않고 완전히 흔들어 치는 것.
Swing weight 스윙 웨이트 ㅣ 스윙할 때 느끼는 클럽 무게.
square grip 스퀘어 그립 ㅣ 왼쪽 손등, 오른쪽 손바닥이 비구선에 대해 거의 직각이 되게 쥐는 방법.

T

Take away 테이크 어웨이 | 백 스윙의 시작 부분.
Take back 테이크 백 | 클럽을 치켜드는 것. 백 스윙과 같다.
Tap in 탭 인 | 홀에서 불과 몇 인치밖에 떨어져 있지 않아 툭 건드려서 홀에 집어넣는 매우 짧은 거리의 퍼팅.
Target line 타깃 라인 | 목표로 향한 방향 또는 골프채의 타면 방향.
Tee 티 | 티잉 그라운드의 줄임말. 각 홀에서 1타를 치는 장소 또는 볼을 놓는 자리를 말한다.
Tee ground 티 그라운드 | 각 홀의 제 1구를 치기 위해 설치된 지역.
Tee mark 티 마크 | 볼의 타격 지점을 표시하는 표식.
Tee off 티 오프 | 티에서 볼을 쳐 플레이하는 것.
Tee shot 티 샷 | 티에서 볼을 치는 것.
Tee up 티 업 | 볼을 치기 위해 티 위에 볼을 올려놓는 것.
Tempo 템포 | 스윙의 빠르기, 페이스. 일반 아마추어는 백 스윙과 다운 스윙 모두 천천히 페이스하는 것이 좋다.
Texas wedge 텍사스 웨지 | 그린 밖에서 퍼터를 써서 어프로치하는 것.
Three quarter shot 쓰리 쿼터 샷 | 최대한의 샷이 채 안 되는 크기로 치는 것. 최대한의 샷은 그 스윙의 정상이 오른쪽 어깨보다 약간 위가 될 때를 말함.
Threesomes 쓰리섬 | 1인 대 2인의 매치 플레이로, 2명씩 짝을 지은 쪽은 9개의 볼을 번갈아 가며 친다. 대부분 상급자와 초보자가 한 조가 되고 중급자가 이에 대항해서 플레이한다.
Tie 타이 | 동점. 경기에서는 최소 타수의 사람이 2인 이상일 때.
Toe 토우 | 발끝. 클럽 헤드의 끝부분.
Top 톱 | 볼의 윗부분을 치는 것. 백 스윙의 정상, 헤드 업을 한 것.
Top of swing 톱 오브 스윙 | 백 스윙의 최정점이자 다운 스윙의 시발점이 되는 일련의 동작.
Torque 토크, 회전력 | 회전력, 비틀림 모멘트라고도 한다. 어떠한 길이의 막대기 끝에 회전시키려고 하는 방향으로 힘을 가했을 때 막대기에 걸리는 회전력을 말한다. 반지름 r인 원형 단면을 가지는 회전체가 축으로 받쳐져 있는 경우 원주의 접선 방향으로 힘 F가 작용하고 있다면 회전체는 $r \times F$의 모멘트로 회전 운동을 한다. 이때 회전축의 모멘트가 토크다. 즉, 토크는 힘의 크기와 힘이 걸리는 점에서 회전 중심점까지의 길이의 곱으로 나타낸다.
Trap 트랩 | 벙커.
Trouble shot 트러블 샷 | 곤란한 타구. 치기 나쁜 러프에서 치는 것.
Turn over 턴 오버 | 클럽을 쥔 양손을 왼쪽에서 오른쪽으로 돌릴 때.

U

U.S. Open 전미 오픈 골프 선수권 | 전미 오픈 골프 선수권 경기.
U.S.G.A 미국 골프 협회 | 미국 골프 협회 (United State Golf Asso-ciation)의 약자.
Uncock 언콕 | 스윙 시 굽게 한 손목을 펴서 원 상태로 돌아가게 하는 것.
Uncoil 언 코일 | 스윙에서 틀어 돌린 상체

를 다시 원 상태로 푸는 것.
Under clubbing 언더 클럽잉 | 필요로 하는 클럽보다 하위 클럽(짧은 클럽)을 사용하는 것.
Under par 언더 파 | 파보다 적은 타수.
Undulation 언듀레이션 | 코스의 높고 낮은 기복 상태를 말하는데, 변화가 업 앤 다운(up and down)보다 미묘하고 울퉁불퉁한 정도뿐일 때만 쓰인다.
Up hill lie 업 힐 라이 | 비구선에 대해 오르막 언덕 비탈에서 볼이 멎는 것.
Up right hill 업 라이트 힐 | 올라가는 비탈이 급경사인 곳.
Up right swing 업 라이트 스윙 | 스윙이 활 모양으로 직립되어 있는 스윙.
Upper blow 어퍼 블로 | 드라이버로 치는 한 방법. 헤드가 스윙의 맨 밑 지점을 통과한 다음 타면의 각도가 위로 향하는 순간에서 볼을 맞히는 타법.
Upright 업라이트 | 스윙에서는 수직적인 타법이고, 클럽의 경우는 샤프트의 축이 수직에 가까운 것을 말함.

V

Vardon grip 바든 그립 | 해리 바든에 의해 창안된 그립으로 오버래핑 그립을 말함. V형 그립.

W

Waggle 왜글 | 클럽에 탄력을 붙이는 동작. 백 스윙을 시작하기 전에 손목만으로 가볍게 클럽을 흔들어 굳어 있는 부분을 부드럽게 하는 것.
Water hazard 워터 해저드 | 코스 내에 있는 호수, 연못, 습지, 강 따위의 물에 관계있는 장애물을 말함.
Wedge 웨지 | 바닥이 넓고 평탄하게 되어 있는 아이언 클럽. 피칭 웨지, 샌드 웨지 등이 있다.
Week grip 위크 그립 | 왼손으로 쥐는 모양이 얕고 오른손이 반대로 너무 깊어지게 쥐는 모양. 슬라이스 그립이라고도 함.
Weight shift 웨이트 쉬프트 | 스윙 동작에 있어 체중의 이동 상태를 말함.
Whiff 위프 | 클럽으로 볼을 가격하기 못하고 헛손질에 그치는 동작.
Wind up 와인드 업 | 백 스윙과 함께 몸을 비트는 것.

Y

Yardage post 야디지 포스트 | 홀 번호. 홀까지의 거리. 1홀의 파 등을 써서 티잉 그라운드에 세워 놓은 표시판.
Yardage rating 야디지 레이팅 | 각 홀의 난이도. 흔히 코스 레이팅이라고 함.